U0632487

今注本二十四史

漢書

漢 班固 撰 唐 顏師古 注

孫曉 主持校注

一 紀〔一〕

中國社會科學出版社

圖書在版編目（CIP）數據

漢書／（漢）班固撰；孫曉主持校注 . —北京：中國社會科學出版社，
2020.11
（今注本二十四史）
ISBN 978-7-5203-7532-0

Ⅰ.①漢…　Ⅱ.①班…　②孫…　Ⅲ.①中國歷史—西漢時代—紀傳體
②《漢書》—注釋　Ⅳ.①K234.104.2

中國版本圖書館 CIP 數據核字（2020）第 236020 號

出 版 人　趙劍英
項目統籌　王　茵
責任編輯　孫　萍　顧世寶　韓國茹　郝玉明　李凱凱
特約編輯　王仁霞　彭　麗　崔芝妹　靳　寶　石　珹　趙　威
　　　　　高文川
責任校對　劉艷强　韓　悦　王沛姬　郭清霞
封面設計　蔡易達
責任印製　王　超

出　　版　中國社會科學出版社
社　　址　北京鼓樓西大街甲 158 號　　郵　　編　100720
網　　址　http://www.csspw.cn
發 行 部　010-84083685　　　　　　門 市 部　010-84029450
經　　銷　新華書店及其他書店　　　　印刷裝訂　三河弘翰印務有限公司
版　　次　2020 年 11 月第 1 版　　　印　　次　2020 年 11 月第 1 次印刷
開　　本　1/16　　　　　　　　　　成品尺寸　228mm×152mm
印　　張　521.25　　　　　　　　　字　　數　6338 千字
定　　價　2050.00 元(全 28 冊)

凡購買中國社會科學出版社圖書，如有質量問題請與本社營銷中心聯繫調換
電話：010-84083683
版權所有　侵權必究

《今注本二十四史》工作委員會

主　　任　　許嘉璐

副 主 任　　高占祥　　王　石　　段先念　　丁友先

委　　員　　金堅範　　董亞平　　孫　曉　　胡梅林

　　　　　　張玉文　　趙劍英

秘 書 長　　張玉文(兼)

《今注本二十四史》編纂委員會

| 領導小組 | 何茲全 | 林甘泉 | 伍　傑 | 陳高華 | 陳祖武 |
| | 卜憲群 | 趙劍英 | | | |

總　編　纂　張政烺

執行總編纂　賴長揚　孫　曉

委　　員（按姓氏筆畫排列）

卜憲群	王玉哲	王　茵	王毓銓	王榮彬	王鑫義
毛佩琦	毛　蕾	史爲樂	朱大渭	朱紹侯	朱淵壽
伍　傑	李天石	李昌憲	李祖德	李錫厚	李　憑
吳松弟	吳樹平	何茲全	何德章	余太山	汪福寶
林甘泉	林　建	周天游	周偉洲	周　群	段志洪
施　丁	紀雪娟	馬俊民	華林甫	晁福林	高榮盛
陳久金	陳長琦	陳祖武	陳時龍	陳高華	陳得芝
陳智超	崔文印	商　傳	梁滿倉	張玉興	張　欣
張博泉	萬繩楠	程妮娜	童　超	曾貽芬	游自勇
靳　寶	楊志玖	楊　軍	楊際平	楊翼驤	楊耀坤
趙　凱	趙劍英	蔣福亞	鄭學檬	漆　俠	熊清元
劉中玉	劉迎勝	劉鳳翥	薄樹人	戴建國	韓國磐
魏長寶	蘇　木	龔留柱			

秘　書　長　宗月霄　趙　凱

《今注本二十四史》編輯部

主　　任　王　茵　趙　凱

副 主 任　孫　萍　徐林平　劉艷强

成　　員(按姓氏筆畫排列)

王仁霞　王沛姬　王思桐　石　珹　李凱凱　郝玉明

郝輝輝　紀雪娟　高文川　郭清霞　陳　穎　常文相

崔芝妹　許微微　張沛林　張　欣　張雲華　張　潛

彭　麗　靳　寶　趙　威　韓　悦　韓國茹　顧世寶

《今注本二十四史・漢書》項目組

主 持 人　孫　曉

成　　　員(按姓氏筆畫排列)

丁坤麗　安子毓　孟慶溥　陳久金　孫　曉　張沛林

張夢晗　趙　凱　翟金明

《今注本二十四史》出版説明

　　二十四史，是中國古代二十四部史書的統稱，包括《史記》《漢書》《後漢書》《三國志》《晋書》《宋書》《南齊書》《梁書》《陳書》《南史》《魏書》《北齊書》《周書》《北史》《隋書》《舊唐書》《新唐書》《舊五代史》《新五代史》《宋史》《遼史》《金史》《元史》和《明史》。其成書時間自公元前二世紀下半葉至十八世紀中葉，前後相距約兩千年，總卷帙（不含複卷）達 3213 卷，共 4000 餘萬字。它們采用本紀、列傳、表、志等形式，構成了一個完整地記述清朝以前中國古代社會的著作體系。二十四史上起傳説時代的黄帝，下迄明朝滅亡，包容了我國古代的政治、軍事、經濟、思想、文化、天文、地理、民風、民俗等廣闊的社會内容，形成了一套展現中華民族起源和發展的最重要的核心典籍，被後人稱爲“正史”。世界上没有任何一個國家有如此内容涵蓋宏富、時間接續綿延、體例基本統一的歷史記載。

　　共同的歷史文化是一個民族賴以整體維繫的基本條件之一。而對歷史著作的不斷整合和續修，顯然有利於促進國家的統一、民族的團結、社會的進步。從《史記》到《明史》，不同地位、不同民族的史家和政治家，以同一體例連續不斷地編纂我們祖國發展演進的歷史，本質上反映了我國人民尋求構建多民族國家共同歷史的強烈願望。歷史上隨時把正史歸爲"三史""十三史""十七史""廿一史""廿二史""廿四史"，不僅反映了人們對正史的認同，更重要的是反映了對共同歷史文化的認同，即民族的認同。而對正史進行大規模的整理，在另一個層面上，更有利於妥善保存民族文化遺產，豐富民族文化內涵，陶鑄民族文化精神，從而強化民族的尊嚴與自信心，提升國家的榮譽和國人對國家的歸屬感。

　　對二十四史進行整理，在此次之前規模較大的有三次。第一次是清朝乾隆年間，其成果是殿本；第二次是二十世紀三十年代張元濟先生組織的整理，其成果是百衲本；第三次即毛澤東同志倡議，由中華書局出面進行的整理，其成果是中華書局標點本。這一次是由張政烺先生等史學家倡議，由中華文化促進會主持編纂的今注，其成果是《今注本二十四史》。應當充分地注意到，這四次整理的發動，都有與其所處時代社會歷史息息相關的背景。乾隆朝的武英殿大量刊刻文化典籍，尤其是對二十四史的選本、校勘都經"欽定"，絕不是僅僅要製造盛世氣象；張元濟先生奔走於國難深重的二十世紀初的中國，"當中華文化存亡絕續之交"，有更深刻的原動力；毛澤東同志指示標點正史，倡議於中華人民共和國成立、百廢待舉之初；而我們如今正在進行的今注，則發軔於改革開放、萬象更新之時。這絶不是歷史的偶然。可以説，每每針對二十四史的重大舉措，都是應社會對具有主體性的統一的歷史文化需求而展開的。

　　當今世界，文化的融合過程逐漸加快，在共生的基礎上融合，在融合中保持共生，互補互融直至趨一。因此，各種文化都面臨着選擇。面臨選擇，充分展示本民族的歷史文化是學者們義不容辭的職責。而作爲歷史文化直接守護者的歷史學者，有責任爲世界提供對本民族歷史文化文本的正確詮釋，有責任努力爲民衆争取對民族歷史文化解讀的話語權。

　　《今注本二十四史》1994 年 8 月由中華人民共和國文化部批准立項，2005 年被中華人民共和國新聞出版總署列入 "十一五" 期間（2006—2010） "國家重點圖書出版規劃"。自 1994 年起，迄今已經進行了二十餘年。

　　《今注本二十四史》總編纂張政烺先生爲本書做了奠基性的工作。在他學術生命的最後時期，不僅親自審訂了最初的《今注本二十四史編纂總則》，還逐一遴選了各史主編。

　　《今注本二十四史》編纂委員會主要由各史主編與相關同仁組成。張政烺先生逝世後，根據多位主編的建議，我們陸續邀請了何兹全、林甘泉、伍傑、陳高華、陳祖武、卜憲群、趙劍英七位編委成立領導小組，全面指導編纂出版工作。他們爲本項目的編纂出版，付出了大量心血與智慧，没有他們的支持，本項目難以玉成。

　　本項目動員了全國三十餘所科研機構和高等學府的中

國古史專家共襄其事。全書設總編纂一人，執行總編纂二人，各史設主編一人或二人；某些特殊的"志（書）"如律曆、天文、五行（靈徵）等歸類單列，各設主編一人。各史主編自選作者，全書作者總計約三百人。多年來，他們薄利求義、任勞任怨、兢兢翼翼，惟敬業畢功是務，繼承和發揚了我國史學家捨身務實的優良傳統，爲本書的完成做出了不可磨滅的貢獻！

本項目啓動之初，老一輩的歷史學家王玉哲、王毓銓、陳可畏、張博泉、萬繩楠、楊志玖、楊翼驤、漆俠、薄樹人、韓國磐等先生不僅從道義上給予全力支援，而且主動承擔各史（志）主編。何兹全、林甘泉先生更是不厭其煩，爲編纂工作提出具體建議，爲項目立項奔走呼籲。執行總編纂賴長揚先生鞠躬盡瘁，承擔了大量繁雜的組織工作。現在，雖然以上先生已經辭世，但他們學術生涯的最後抉擇所表現出的對民族、對國家的崇高責任感，永遠值得我們銘記和學習！

本項目自動議始就得到了中華文化促進會及社會各界的回應與傾力支持。中華文化促進會主席王石先生、副主席段先念先生及前任領導人蕭秧先生在本項目立項、推動、經費籌措等方面辛勤奔走，起到了關鍵作用。

香港企業家黃丕通、劉國平先生在項目前期曾給予慷慨資助。

國家出版基金與中國社會科學院也給予本項目一定的出版資助。

四川省出版集團及巴蜀書社曾在編纂和出版方面起了重要的推動作用，已出版今注本《三國志》《梁書》。

《今注本二十四史》編纂出版工作，自 1994 年立項以來，一波三折、幾經沉浮。2017 年深圳華僑城集團予以鼎力襄助，全面解决了編纂出版經費拮据的問題，編纂出版工作方步入正軌。在此，編委會全體成員向深圳華僑城集團謹表達深深敬意和感謝！

鑒古知今，學史明智。中國社會科學出版社歷來重視歷史學及中國古代典籍的整理與出版工作，爲本項目組織專門團隊，秉持專業、嚴謹、高效的原則，爲項目整體的最終出版提供了重要保障。中國社會科學出版社將與各相關單位通力協作，努力將《今注本二十四史》打造成一部具有思想穿透力與廣泛影響力的精品力作，從而爲講好中國歷史、推動中國歷史研究做出貢獻。

謹以本書紀念爲弘揚中華文化而做出貢獻的歷史學家們！
謹以本書感謝爲傳承中華文化而支援和幫助我們的人們！

《今注本二十四史》編纂委員會
中國社會科學出版社
2020 年 6 月

凡　例

　　《今注本二十四史》在編纂過程中一共産生了四個總體規範性質的文件。這就是：《今注本二十四史編纂總則》（1995 年，2005 年 4 月修改，2017 年 8 月修訂）、《關於〈編纂總則〉的修改和補充意見》（2006 年 3 月）、《關於編纂工作若干問題的決定》（2007 年 1 月）、《關於〈今注本二十四史編纂總則〉幾點重要的補充説明》（2017 年 10 月）。它們確定了全書編纂的目的、特點及其具體操作規則。綜其要概述如下。

　　本書的基本特點是史家注史。工作主要集中在三個方面：版本的改誤糾謬；史實的正義疏通；史料的補充增益。由各史主編撰寫《前言》，扼要介紹該史所涉及的時代背景、作者生平、寫作過程、著作特點、史料價值、在史學史上的地位和研究概況。

　　本書的學術目標有兩個。一個是通過校勘，得到一套善本；一個是通過今注，得到一套最佳的注釋本。即完成由史家校勘並加以注釋的二十四史的新校勘新注釋本。它從史家的角度出發，集數百年以來學界的研究成果，采取有圖有文的注釋形式，力圖以新的角度、新的内容、新的形式，爲二十四史創造出一整套代表當代學術水準的、權威的現代善本。

一　校勘

1. 底本：原則上以商務印書館百衲本爲底本；因百衲本並非善本的另行確定底本。

2. 校勘：充分吸收包括中華書局標點本在内的前人的校勘成果，全面參校，以形成一個全新的校勘本。

各史采用的底本和參校本，在各史序言中寫出全稱和簡稱。整套書統一規定的簡稱有六個：武英殿本簡稱"殿本"；國子監本，相應簡稱"南監本""北監本"；毛氏汲古閣本簡稱"汲古閣本"；同治五書局本簡稱"局本"；商務印書館百衲本簡稱"百衲本"。

校勘成果反映在原文中，即依據有充分把握的校勘結果，將底本中的衍、脱、誤、倒之處全部改正；刊正底本的理由，全部在相應注釋中加以説明。對無十分把握之處，不改原文，衹出校勘記質疑。

采用中華書局標點本爲工作本的史書，不録入原校勘記。直接吸收其校勘成果者則加以説明，對其提出商榷者在相應注釋中加以辨證。

二　注釋

1. 對有古注並已與原書集合行世的前四史，原則上保留古注，視同原文並加注。

2. 注釋程度：以幫助具有大專文化水準以上的讀者讀懂爲限；以給研究者提供簡要索引爲限。注文力求做到：準確、質樸、簡練、嚴謹、規範。

3. 出注（除一些專志外）以卷（篇）爲單位。即對應當加注者，在每卷（篇）第一次出現時加注。此後即使該卷（篇）中再出現，如意義完全等同者，不再加注；而在別卷（篇）再出現時，仍另行加注。有多卷的同類志書出注時視爲同卷，即同類志書對應當加注者在首次出現時加注，其後再現如意義完全等同，亦不再加注。

4. 注釋範圍：冷僻的字音、字義、詞義，成語典故；不易理解的名物制度、地名、人名、別號、謚號、廟號；有爭議或原作記述有歧誤的史實等。

（1）字音、字義、詞義的注釋祇限於生僻字、異體字、避諱字、破讀和易生歧義及晦澀難懂的語辭。對多音字，在文中必讀某音的，以漢語拼音出注。避諱字的注文應説明避諱原因，原文原則上不改，出注。字音標注采用漢語拼音。

（2）對原文中的古體、通假、異體字的處理：古體、通假字不作改動，對其中罕見或疑難者，在注中説明其今體或正體字。全書原文和古注保留異體字，今注除人名、地名、書名和職官（署）名之外，原則上不使用異體字。

（3）成語典故，出注祇限於冷僻的成語典故，注文僅簡單說明成語典故來源、內容和意義。常見的詞語一般不出注,包括常見的古漢語虛詞與實詞,但某些不注會產生歧義者除外。

(4) 人名、別號、謚號等,凡係本部書中沒有專傳(或紀)的人物一般出注說明係何時、何地之人,姓、氏、名、字一般不出注,有特殊來源者,可出注。常見的歷史人物名號與某些不注無礙於全文理解者不必出注;對暫不可考者則說明未詳。

(5) 地名注釋:一般僅注明今地;如須說明沿革方可解讀者,則簡述其沿革。本史有《地理志》者,地名出注從簡;若古今地名相同,所治地區大致相同者,則不出注。

(6) 官名、官署名及職官制度和爵位制度名稱出注,遵循以下三個原則:常見者(如丞相、太尉、太守、縣令等),若其意義與通常理解無顯著變化,一般不出注;不常見者(如太阿、決曹、次等司等),應說明品秩、職掌範圍,需敘述沿革等方能理解原文意義者,則說明沿革變化、上下級關係、置廢時間;若本史有相應專志者,此類出注即從簡略;無相應專志者,可稍詳盡。

(7) 原文與史實不符處,前後文不符處,則予以辯明。考證力求言之有據,簡明扼要。

(8) 紀、傳注文以疏通原文為目的,一般不采取補注、匯注形式。力求不枝不蔓,緊扣原文。各志(書)注文可采取補注、匯注形式,以求內容豐富、全面。

(9) 對有爭議的問題,客觀公允地羅列諸說,反映歧見;同時指出帶傾向性的意見。盡量不作價值評論性質的分析。

（10）今注出注各有重點："紀"（"世家""載記"）着重歷史事件；"傳"着重人物事迹及人際關係；"志"着重制度内容及沿革；"表"着重疏理時序。除《史記》外，注文内容貫徹詳本朝略前代的原則。

（11）注釋以段爲單位，統一順次編碼。出注（校）標碼與注文標碼一致，均采用［1］［2］［3］……標示。

校注側重學術性，努力吸收前人的研究成果，尤其是現代學者的研究成果，充分準確地反映當代二十四史學術研究現狀；爲相關專業的學者提供足資利用的準確原文和内容索引，亦爲一般文史讀者搭建起提高水準的階梯。

《今注本二十四史》編纂委員會
2017 年 10 月

目　録

前　言

孫　曉

東漢班固所撰《漢書》，是中國第一部紀傳體斷代史書。它繼承並發揚了司馬遷《史記》的優良傳統，又獨具特色，在歷史、文學等諸多方面取得了卓越成就。

一

班固字孟堅。班氏先祖爲春秋時楚國賢相令尹子文。相傳子文出生後被遺棄在長江與漢江間的雲夢澤中，有虎來喂乳。楚人稱虎爲"班"，子文後代便以"班"爲姓氏。秦漢之際，班固先人班壹避亂，遷徙於今山西寧武縣附近，以畜牧爲業，成爲邊地富豪。壹子班孺，尚義任俠，爲州郡歌頌。孺生班長，官至上谷太守。長生班回，被推舉爲茂才，任長子縣令。回子班況，舉孝廉爲郎官，積功至上河農都尉，考課連年最佳，入朝爲左曹越騎校尉，其女爲漢成帝婕妤。況有三子，長子班伯年少時從師丹學習《詩經》，大將軍王鳳推薦他爲侍讀官，漢成帝召見，拜爲中常侍。其後伯奉詔從鄭寬中、張禹、許商等名儒學《尚書》《論語》，講論經説異同，遷爲奉車都尉。河平（前28—前25）年間，任定襄太守，及時捉捕亂賊，穩定治安，郡中人皆稱神明。後以侍中、光禄大夫職養病，遷水衡都尉，三十八歲病卒。況中子班斿博學有才，左將軍史丹舉爲賢良方正，以對策爲議郎，遷諫大夫、右曹中郎將，與劉向同校宫中藏書，爲漢成帝器重，得賜藏書副本。斿亦早卒，有子名班嗣。況少子班穉少爲黄門郎、中常侍，爲人方正，漢哀帝即位，任西河屬國都尉，遷廣平相。王莽少與斿、穉友善，但莽秉政時，欲粉飾太平，仿古采民間頌詩，班穉未獻詩，被大司空甄豐彈劾，得元后求情免罪，入補延陵園郎，故班氏一族不顯於王莽新朝。[①]穉子班彪字叔皮，因其祖班況定居長安附近，故《後漢書》卷四〇《班彪傳》稱其爲扶風安陵人。彪少時同堂兄班嗣游學，性格沉静，愛好學問。二十餘歲時，更始帝劉玄敗亡，三輔大亂，班彪先後依從隗囂、竇融，後得光武帝召見，舉茂才，拜爲徐縣令，以病免，屢次爲朝廷三公招用，後舉廉，爲望都縣長，卒於任上，時年五十二。彪即班固之父。

　　班固自幼聰穎有文采，爲人寬和謙虚，博覽百家典籍，不爲細碎章句之學。司馬遷《史記》載西漢事止於漢

————————

① 以上記載，詳見《漢書》卷一〇〇上《叙傳上》。

武帝太初（前 104—前 101）年間，班彪以爲前代續作多不合意，續《太史公書》數十篇。彪死，班固以爲其父所作並不詳盡，專心鑽研創作，想要完成父業。有人向漢明帝告發他私自改修國史，班固被逮捕下獄，幸而其弟班超得明帝召見，詳述班固寫作意圖，明帝又欣賞班固才能，任命他爲蘭臺令史，參與《世祖本紀》寫作，後遷爲郎，管理宮中藏書。這期間，他又撰寫《功臣》《平林》《新市》《公孫述》等列傳、載記二十八篇。永平（58—75）年間，明帝下詔命班固完成前著史書。他用了二十餘年，至建初（76—84）中纔寫作完成。永元（89—105）初年，大將軍竇憲出征匈奴，班固任中護軍隨同參議。後竇憲黨羽敗亡，班固連坐，亦被免官。因班固對家人缺乏約束，其家奴曾醉罵洛陽縣令种兢，等到竇氏賓客皆被逮捕，种兢銜恨將班固下獄，致其死於獄中，時年六十一歲。《後漢書》卷八四《列女傳》載，班固死，《漢書》八表及《天文志》沒有最終完成，漢和帝詔其妹班昭到宮中藏書閣東觀繼續纂修，後又詔馬續完成班昭未竟的工作。

值得注意的是，唐以來《漢書》著作權曾受到質疑，有人認爲班固盜用其父續《太史公書》，自己則並未創作多少新的篇章。《漢書》卷七三《韋賢傳》贊稱"司徒掾班彪曰"，[①] 顏師古據此認爲，班彪的論述在《漢書》中有所體現，班固"竊盜父名"不能成立。著名史學家顧頡剛先生仍持懷疑意見，在《班固竊父書》中指出，《漢書》

① 又《漢書》卷一〇《成紀》、卷八四《翟方進傳》與卷九八《元后傳》的"傳贊"均爲班彪所作。

體例、内容皆襲用班彪續《書》，且不表明，以至隱没了班彪的歷史功績。① 又《西京雜記》序稱班固《漢書》是劉歆《漢書》的删節本；鄭樵《通志》總序説班固“專事剽竊”，漢武帝前抄自《史記》，昭、平之間參考賈逵、劉歆。的確，《漢書》編纂過程中采用了較多的前人文字，② 楊樹達先生曾作《〈漢書〉所據史料考》，指出班固除引用司馬遷、班彪成篇外，還采獲褚少孫、馮商、揚雄、馮衍、韋融等人著述。③ 但正如清代學者趙翼在《廿二史劄記》中談到的那樣，司馬遷《史記》也將賈誼《過秦論》片段當作自己的文字，④ 時人對引用文獻的觀念與規範是與後代不同的，不能以此指責班固抄襲。故總的來説，《漢書》由班氏兩代數人共同完成，題名班固撰，是較爲恰當的。

二

《漢書》和《史記》分别是紀傳體斷代史與通史的開創之作，二書並稱爲《史》《漢》，作者則並稱“班馬”。論《漢書》不能不先談《史記》，班彪續《太史公書》時，便曾討論《史記》得失，“略論”見《後漢書》本

---

① 參見顧頡剛《班固竊父書》，《史學史研究》1993 年第 2 期。
② 參見盧南喬《從史學和史料來論述〈漢書〉編纂特點》，《山東大學學報》1961 年第 4 期。
③ 參見楊樹達《積微居小學金石論叢》，上海古籍出版社 2014 年版，第 295—300 頁。
④ 參見《廿二史劄記》卷一《〈過秦論〉三處引用》。

傳，王充在《論衡》中也有所評論。① 《漢書》流傳後，
"班馬異同"始終是重要的學術話題。學者往往從思想、
編纂、文學等角度討論二者優劣。晉代張輔、華嶠，唐代
劉知幾，宋代鄭樵，清代章學誠，近現代蘇淵雷、施丁等
都有過重要論述。② 還出現了宋代倪思《班馬異同》、明代
許相卿《史漢方駕》一類專題著作。大體來説，自東漢至
唐學者多稱譽《漢書》，宋元至今《史記》則較受人重視。
以下從歷史思想、歷史編纂兩方面加以紹介：

歷史思想方面，班、馬因其自身經歷與所處時代不
同，顯示出一定差異。一般認爲，《史記》備載古今，把
握歷史發展大勢，不獨重一家一姓，《漢書》則詳細記載
西漢一代政制、學術，褒揚漢室功德；《史記》推崇儒、

---

① 參見《超奇篇》《佚文篇》《案書篇》等。

② 張輔相關評述見《名士優劣論》，載於《藝文類聚》卷二二、《太平御
覽》卷四四七；華嶠評述見《後漢書·班固傳》贊；劉知幾評述見
《史通》中《二體》《六家》等篇；鄭樵評述見《通志·總序》；章學
誠評述見《文史通義》中《言公》及《答甄秀才論修志第一書》等
文。蘇淵雷有《馬班〈史〉〈漢〉異同論》，見 1979 年《教學與研
究》；施丁有《班馬異同三論》，見《司馬遷研究新論》，河南人民出
版社 1982 年版。相關重要著作還有：鄭鶴聲《〈史〉〈漢〉研究》，商
務印書館 1930 年版；徐朔方《〈史〉〈漢〉論稿》，江蘇古籍出版社
1984 年版；［韓］朴宰雨《〈史記〉〈漢書〉比較研究》，中國文學出
版社 1994 年版。重要學術論文有：白壽彝《司馬遷與班固》，《人民
日報》1963 年 1 月 23 日；徐復觀《〈史〉〈漢〉比較研究之一例》，
《大陸雜誌》1978 年第 4 期；許凌雲《劉知幾關於〈史〉〈漢〉體例
的評論》，《史學史研究》1985 年第 4 期；張大可《略論班馬異同的内
容與發展的歷史》，《渭南師專學報》1994 年第 1 期等。重要博士學位
論文有沙志利《〈史〉〈漢〉比較研究》，北京大學 2005 年。

道，思想更具開放性，《漢書》則獨尊儒術，尤其重視董仲舒以來的三統、五行學説；《史記》記載刺客、卜者、滑稽、方技之流，兼顧了社會各個階層，《漢書》則減少對下層人士的描寫，主要叙述帝王將相事迹；《史記》借助叙述歷史，往往抒發"身世之感"，《漢書》則注重冷静、客觀地描述，但褒貶也多委婉之辭。司馬遷相較於班固，更具有歷史的洞察力，更富於對現實的批判精神，這是近人更推崇《史記》的原因。但也不能過分解讀《史記》中所凸顯出的進步精神。比如，我們應當批判班固接受的兩漢之際三統歷史循環論和以五行推災異的思想，但也應發掘向來被學者稱揚的司馬遷"究天人之際，通古今之變，成一家之言"的言論背景。"天人"與"古今"的探討，在當時人著述中時有出現。董仲舒講人君有過而上天"譴告"，便是論"天人之際"；講三代改制，便是談"古今之變"。相關的話題，是漢武帝時期學者普遍關注討論的。《史》《漢》思想是漢人思考"天人""古今"的兩個階段，司馬遷處在話題的開花之初，班固則處於話題的結果之後，他們的歷史思想大都符合時代要求。

　　歷史編纂方面，二者皆爲紀傳體，《史記》爲通史，《漢書》爲斷代史。古代學者往往據此抑揚班馬，如鄭樵批評班固不懂"會通"，[1] 劉知幾譏諷《史記》勞而無功。[2] 其實《漢書》也顯示出一定的通史意識，在其表、

---

① 參見《通志·總序》。
② 參見《史通·六家》。

志中尤其明顯。① 班固在《漢書·叙傳》的結尾提到，他這部書不僅叙述帝王將相，還做到"函雅故，通古今"，也可視作司馬遷《史記》"通古今之變"精神的延續。在具體方面，班固《漢書》改《史記》"本紀"爲"紀"，改"書"稱"志"，又不設"世家"。他批評司馬遷將項羽與漢室帝王同列於"本紀"，確立了"帝紀"模式。即便迫不得已立《高后紀》，也在《叙傳》中將其與《惠紀》合叙，取消其獨立意義。司馬遷《史記》設置"世家"在於表彰忠信、股肱之臣，但歷史人物評價因人而異，取捨是一件難事。《陳涉世家》《楚元王世家》《蕭相國世家》等王侯在《漢書》中改爲"傳"，後世史家從《漢書》不從《史記》，也表明了"世家"設置的不便。另外，在志、表、傳的設置方面，《漢書》對《史記》均有所增删補益。

可以説，《史》《漢》各有優劣，但都是傑出的歷史著作。范曄在《後漢書·班固傳》略引華嶠之説，以爲司馬遷、班固都有良史之才，並稱"遷文直而事覈，固文贍而事詳。若固之序事，不激詭，不抑抗，贍而不穢，詳而有體，使讀之者舋舋而不猒，信哉其能成名也。彪、固譏遷，以爲是非頗謬於聖人。然其論議常排死節，否正直，而不叙殺身成仁之爲美，則輕仁義，賤守節愈矣"。這樣的評論可以説是平實、公允的。至於《史》《漢》重合部分文字的異同，班固改寫得有好有壞。二者文學風格雖有

---

① 參見劉家和《論斷代史〈漢書〉中的通史精神》，《北京師範大學學報》2012 年第 3 期。

差別，但都是中國古代散文的典範，這裏不再加以評述。

三

班固《漢書》分十二紀、八表、十志、七十列傳，凡一百卷，《隋書·經籍志二》載爲一百一十五卷，顏師古改爲一百二十卷，皆因部分卷帙過長，析出子卷。如今本《高紀》等卷分上下，《五行志》則分爲五篇。這部七十餘萬字的著作，雖襲用司馬遷及劉向、劉歆父子等人文字較多，但也取得了重要成就。上文在與《史記》對比中已有所涉及，以下再從歷史編纂中體例與内容兩方面加以簡介。

編纂體例方面，《漢書》剪裁得當，體例精嚴。① 班固《漢書》繼承了司馬遷《史記》的"紀傳體"體裁，却没有選擇續寫，而是編纂西漢一代史事。後來的"正史"，除《南史》《北史》外，皆仿效《漢書》纂著斷代史，它對中國歷史文獻的影響可見一斑。上文已略述，相較於《史記》，《漢書》整體的布局做了調整，"紀"祗述帝王，不設"世家"，使"紀傳體"更爲簡潔規範。在細節方面，班固在《史記》基礎上做的改進成績更爲突出。如班固將《史記·天官書》中"五星聚于東井"一句加在《高帝紀》漢高帝元年中，應是參考了《春秋》，以"紀"主要記載軍政災瑞大事爲標準，明確所載内容事項，故而班書看起來清晰、有條理。又如班固分别在兒寬卷五八本傳與

---

① 《漢書》歷史編纂成就，參見陳其泰主編《中國歷史編纂學史》第二卷《兩漢時期》，國家圖書館出版社 2018 年版，第 237—404 頁。

卷八八《儒林傳》記載了兒寬見漢武帝講經學事件，本傳略而《儒林傳》詳，這種互文相足的辦法，既不使本傳缺失歷史信息，又充分體現《儒林傳》這種"類傳"的針對性。再如《武紀》贊中說，漢武帝雄才大略，如果不改文景的儉樸以管理國家，則可比肩《詩》《書》中的古代聖君。卷八六《何武傳》中說，何武才幹不如薛宣，功業、名聲相似，而擅長經學治道、人品正直則勝過薛宣。這樣的微詞或比較，既不過分顯示褒貶，又體現出對歷史人事的識見、評判。

記述內容方面，《漢書》記載詳實，博物洽聞。這尤其體現在它的"表""志"上。如《百官公卿表》是一篇"志""表"結合的典範篇章。班固或許是受到《周禮》啟發，又有所擴充。表序略述西漢主要中央、地方官員的廢置、職掌、屬官、秩禄等情況，表則是西漢二百餘年歷年公卿的任免記録，是研究秦漢政治、制度最重要的文獻。又如《地理志》總叙西漢疆域，以漢成帝時行政區域列舉各郡的沿革，以及平帝元始二年（2）郡戶口數、各郡所屬縣及山澤、設施、關隘、土産、田畝等情況，最後綜論各地物産、習俗，內容之詳實遠超《禹貢》，一卷價值媲美一部《水經注》。另外《刑法志》《藝文志》都具有開創性意義與無可取代的史料價值。即便是後世非議的《古今人表》《五行志》，都為我們提供了豐富的人物世系、自然災害、社會思想信息。《漢書》博雅的另一方面，體現在其多載詔疏奏議等經世文章，如鼂錯的《募民相徙以實塞下疏》、董仲舒的《天人三策》等重要政論均不見於

《史記》。但班固不是簡單地抄寫，而是有所删節、改易。一則爲統一文風，便於叙述；二則是取其精華，節約篇章。如在《律曆志》中徵引劉歆的奏議，班固明確表示删去劉歆歌頌王莽的文辭，衹保留有關鐘律的重要信息。又如"紀""傳"或"志"中載有相同詔書，往往有詳有略，則又是班固根據文章需要調整了字句。更爲重要的是，班固還補足了司馬遷《史記》中本不該缺失的内容。如《史記·曆書》記載，漢武帝元封（前110—前105）間落下閎等推算曆法，確定太初元年（前104）爲焉逢攝提格之年（甲寅），用周正，並有一蔀七十六年氣朔干支大小餘和年名表，是爲太初四分曆。但太初元年以後使用的曆法，實際爲八十一分曆，即後世所説的"太初曆"。故落下閎改曆方案應該被否決了。司馬遷衹記被否定的曆法，而不記行用的曆法，這是嚴重的失誤。而班固在《律曆志》中，補記了鄧平造八十一分新曆，經過淳于陵渠的測驗，證實比其他十餘家精密，頒詔決定行用的經過，展示歷史過程更爲完整。

《漢書》記一代興亡，詳於制度，又多用古字，文章爾雅，自古以來便是軍事、政治、學術、文章的重要參考書。三國時劉備在白帝城病危，給劉禪的詔敕，要求他讀書，第一部便是《漢書》；[1] 孫權也曾要求太子孫登研習《漢書》，以便知道近代史事；[2] 後趙石勒不識字，令人誦

---

① 參見《三國志》卷三二《蜀書·先主傳》裴松之注引《諸葛亮集》載先主遺詔。
② 參見《三國志》卷五九《吳書·孫登傳》。

讀《漢書》;① 北魏太武帝依據《漢書》記載，征伐北涼;② 宋代詩人蘇舜欽以"《漢書》下酒"，傳爲佳話;③ 蘇軾更用"八面受敵法"再三熟讀《漢書》,④ 如《前赤壁賦》中"舳艫千里"一句，便取自《武紀》。劉知幾在《史通·六家》感嘆道:"《漢書》究西都之首末，窮劉氏之廢興，包舉一代，撰成一書。言皆精練，事甚該密。故學者尋討，易爲其功。自爾迄今，無改斯道!"

四

《漢書》初步撰寫完成便受到重視，《後漢書》稱當時學者沒有不誦讀學習的。但該書記事詳備、内容廣博、文辭繁富，難以輕鬆讀通。以鴻儒馬融的天資，年輕時也需跟隨班昭專門學習。故自東漢開始，出現了大量研究《漢書》音、義的著作，如漢晉間應劭、伏儼、劉德、鄭氏、李斐、李奇、鄧展、文穎、蘇林、張晏、如淳、孟康、韋昭、蔡謨、劉嗣等及隋代蕭該皆著有《漢書音義》，晉代晉灼《漢書集注》、臣瓚《漢書集解音義》也是名著。⑤甚至精於此書者，如劉顯、劉臻夫子，號爲"漢聖"。⑥ 至

---

① 參見《晉書》卷一〇五《石勒載記下》。
② 參見《魏書》卷三五《崔浩傳》。
③ 參見龔明之《中吴紀聞》卷二。
④ 參見蘇軾《又答王庠書》。
⑤ 顏師古《漢書叙例》列有二十三家。參見孫顯斌《〈漢書〉顏師古注研究》，鳳凰出版社 2018 年版，第 22—53 頁。
⑥ 參見《隋書》卷六七《劉臻傳》、《顏氏家訓·書證》。

隋唐之際，"漢書學"大興，劉知幾稱當時推崇《漢書》，師徒傳授，僅次於《五經》。[1] 至於集漢魏六朝"漢書學"大成者，當屬顏師古《漢書注》。

顏籀字師古，其祖父即《顏氏家訓》的作者顏之推，叔父顏游秦著有《漢書決疑》。師古博覽群書，尤其擅長訓詁學，曾奉唐太宗旨意考定《五經》文字，爲當時學者信服。《漢書注》是他的代表作，吸收了漢魏以來成果，對《漢書》音、義解釋較爲完備。當代有歷史學家認爲該書水平並不高，[2] 大概是因爲顏注並沒有像《三國志》裴松之注、《世說新語》劉孝標注那樣補充了大量史事，缺乏歷史信息。但顏師古已在《漢書叙例》中批評注史廣引雜說的行爲，表示他的注解祇針對《漢書》文字。這種注史如注經的方式，顯示出"漢書學"的歷史傳統與當時學風。也正因這種注釋方式，時人將他與"《左傳》功臣"杜預相比，稱爲"《漢書》忠臣"。顏注不僅有利於我們理解《漢書》文義，更與陸德明《經典釋文》一起，是漢魏六朝音、訓資料的寶庫。

宋代"漢書學"研究興盛，學者多喜愛誦讀《漢書》。今天我們能看到質量較高的《漢書》版本，即有賴於宋代學者的辛勤校勘，從傳世宋元本中宋祁、劉敞、劉攽、劉奉世校語及吳仁傑《兩漢刊誤補遺》，可以看出他們所做

---

[1] 參見劉知幾《史通·古今正史》。

[2] 如黃永年便認爲"《漢書》的注，過去認爲唐貞觀時顏師古注的最好，一直附《漢書》而傳世，其實水平也不見得特別高"（黃永年：《史部要籍概述》，江蘇教育出版社 2008 年版，第 25 頁）。相似表述還見於黃氏《古文獻學講義》《唐史史料學》等。

的工作。而倪思《班馬異同》、王應麟《漢藝文志考證》等，則爲明清學者研究奠定了基礎。

明代雖産生了凌稚隆《漢書評林》這樣富有價值的著作，但學者研究《漢書》的熱情已大不如前。清代則是"漢書學"研究的全盛時期，乾嘉以來，有關於此的著述之多，質量之高，都超過了以往任何一個時代。除齊召南等人的《漢書考證》、錢大昭《漢書辨疑》、沈欽韓《漢書疏證》、周壽昌《漢書注校補》、朱一新《漢書管見》、王榮商《漢書補注》等對全書進行考訂外，還出現姚振宗《漢書藝文志拾補》《漢書藝文志條理》、梁玉繩《漢書古今人表考》、吳卓信《漢書地理志補注》、徐松《漢書西域傳補注》等數量衆多的單篇注釋研究。另外，錢大昕《廿二史考異》、王念孫《讀書雜志》中對《漢書》文字的校勘與訓詁，趙翼《廿二史劄記》、章學誠《文史通義》對《漢書》編纂體例的評論，均是極爲精湛的成果。清末民初的王先謙，留心《漢書》數十年，薈萃宋、清學者校勘、注釋成果，纂成《漢書補注》一書，是顏注之後《漢書》研究的又一次總結。《補注》刻成於 1900 年，雖然學者常詬病該書的識斷不精、割裂舊文的問題，① 但他給中國古代"漢書學"畫上了圓滿的句號，也爲 20 世紀《漢書》研究奠定了基礎。

20 世紀近代學術開始轉型，現代化的歷史學、文學研究興盛，專門對《漢書》文獻問題的研究並不豐富，但出現了中華書局點校本《漢書》整理巨著和楊樹達《漢書窺

---

① 參見楊樹達《漢書窺管·自序》，商務印書館 2017 年版，第 1—3 頁。

管》、陳直《漢書新證》兩部重要研究著作。《窺管》的成就主要在校勘、訓詁上，楊樹達能以《漢書》體例、漢代歷史風俗疏通文意，方法更爲細密、科學，故往往能察覺王念孫等人的疏漏，爲楊氏贏得“漢聖”的美稱。① 《新證》則以“二重證據法”，用漢簡、漢印、漢代器物印證文獻，對《百官公卿表上》的補充尤爲精彩。另外，岑仲勉《漢書西域傳地里校釋》、金少英《漢書食貨志集釋》、王利器《漢書古今人表疏證》、吴恂《漢書注商》、施丁《漢書新注》等，均爲扎實的注釋、考證著作。另外在《漢書》史學史研究方面，陳其泰、許殿才等也做出了重要貢獻。② 近年來，《漢書》逐漸得到學者重視，出版了一批研究專著和古籍整理著作，其中思想、編纂、叙事及《藝文志》《地理志》《五行志》等單篇研究成果突出；將西漢簡帛與《漢書》對照，印證、補充西漢制度的文章引人關注。《漢書》研究進入了歷史新階段。③

五

《漢書》爲歷代政、學人士所喜愛，在漢唐間便廣爲

---

① 陳寅恪評價，參見楊樹達《積微翁回憶録》，北京大學出版社 2007 年版。
② 陳其泰有《班固評傳》《再建豐碑：班固與〈漢書〉》等著作，許殿才有《〈漢書〉的成就》《談〈漢書〉的體例》《〈漢書〉的實録精神與正宗思想》《〈漢書〉中的天人關係》《〈漢書〉典雅優美的歷史記述》等文章。
③ 《漢書》現當代研究史參見楊倩如《漢書學史》，人民出版社 2018 年版。

傳抄，時人頗爲重視版本。① 今天所能見到的較早寫本，是敦煌、吐魯番出土及日本所藏的一些唐代殘卷，有《刑法志》《蕭望之傳》《王莽傳》等内容，不僅有顏師古注，還有蔡謨《集解》、顏游秦注本，且文字與今本多有差異，彌足珍貴。② 自宋代雕版印刷流行後，《漢書》更是刊印不絕。據《宋會要輯稿・崇儒四》等文獻記載，宋太宗淳化五年（994）在杭州刊印的《漢書》是有據可查的最早刻本。“淳化本”後在宋真宗景德（1004—1007）年間及宋仁宗景祐（1034—1038）年間進行過修訂，但這些版本均已失傳，與北宋版有關的殘葉見於黑水城出土文獻中，③應是當時傳入西夏的。

　　本書所用底本，是國家圖書館藏北宋刻遞修本。參校本爲國家圖書館藏宋蔡琪家塾刻本、明初遞修元大德九年（1305）太平路儒學刊本、清光緒五洲同文書局石印武英殿本。蔡琪本缺失部分，參考宋嘉定十七年（1224）白鷺

---

① 如《梁書》卷四〇《劉之遴傳》載“真本《漢書》”者，《四庫全書總目提要》已辨其僞，但可反映出時人重視《漢書》異本。

② 參見王重民《敦煌古籍叙録》，商務印書館 1958 年版；嚴紹璗《日藏漢籍善本書録》，中華書局 2007 年版；榮新江《〈史記〉與〈漢書〉——吐魯番出土文獻札記之一》，《新疆師範大學學報》2004 年第 1 期。

③ 俄藏黑水城文獻 TK315 爲《漢書》卷六六《陳咸傳》殘葉，秦樺林認爲其字爲顏體，當屬南宋建刻本，辛德勇猜測爲淳化本。案，該殘葉字體應爲歐體，與北宋刻遞修本字體最近，但是否爲淳化本當存疑。參見秦樺林《敦煌、吐魯番、黑水城出土史籍刻本殘頁考》，《敦煌研究》2013 年第 2 期；辛德勇《比傳説中的景祐本更早的〈漢書〉》，澎湃新聞 2020 年 10 月 12 日。

洲書院刻本。

北宋刻遞修本，半葉十行，行正文十九字，顏注雙行行二十七字左右，偶有三十餘字情況。該本是今天可以看到的最早完整的版刻本，舊時曾被當作"景祐"真本，趙萬里、尾崎康等先生皆認爲是北宋末南宋初覆刊本，[①] 或已成爲共識。今尚存兩部殘書，均藏於國家圖書館。本書所用底本存九十八卷，卷二九《溝洫志》、卷三〇《藝文志》缺，分別配補蔡琪本及宋慶元元年（1195）建安劉元起刊本，其他卷中也偶有配補葉。北宋刻遞修本向來被認爲校刻精良，其實也存在不少問題，但因其時間早，基本保存了北宋刊本的面貌，故其價值無可取代。

宋蔡琪家塾刻本，半葉八行，行正文十六字，顏注雙行行二十一或二十二字。國家圖書館藏本存九十二卷，卷二九《溝洫志》、卷四五《蒯伍江息夫傳》、卷四六《萬石衛直周張傳》、卷四七《文三王傳》、卷五六《董仲舒傳》、卷五七上《司馬相如傳上》、卷八六《何武王嘉師丹傳》、卷八八《儒林傳》、卷九九《王莽傳》上及中闕，均以其他宋本補足。另外，南京圖書館藏有殘本十四卷，哈佛大學哈佛燕京圖書館藏有殘本一冊。尾崎康以爲"蔡琪本"是劉元起"慶元本"的翻本，僅改易了行格及撰者署名。[②]宋本可大致分爲兩系，有宋人校語者與無宋人校語者，

---

① 詳見北京圖書館編《中國版刻圖錄（第一冊）》，文物出版社 1960 年版，第 8 頁；［日］尾崎康著，喬秀岩、王鏗編譯《正史宋元版之研究》，中華書局 2013 年版，第 42—45 頁。
② 參見［日］尾崎康著，喬秀岩、王鏗編譯《正史宋元版之研究》，第 336—338 頁。

"慶元本"始於顏師古注後，附宋祁、劉攽、劉敞、劉奉世校語，"蔡琪本"的校語往往比"慶元本"完整，可見也並非簡單地翻刻。此本字體研美、紙墨精良，是建刻本中的精品。"白鷺洲本"覆刻自"蔡琪本"，國家圖書館藏本存九十六卷，配補明覆宋刊本四卷。它在"蔡琪本"的基礎上做了修補，如宋祁、三劉的校語更加完備，但由於是覆刻，也産生了一些不必要的錯誤。

明初遞修元大德九年太平路儒學刊本，半葉十行，行正文二十二字，顏注雙行同。舊説"大德本"來源於"景祐本"，其實也參考了"慶元本"。明初官刻書衹許翻刻，故明初"南監本"即"大德本"的翻刻。今原刻大德本無完本，本書所用參校本即明成化、正德時的遞修本，藏於國家圖書館。"大德本"據"慶元本"所附宋祁、三劉校語校改，存在改字過勇情況，且在明初補板中産生了較多訛誤。① 但"大德本"也參考了其他版本，故有一定校勘價值。

清光緒五洲同文書局石印武英殿本，半葉十行，行正文二十一字，顏注雙行同。清乾隆四年（1739）至十一年，武英殿刊刻《二十四史》，參與校勘者均由當時翰林負責，如著名學者齊召南、杭世駿皆在其列，而《漢書》相關工作最受重視。殿本《漢書》以明代國子監刊本爲底本，校以十餘種宮中藏書，並吸收李光地、何焯等人研究成果。每卷末附《漢書考證》，在辨析《漢書》句讀、文

---

① 參見馬清源《〈漢書〉版本之再認識》，《版本目録學研究》2014 年第 5 輯。

字、舊注、史事等方面多有發明。但需要注意的是，"殿本"雖有較高的學術價值，却存在無據臆改和隨意移動、删減顏注情況。"石印"是晚清時期傳入中國的平版印刷技術，"石印本"與原作相似度極高，今殿本原刊不易看到，即以五洲同文書局石印本作爲參校。

　　另外，除上文提及的宋慶元建安劉元起刊本，進行《漢書》校勘工作值得留意的版本還有明毛晉汲古閣本、明汪文盛本、清同治金陵書局本等。而在當代影響最大的，是中華書局 1962 年出版的《漢書》點校本，學界簡稱爲"中華本"。"中華本"以王先謙《漢書補注》爲底本，注釋僅保留顏師古注，校以張元濟百衲本、汲古閣本、殿本、金陵書局本。它是中華人民共和國成立以來重要的古籍整理成果，爲當代學術研究中普遍使用的版本。①但中華本底本若采用宋本，大多校勘記可以省略。此外，還有許多校勘、標點問題，五十多年來學者們提出了諸多商榷，學界正期待一部更加精良的《漢書》古籍整理著作。

---

① 中華書局點校本《漢書》由當時西北大學歷史系部分師生分段、標點，由傅東華先生整理校勘記。詳見黄留珠《一段被誤傳的學術往事——1959 年西北大學歷史系標點〈漢書〉始末》，《西北大學學報》2008 年第 3 期。

例　言

一、今注本《漢書》旨在對傳世本顏師古注《漢書》作精密校勘的基礎上，吸收 2020 年前歷代學者有關《漢書》的研究成果，並充分補充考古和新發現的史料，編寫一部具有學術性、資料性、普及性的繁體字横排新注本，爲學者提供可靠文獻、豐富資料，爲文史愛好者搭建提高水準的階梯。

二、本書以國家圖書館藏北宋刻遞修本爲底本，參校本爲國家圖書館藏宋蔡琪家塾刻本、明初遞修元大德九年太平路儒學刊本、清光緒五洲同文書局石印武英殿本。蔡琪本缺失部分，參考宋嘉定十七年白鷺洲書院刻本。參校本及其他版本的簡稱，參考以往學者稱法設置，如"蔡琪本""大德本""殿本"等。

三、本書對《漢書》原文分段以文意完整、連貫與方便讀者閱讀兩個方面爲標準，表不拆分。對《漢書》原文進行注釋，保留顏師古注，顏注有關問題在相應的原文今注中解決。注釋以原文一段爲單位，注釋符號［1］［2］［3］……位置首先依據顏注在原文中的相應位置，若無顏注則放在逗號、句號、嘆號、問號等代表停頓意義的標點符號之後。

四、詞條主要以語詞爲單位，詞條出注以卷爲單位，注釋範圍包括詞語的基本解釋、引證相關資料、校勘記三個大方面。注釋結構依次爲概括説明性質的注文、引證羅列與資料補充的注文、校勘記。

五、底本中古體字一般不做改動，部分宋代版刻異體字徑改；注音用漢語拼音，在生僻字及破音字的詞目中加圓括號注音；注釋中的紀年，西漢則寫明某帝、年號、某年，在圓括號內加公元紀年，其他朝代標明朝代、皇帝、年號、公元紀年。

六、人名、字號、謚號等，常見的歷史人物與某些事迹不詳且無礙於全文理解的人物不出注；在《漢書》中有傳者注出卷數，沒有專門紀、傳及附傳的人物一般出注作簡要介紹，有附傳或有事迹者注明本書卷數及卷名，具體到所依傳主。

七、地名一般僅注明今地；如須説明沿革方可解讀者，則簡述其沿革。今地名及行政區劃，以 2017 年地圖出版社出版的《中華人民共和國行政區劃簡册》爲準。

八、官名、官署名、爵位名，見於本書《百官公卿表上》者，在其他篇目中略述官爵設置時間、職掌、員數、地位品級，不見於《百官公卿表上》的詳述其職掌、隸屬、沿革等內容，並補充史料。

九、注釋中使用的插圖統一放置在該卷末，用"圖1""圖2""圖3"……對應。

十、在舉證或補充史料時引用古籍，標明時代、作者、書名、卷數或篇名，帶有官修性質的常見經史原典、名著省略作者，書名一概不使用省稱。卷次數字一律用漢字，"十""百""千"一律不用。引用古籍版本信息見主要參考文獻。

十一、引用今人學術著作、論文集成果時，該卷首次引用標明作者姓名、書名、出版社、出版年及頁碼，引用今人論文，該卷首次引用須標明作者姓名、論文篇名、發表刊物刊名、出版年、刊期，用圓括號標於引文句號後。同卷之後的引用，僅標作者、書名或篇名、頁碼。

十二、清人萬斯同《漢將相大臣年表》《新莽大臣年表》及沈維賢《前漢匈奴表》、楊守敬《前漢地理圖》是《漢書》職官、民族、輿地研究方面的重要文獻，茲以"附錄"列於文後，以便讀者參考利用。

主要參考文獻

一　《漢書》相關文獻

漢・班固撰，唐・顔師古注：《漢書》，北宋刻遞修本。

漢・班固撰，唐・顔師古注：《漢書》，宋慶元元年建安劉元起刻本。

漢・班固撰，唐・顔師古注：《漢書》，宋蔡琪家塾刻本。

漢・班固撰，唐・顔師古注：《漢書》，宋嘉定十七年白鷺洲書院刻本。

漢・班固撰，唐・顔師古注：《漢書》，元大德九年太平路儒學刻明成化、正德遞修本。

漢・班固撰，唐・顔師古注：《漢書》，清光緒二十九年五洲同文局石印清乾隆武英殿本。

漢・班固撰，唐・顔師古注：《漢書》，中華書局 1962 年版。

漢・班固撰，陳焕良、曾憲禮標點：《漢書》，岳麓書社 2008 年版。

明・凌稚隆輯：《漢書評林》，吳平、曹剛華、查珊珊輯：《〈漢書〉研究文獻輯刊》第 1、2、3 冊，國家圖書館出版社 2008 年版。

清・齊召南：《前漢書考證》，吳平、曹剛華、查珊珊輯：《〈漢書〉研究文獻輯刊》第 8 冊，國家圖書館出版社 2008 年版。

清・姚鼐評點：《姚氏漢書評點》，吳平、曹剛華、查珊珊輯：《〈漢書〉研究文獻輯刊》第 6 冊，國家圖書館出版社 2008 年版。

清・沈欽韓：《漢書疏證》，《續修四庫全書》第 266、267 冊，上海古籍出版社 2003 年版。

清・王榮商：《漢書補注》，徐蜀選編：《二十四史訂補》第 2 冊，書目文獻出版社 1996 年版。

佚名：《漢書疏證》，《續修四庫全書》第 265 冊，上海古籍出版社 2003 年版。

佚名：《漢書考正 後漢書考正》，上海古籍出版社 2007 年版。

清・劉光蕡等：《前漢書校勘札記》，吳平、曹剛華、查珊珊輯：《〈漢書〉研究文獻輯刊》第 8 冊，國家圖書館出版社 2008 年版。

漢・班固撰，清・王先謙補注：《漢書補注》，上海師範大學古籍研究所整理，上海古籍出版社 2012 年版。

沈元批注：《〈漢書補注〉批注》，西泠印社出版社 2008 年版。

吳汝綸點勘：《漢書點勘》，吳平、曹剛華、查珊珊輯：《〈漢書〉研究文獻輯刊》第 6 冊，國家圖書館出版社 2008 年版。

楊樹達：《漢書補注補正》，徐蜀選編：《二十四史訂補》第 3 冊，書目文獻出版社 1996 年版。

楊樹達:《讀漢書札記》,徐蜀選編:《二十四史訂補》第 2 册,
　　書目文獻出版社 1996 年版。

楊樹達:《漢書窺管》,商務印書館 2017 年版。

施之勉:《漢書集釋》,三民書局股份有限公司 2003 年版。

陳直:《漢書新證》,中華書局 2008 年版。

施丁主編:《漢書新注》,三秦出版社 1994 年版。

張烈主編:《漢書注譯》,海南國際新聞出版中心 1997 年版。

安平秋、張傳璽主編:《二十四史全譯·漢書》,漢語大詞典出
　　版社 2004 年版。

漢·班固撰,王繼如主編,王華寶、謝秉洪副主編:《漢書今
　　注》,鳳凰出版社 2013 年版。

清·萬斯同:《漢將相大臣年表》,《二十五史補編》第 1 册,北
　　京圖書館出版社 2005 年版。

清·萬斯同:《新莽大臣年表》,《二十五史補編》第 2 册,北京
　　圖書館出版社 2005 年版。

清·蔡雲:《人表考校補(附續校補)》,《二十五史補編》第 1
　　册,北京圖書館出版社 2005 年版。

清·梁玉繩等撰,吳樹平、王佚之、汪玉可點校:《史記漢書諸
　　表訂補十種》,中華書局 1982 年版。

清·梁玉繩:《人表考》,《二十五史補編》第 1 册,北京圖書館
　　出版社 2005 年版。

清·吳非:《楚漢帝月表》,《二十五史補編》第 1 册,北京圖書
　　館出版社 2005 年版。

清·翟云升:《校正古今人表》,《二十五史補編》第 1 册,北京
　　圖書館出版社 2005 年版。

清·夏燮:《校漢書八表》,《二十五史補編》第 1 册,北京圖書
　　館出版社 2005 年版。

王利器、王貞珉:《漢書古今人表疏證》,齊魯書社1988年版。

譚其驤:《新莽職方考》,《二十五史補編》第2冊,北京圖書館出版社2005年版。

清·王元啓:《漢書律曆志正訛》,《二十五史補編》第1冊,北京圖書館出版社2005年版。

周正權編:《漢書律曆志補注訂誤》,吳平、曹剛華、查珊珊輯:《〈漢書〉研究文獻輯刊》第9冊,國家圖書館出版社2008年版。

陳美東:《歷代律曆志校證》,中華書局2008年版。

丘瓊蓀校釋:《歷代樂志律志校釋》第1分冊,人民音樂出版社1999年版。

趙增祥、徐世虹注:《〈漢書·刑法志〉注釋》,法律出版社1983年版。

辛子牛注釋:《漢書刑法志注釋》,群衆出版社1984年版。

謝瑞智注譯:《漢書刑法志》,千華圖書出版事業公司1993年版。

清·劉光蕡:《前漢書食貨志注》,《二十五史補編》第1冊,北京圖書館出版社2005年版。

金少英集釋,李慶善整理:《漢書食貨志集釋》,中華書局1986年版。

張書豪:《漢書五行志疏證》,臺灣學生書局2017年版。

清·全祖望:《漢書地理志稽疑》,《二十五史補編》第2冊,北京圖書館出版社2005年版。

清·錢坫撰,清·徐松集釋:《新斠注地理志集釋》,《二十五史補編》第2冊,北京圖書館出版社2005年版。

清·吳承志:《漢書地理志水道圖説補正》,徐蜀選編:《二十四史訂補》第3冊,書目文獻出版社1996年版。

清·吳卓信：《漢書地理志補注》，《二十五史補編》第 2 册，北京圖書館出版社 2005 年版。

清·王紹蘭：《漢書地理志校注》，《二十五史補編》第 1 册，北京圖書館出版社 2005 年版。

清·洪頤煊：《漢志水道疏證》，《二十五史補編》第 2 册，北京圖書館出版社 2005 年版。

清·汪遠孫：《漢書地理志校本》，《二十五史補編》第 1 册，北京圖書館出版社 2005 年版。

清·徐繼畬：《兩漢幽并涼三州今地考略 漢志沿邊十郡考略》，侯德仁主編：《歷代歷史地理研究文獻精粹》第 3 册，國家圖書館出版社 2020 年版。

清·汪士鐸：《漢志釋地略》，《二十五史補編》第 2 册，北京圖書館出版社 2005 年版。

清·汪士鐸：《漢志志疑》，《二十五史補編》第 2 册，北京圖書館出版社 2005 年版。

清·陳澧：《漢書地理志水道圖説》，《二十五史補編》第 2 册，北京圖書館出版社 2005 年版。

清·吕調陽：《漢書地理志詳釋》，《二十五史補編》第 2 册，北京圖書館出版社 2005 年版。

清·楊守敬：《漢書地理志古注輯存》，《今注本二十四史》編纂委員會編：《二十四史研究資料彙編·兩漢書》第 14 册，人民出版社 2014 年版。

清·楊守敬：《漢書地理志補校》，謝承仁主編：《楊守敬集》第 1 册，湖北人民出版社、湖北教育出版社 1988 年版。

譚其驤：《〈漢書·地理志〉選釋》，《長水集》，人民出版社 1987 年版。

周振鶴編著：《漢書地理志匯釋》，安徽教育出版社 2006 年版。

宋・王應麟：《漢藝文志考證》，王承略、劉心明主編：《二十五史藝文經籍志考補萃編》第一卷，清華大學出版社 2014年版。

清・沈欽韓撰，尹承整理：《漢書藝文志疏證》，王承略、劉心明主編：《二十五史藝文經籍志考補萃編》第二卷，清華大學出版社 2011年版。

清・姚振宗撰，項永琴整理：《漢書藝文志拾補》，王承略、劉心明主編：《二十五史藝文經籍志考補萃編》第二卷，清華大學出版社 2011年版。

清・姚振宗撰，項永琴整理：《漢書藝文志條理》，王承略、劉心明主編：《二十五史藝文經籍志考補萃編》第三卷，清華大學出版社 2011年版。

清・劉光蕡：《前漢書藝文志注》，《二十五史補編》第 2 冊，北京圖書館出版社 2005年版。

清・康有爲：《漢書藝文志辨僞》，《新學僞經考》卷三，生活・讀書・新知三聯書店 1998年版。

清・王仁俊撰，尹承整理：《漢書藝文志考證校補》，王承略、劉心明主編：《二十五史藝文經籍志考補萃編》第一卷，清華大學出版社 2014年版。

孫德謙：《漢書藝文志舉例》，《二十五史補編》第 2 冊，北京圖書館出版社 2005年版。

孫德謙撰，張雲整理：《漢志藝文略》，王承略、劉心明主編：《二十五史藝文經籍志考補萃編》第五卷，清華大學出版社 2012年版。

陳朝爵撰，尹承、蔡喆整理：《漢書藝文志約説》，王承略、劉心明主編：《二十五史藝文經籍志考補萃編》第五卷，清華大學出版社 2012年版。

梁啓超撰，尹承、蔡喆整理：《漢書藝文志諸子略考釋》，王承略、劉心明主編：《二十五史藝文經籍志考補萃編》第五卷，清華大學出版社 2012 年版。

顧實撰，馬慶洲整理：《漢書藝文志講疏》，王承略、劉心明主編：《二十五史藝文經籍志考補萃編》第四卷，清華大學出版社 2011 年版。

沈颺民撰，許建立整理：《漢書藝文志校補存遺》，王承略、劉心明主編：《二十五史藝文經籍志考補萃編》第五卷，清華大學出版社 2012 年版。

姚明煇撰，馬慶洲整理：《漢書藝文志注解》，王承略、劉心明主編：《二十五史藝文經籍志考補萃編》第四卷，清華大學出版社 2011 年版。

余嘉錫遺著，余嗣音整理：《漢書藝文志索隱（諸子）》，香港浸會大學孫少文伉儷人文中國研究所主編：《學燈》第 1 輯，上海古籍出版社 2016 年版。

薛祥綏：《七略疏證》，《國故》1919 年第 2—4 期。

許本裕撰，張雲整理：《漢書藝文志箋》，王承略、劉心明主編：《二十五史藝文經籍志考補萃編》第五卷，清華大學出版社 2012 年版。

瞿潤緡：《漢書藝文志疏證》，國家圖書館藏抄本。

張驥撰，尹承整理：《漢書藝文志方技補注》，王承略、劉心明主編：《二十五史藝文經籍志考補萃編》第五卷，清華大學出版社 2012 年版。

葉長青著，彭丹華點校：《漢書藝文志問答》，華東師範大學出版社 2015 年版。

張舜徽：《廣校讎略 漢書藝文志通釋》，華中師範大學出版社 2004 年版。

張舜徽：《漢書藝文志釋例》，《二十五史三編》第 3 冊，岳麓書
　　社 1994 年版。

陳國慶編：《漢書藝文志注釋匯編》，中華書局 2015 年版。

温浚源：《〈漢書·藝文志〉講要》，社會科學文獻出版社 2018
　　年版。

徐建委：《漢書藝文志六藝略箋證》，中華書局 2020 年版。

黃慶萱：《〈史記〉〈漢書〉儒林列傳疏證》，花木蘭文化出版社
　　2008 年版。

清·丁謙：《漢書匈奴傳地理考證　西南夷兩粵朝鮮傳地理考
　　證》，《〈漢書〉研究文獻輯刊》第 9 冊，國家圖書館出版
　　社 2008 年版。

沈維賢：《前漢匈奴表（並附錄）》，《二十五史補編》第 2 冊，
　　北京圖書館出版社 2005 年版。

清·徐松著，朱玉麒整理：《西域水道記（外二種）》，中華書
　　局 2005 年版。

岑仲勉：《漢書西域傳地里校釋》，中華書局 1981 年版。

余太山：《兩漢魏晉南北朝正史西域傳要注》，商務印書館 2013
　　年版。

漢·許慎撰，清·王仁俊輯：《漢書舊注 漢書許注義》，吳平、
　　曹剛華、查珊珊輯：《〈漢書〉研究文獻輯刊》第 9 冊，國
　　家圖書館出版社 2008 年版。

隋·蕭該撰，清·臧庸輯：《漢書音義（附補遺）》，吳平、曹
　　剛華、查珊珊輯：《〈漢書〉研究文獻輯刊》第 9 冊，國家
　　圖書館出版社 2008 年版。

宋·倪思編，元·劉會孟評，明·凌稚隆補評：《史漢異同補
　　評》，吳平、曹剛華、查珊珊輯：《〈漢書〉研究文獻輯刊》
　　第 5 冊，國家圖書館出版社 2008 年版。

宋·吳仁傑：《兩漢刊誤補遺》，吳平、曹剛華、查珊珊輯：《〈漢書〉研究文獻輯刊》第8冊，國家圖書館出版社2008年版。

清·陳景雲：《兩漢訂誤》，《叢書集成續編》第21冊，上海書店1994年版。

清·蔣國祚：《兩漢紀字句異同考》，《叢書集成續編》第22冊，上海書店1994年版。

清·孫嘉淦等：《武英殿本二十三史考證》，《四庫未收書輯刊》第10輯第5、6冊，北京出版社1998年版。

清·王峻：《漢書正誤》，《今注本二十四史》編纂委員會編：《二十四史研究資料彙編·兩漢書》第1冊，人民出版社2014年版。

清·杭世駿輯：《漢書蒙拾》，徐蜀選編：《二十四史訂補》第2冊，書目文獻出版社1996年版。

清·侯郯：《漢書古義考》，徐蜀選編：《二十四史訂補》第2冊，書目文獻出版社1996年版。

清·張熷：《讀史舉正·漢書》，《今注本二十四史》編纂委員會編：《二十四史研究資料彙編·兩漢書》第2冊，人民出版社2014年版。

清·史珥：《四史剿説·漢書》，《今注本二十四史》編纂委員會編：《二十四史研究資料彙編·兩漢書》第2冊，人民出版社2014年版。

清·錢大昕：《漢書考異》，徐蜀選編：《二十四史訂補》第2冊，書目文獻出版社1996年版。

清·陳以綱：《漢志武成日月表》，《叢書集成續編》第23冊，上海書店1994年版。

清·錢大昭：《漢書辨疑》，徐蜀選編：《二十四史訂補》第2

册，書目文獻出版社 1996 年版。

清·洪亮吉：《漢書發伏》，吳平、曹剛華、查珊珊輯：《〈漢書〉研究文獻輯刊》第 5 册，國家圖書館出版社 2008 年版。

清·劉台拱：《漢學拾遺》，《二十五史三編》第 3 册，岳麓書社 1994 年版。

清·石韞玉：《漢書刊訛》，《今注本二十四史》編纂委員會編：《二十四史研究資料彙編·兩漢書》第 3 册，人民出版社 2014 年版。

清·徐與喬撰，清·潘椿重訂：《漢書辨體》，《今注本二十四史》編纂委員會編：《二十四史研究資料彙編·兩漢書》第 1 册，人民出版社 2014 年版。

清·張聰咸：《經史質疑録·漢書補注》，《今注本二十四史》編纂委員會編：《二十四史研究資料彙編·兩漢書》第 5 册，人民出版社 2014 年版。

清·劉文淇：《楚漢諸侯疆域志》，《二十五史補編》第 1 册，北京圖書館出版社 2005 年版。

清·錢泰吉：《甘泉鄉人稿·漢書》，《今注本二十四史》編纂委員會編：《二十四史研究資料彙編·兩漢書》第 5 册，人民出版社 2014 年版。

馬叙倫：《讀兩漢書記》，吳平、曹剛華、查珊珊輯：《〈漢書〉研究文獻輯刊》第 9 册，國家圖書館出版社 2008 年版。

清·張恕：《漢書讀》，《叢書集成續編》第 21 册，上海書店 1994 年版。

清·汪曰楨：《二十四史月日考·漢書》，《今注本二十四史》編纂委員會編：《二十四史研究資料彙編·兩漢書》第 12 册，人民出版社 2014 年版。

清·周壽昌:《漢書注校補》,徐蜀選編:《二十四史訂補》第 2
册,書目文獻出版社 1996 年版。

清·雷浚編:《學古堂日記·漢書》,徐蜀選編:《二十四史訂
補》第 3 册,書目文獻出版社 1996 年版。

清·何若瑶:《漢書注考證》,徐蜀選編:《二十四史訂補》第 2
册,書目文獻出版社 1996 年版。

清·李慈銘:《越縵堂讀史札記·漢書》,北京圖書館出版社
2003 年版。

周止權:《漢書補注訂誤》,徐蜀選編:《二十四史訂補》第 3
册,書目文獻出版社 1996 年版。

清·楊守敬:《漢書二十三家注鈔》,謝承仁主編:《楊守敬集》
第 6 册,湖北人民出版社、湖北教育出版社 1988 年版。

清·沈家本:《諸史瑣言·漢書瑣言》,徐蜀選編:《二十四史訂
補》第 3 册,書目文獻出版社 1996 年版。

清·朱一新:《漢書管見》,吳平、曹剛華、查珊珊輯:《〈漢
書〉研究文獻輯刊》第 6 册,國家圖書館出版社 2008
年版。

清·繆祐孫:《漢書引經異文録證》,徐蜀選編:《二十四史訂
補》第 3 册,書目文獻出版社 1996 年版。

清·寧調元:《讀漢書札記》,徐蜀選編:《二十四史訂補》第 2
册,書目文獻出版社 1996 年版。

清·史學海:《漢書校證》,徐蜀選編:《二十四史訂補》第 2
册,書目文獻出版社 1996 年版。

劉咸炘:《漢書知意》,黄曙輝編校:《劉咸炘學術論集(史學
編)》,廣西師範大學出版社 2007 年版。

李步嘉輯佚:《韋昭〈漢書音義〉輯佚》,武漢大學出版社 1990
年版。

李澄宇：《讀漢書蠡述》，吳平、曹剛華、查珊珊輯：《〈漢書〉研究文獻輯刊》第 9 冊，國家圖書館出版社 2008 年版。

李孔懷、沈重譯注：《漢書紀傳選譯》，上海古籍出版社 1994 年版。

閆平凡：《楊守敬〈應劭漢書注鈔〉校補》，貴州大學出版社 2014 年版。

郜積意：《〈史記〉〈漢書〉年月考異》，上海古籍出版社 2015 年版。

陳其泰、張愛芳編：《〈漢書〉研究》，中國大百科全書出版社 2009 年版。

二　古籍整理

清·阮元校刻：《十三經注疏（清嘉慶刊本）》，中華書局 2009 年版。

中華書局編輯部編：《漢魏古注十三經（附四書章句集注）》，中華書局 1998 年版。

中華書局編輯部編：《唐宋注疏十三經》，中華書局 1998 年版。

中華書局編輯部編：《清人注疏十三經（附經義述聞）》，中華書局 1998 年版。

李學勤主編：《十三經注疏》，北京大學出版社 1999 年版。

中國社會科學院歷史研究所文化室編：《明版閩刻十三經注疏》，東方出版社 2011 年版。

清·孫詒讓著，雪克輯校：《十三經注疏校記》，中華書局 2009 年版。

劉玉才主編：《十三經注疏校勘記》，北京大學出版社 2014 年版。

清·阮元、王先謙編：《清經解 清經解續編》，上海書店 2018

年版。

魏·王弼撰，樓宇烈校釋：《周易注（附周易略例）》，中華書局 2011 年版。

魏·王弼、晉·韓康伯注，唐·孔穎達疏，于天寶點校：《宋本周易注疏》，中華書局 2018 年版。

唐·李鼎祚撰，王豐先點校：《周易集解》，中華書局 2016 年版。

清·惠棟撰，鄭萬耕點校：《周易述（附易漢學·易例）》，中華書局 2007 年版。

清·孫星衍撰，黃冕點校：《孫氏周易集解》，中華書局 2018 年版。

清·李道平撰，潘雨廷點校：《周易集解纂疏》，中華書局 1994 年版。

曹元弼著，吳小鋒整理：《周易集解補釋》，上海人民出版社 2019 年版。

高亨：《周易古經今注》，清華大學出版社 2010 年版。

高亨：《周易大傳今注》，清華大學出版社 2010 年版。

漢·孔安國傳，唐·孔穎達正義，黃懷信整理：《尚書正義》，上海古籍出版社 2008 年版。

杜澤遜主編：《尚書注疏彙校》，中華書局 2018 年版。

清·孫星衍撰，陳抗、盛冬鈴點校：《尚書今古文注疏》，中華書局 1986 年版。

清·皮錫瑞撰，盛冬鈴、陳抗點校：《今文尚書考證》，中華書局 2004 年版。

清·王先謙撰，何晉點校：《尚書孔傳參正》，中華書局 2011 年版。

顧頡剛、劉起釪：《尚書校釋譯論》，中華書局 2005 年版。

曾運乾：《尚書正讀》，中華書局 2015 年版。

楊筠如著，黃懷信標點：《尚書覈詁》，陝西人民出版社 2005 年版。

屈萬里著，李偉泰、周鳳五校：《尚書集釋》，中西書局 2014 年版。

周秉鈞：《尚書易解》，華東師範大學出版社 2010 年版。

漢·毛亨傳，漢·鄭玄箋，唐·孔穎達疏，朱傑人、李慧玲整理：《毛詩注疏》，上海古籍出版社 2013 年。

清·胡承珙撰，郭全芝校點：《毛詩後箋》，黃山書社 1999 年版。

清·馬瑞辰撰，陳金生點校：《毛詩傳箋通釋》，中華書局 2012 年版。

清·王先謙撰，吳格點校：《詩三家義集疏》，中華書局 1987 年版。

吳闓生著，蔣天樞、章培恒校點：《詩義會通》，中西書局 2012 年版。

林義光：《詩經通解》，中西書局 2012 年版。

魯洪生主編：《詩經集校集注集評》，現代出版社 2015 年版。

［日］竹添光鴻箋注：《毛詩會箋》，鳳凰出版社 2012 年版。

漢·韓嬰撰，許維遹校釋：《韓詩外傳集釋》，中華書局 1980 年版。

屈守元箋疏：《韓詩外傳箋疏》，巴蜀書社 2012 年版。

漢·鄭玄注，唐·賈公彥疏，彭林整理：《周禮注疏》，上海古籍出版社 2010 年版。

清·孫詒讓撰，汪少華整理：《周禮正義》，中華書局 2015 年版。

漢·鄭玄注，唐·賈公彥疏，王輝整理：《儀禮注疏》，上海古籍出版社 2008 年版。

清·胡培翬撰，段熙仲點校：《儀禮正義》，江蘇古籍出版社
　　1993 年版。

漢·鄭玄注，唐·孔穎達疏，呂友仁整理：《禮記正義》，上海
　　古籍出版社 2008 年版。

清·朱彬撰，沈文倬、水渭松校點：《禮記訓纂》，浙江大學出
　　版社 2010 年版。

清·孫希旦撰，沈嘯寰、王星賢點校：《禮記集解》，中華書局
　　1989 年版。

清·王聘珍撰，王文錦點校：《大戴禮記解詁》，中華書局 1983
　　年版。

清·孔廣森補注，王豐先點校：《大戴禮記補注（附校正孔氏大
　　戴禮記補注）》，中華書局 2013 年版。

方向東：《大戴禮記彙校集解》，中華書局 2008 年版。

黃懷信主撰，孔德立、周海生參撰：《大戴禮記彙校集注》，三
　　秦出版社 2005 年。

清·黃以周撰，王文錦點校：　《禮書通故》，中華書局 2007
　　年版。

春秋·左丘明撰，晉·杜預集解：《左傳》，上海古籍出版社
　　2015 年版。

清·洪亮吉撰，李解民點校：《春秋左傳詁》，中華書局 1987
　　年版。

楊伯峻編著：《春秋左傳注》，中華書局 2017 年版。

趙生群注：《春秋左傳新注》，陝西人民出版社 2008 年版。

漢·何休解詁，唐·徐彥疏，刁小龍整理：《春秋公羊傳注疏》，
　　上海古籍出版社 2014 年版。

清·陳立撰，劉尚慈點校：《公羊義疏》，中華書局 2017 年版。

清·鍾文烝撰，駢宇騫、郝淑慧點校，《春秋穀梁經傳補注》，中華書局 2009 年版。

清·廖平撰，郜積意點校：《穀梁古義疏》，中華書局 2012 年版。

柯劭忞：《春秋穀梁傳注》，廣西師範大學出版社 2018 年版。

清·蘇輿撰，鍾哲點校：《春秋繁露義證》，中華書局 1992 年版。

鍾肇鵬主編：《春秋繁露校釋》，河北人民出版社 2005 年版。

宋·朱熹：《四書章句集注》，中華書局 2005 年版。

梁·皇侃撰，高尚榘校點：《論語義疏》，中華書局 2013 年版。

清·劉寶楠撰，高流水點校：《論語正義》，中華書局 1990 年版。

程樹德撰，程俊英、蔣見元點校：《論語集釋》，中華書局 2013 年版。

陳大齊著，周春健校訂：《論語輯釋》，華夏出版社 2009 年版。

晉·郭璞注，宋·邢昺疏，王世偉整理：《爾雅注疏》，上海古籍出版社 2010 年版。

清·邵晉涵撰，李嘉翼、祝鴻杰點校：《爾雅正義》，中華書局 2017 年版。

清·郝懿行撰，王其和、吳慶峰、張金霞點校：《爾雅義疏》，中華書局 2019 年版。

周祖謨：《爾雅校箋》，雲南人民出版社 2004 年版。

唐·李隆基注，宋·邢昺疏，金良年整理：《孝經注疏》，上海古籍出版社 2009 年版。

清·皮錫瑞：《孝經鄭注疏》，吳仰湘編：《皮錫瑞全集》第 3 冊，中華書局 2016 年版。

清·焦循撰，沈文倬點校：《孟子正義》，中華書局 1987 年版。

清·陳立撰，吳則虞點校：《白虎通疏證》，中華書局 1994
年版。

清·陳壽祺、皮錫瑞撰，王豐先整理：《五經異義疏證 駁五經
異義疏證》，中華書局 2014 年版。

古風主編：《經學輯佚文獻彙編》，國家圖書館出版社 2010
年版。

清·趙在翰輯，鍾肇鵬、蕭文郁點校：《七緯》，中華書局 2012
年版。

[口] 安居香山、中村璋八輯：《緯書集成》，河北人民出版社
1994 年版。

唐·陸德明：《經典釋文》，上海古籍出版社 2013 年版。

黃焯：《經典釋文彙校》，武漢大學出版社 2008 年版。

清·王引之：《經義述聞》，江蘇古籍出版社 2000 年版。

清·王引之：《經傳釋詞》，江蘇古籍出版社 2000 年版。

漢·許慎撰，清·段玉裁注，許惟賢整理：《説文解字注》，鳳
凰出版社 2015 年。

宋·洪适：《隸釋 隸續》，中華書局 1986 年版。

宋·劉球編：《隸韻》，中華書局 1989 年版。

清·翟云升編撰：《隸篇》，中華書局 1985 年版。

清·顧藹吉編撰：《隸辨》，中華書局 1986 年版。

梁·顧野王編撰：《原本玉篇殘卷》，中華書局 1985 年版。

梁·顧野王：《大廣益會玉篇》，中華書局 1987 年版。

余廼永校注：《新校互注宋本廣韻（定稿本）》，上海人民出版
社 2008 年版。

華學誠匯證，王智群、謝榮娥、王彩琴協編：《揚雄方言校釋匯
證》，中華書局 2006 年版。

漢·劉熙撰，清·畢沅疏證，清·王先謙補：《釋名疏證補》，

中華書局 2008 年版。

遲鐸集釋：《小爾雅集釋》，中華書局 2008 年版。

清·王念孫：《廣雅疏證》，江蘇古籍出版社 2000 年版。

漢·司馬遷：《史記》，中華書局 2013 年版。

漢·司馬遷撰，［日］瀧川資言考證，楊海崢整理：《史記會注考證》，上海古籍出版社 2015 年版。

漢·司馬遷撰，韓兆琦評注：《史記（評注本）》，岳麓書社 2012 年版。

王利器主編：《史記注釋》，三秦出版社 1988 年版。

韓兆琦編著：《史記箋證》，江西人民出版社 2017 年版。

清·梁玉繩：《史記志疑》，中華書局 1981 年版。

安平秋譯注：《歷史人物傳記譯注：司馬遷》，中華書局 1985 年版。

吳國泰：《史記解詁》，1938 年排印本。

清·牛運震撰，崔凡芝校釋：《空山堂史記評注校釋（附史記糾謬）》，中華書局 2012 年版。

佚名：《史記疏證》，《續修四庫全書》第 264 冊。

清·杭世駿：《史記考證》，徐蜀選編：《二十四史訂補》第 1 冊，書目文獻出版社 1996 年版。

清·方苞：《史記注補正》，徐蜀選編：《二十四史訂補》第 1 冊，書目文獻出版社 1996 年版。

清·林茂春：《史記拾遺》，徐蜀選編：《二十四史訂補》第 1 冊，書目文獻出版社 1996 年版。

清·丁晏：《史記毛本正誤》，徐蜀選編：《二十四史訂補》第 1 冊，書目文獻出版社 1996 年版。

清·王筠：《史記校》，徐蜀選編：《二十四史訂補》第 1 冊，書目文獻出版社 1996 年版。

周尚木：《史記識誤》，徐蜀選編：《二十四史訂補》第 1 冊，書目文獻出版社 1996 年版。

佚名：《史記校注》，徐蜀選編：《二十四史訂補》第 1 冊，書目文獻出版社 1996 年版。

李笠：《史記訂補》，徐蜀選編：《二十四史訂補》第 1 冊，書目文獻出版社 1996 年版。

李笠：《廣史記訂補》，復旦大學出版社 2001 年版。

清·王元啟：《史記正訛》，徐蜀選編：《二十四史訂補》第 1 冊，書目文獻出版社 1996 年版。

龍良棟：《景祐本史記校勘記》，徐蜀選編：《二十四史訂補》第 1 冊，書目文獻出版社 1996 年版。

李蔚芬：《史記正義佚文纂錄》，徐蜀選編：《二十四史訂補》第 1 冊，書目文獻出版社 1996 年版。

清·雷浚等編：《學古堂日記·史記》，徐蜀選編：《二十四史訂補》第 1 冊，書目文獻出版社 1996 年版。

清·沈家本：《史記瑣言》，徐蜀選編：《二十四史訂補》第 1 冊，書目文獻出版社 1996 年版。

清·潘永季：《讀史記札記》，《叢書集成續編》第 21 冊，上海書店 1994 年版。

清·錢塘：《史記三書釋疑》，《二十五史補編》第 1 冊，北京圖書館出版社 2005 年版。

清·錢塘：《史記釋疑》，《叢書集成續編》第 21 冊，上海書店 1994 年版。

程金造：《史記管窺》，陝西人民出版社 1985 年版。

清·張文虎：《校刊史記集解索隱正義札記》，中華書局 2012 年版。

清·郭嵩燾：《史記札記》，商務印書館 1957 年版。

清·崔適著，張烈點校：《史記探源》，中華書局 1986 年版。

張衍田輯校：《史記正義佚文輯校》，北京大學出版社 1985 年版。

王駿圖、王駿觀：《史記舊注平議》，正中書局 1936 年版。

李人鑒：《太史公書校讀記》，甘肅人民出版社 1998 年版。

錢穆：《史記地名考》，商務印書館 2001 年版。

徐仁甫：《史記注解辨正》，中華書局 2014 年版。

王叔岷：《史記斠證》，中華書局 2007 年版。

陳直：《史記新證》，中華書局 2006 年版。

張玉春疏證：《〈史記〉日本古注疏證》，齊魯書社 2016 年版。

魯實先：《史記會注考證駁議》，岳麓書社 1986 年版。

徐仁甫遺著，四川省文史研究館整理：《史記注解辨正》，中華書局 2014 年版。

袁傳璋：《宋人著作五種徵引〈史記正義〉佚文考索》，中華書局 2016 年版。

辛德勇：《史記新本校勘》，廣西師範大學出版社 2017 年版。

清·孫星衍：《史記天官書補目》，《二十五史補編》第 1 冊，北京圖書館出版社 2005 年版。

清·盧文弨：《史記惠景間侯者年表校補》，《二十五史補編》第 1 冊，北京圖書館出版社 2005 年版。

清·王元啟：《史記三書正訛》，《二十五史補編》第 1 冊，北京圖書館出版社 2005 年版。

清·王元啟：《史記月表正訛》，《二十五史補編》第 1 冊，北京圖書館出版社 2005 年版。

清·張錫瑜：《史表功比說》，徐蜀選編：《二十四史訂補》第 1 冊，書目文獻出版社 1996 年版。

清·汪越撰，徐克范補：《讀史記十表》，《二十五史補編》第 1 冊，北京圖書館出版社 2005 年版。

張大可：《項羽本紀疏證》,《論項羽》,商務印書館 2015 年版。

南朝宋·范曄撰,唐·李賢等注：《後漢書》,中華書局 1965
　　年版。

晉·陳壽撰,南朝宋·裴松之注：《三國志》,中華書局 1982
　　年版。

唐·房玄齡等：《晉書》,中華書局 1974 年版。

梁·蕭子顯：《南齊書》,中華書局 2017 年版。

北齊·魏收：《魏書》,中華書局 2017 年版。

唐·魏徵等：《隋書》,中華書局 1974 年版。

後晉·劉昫等：《舊唐書》,中華書局 1975 年版。

宋·歐陽修、宋祁：《新唐書》,中華書局 1975 年版。

元·脫脫等：《宋史》,中華書局 1976 年版。

劉瑩、陳鼎如譯,陳逸光校：《歷代食貨志今譯》,江西人民出
　　版社 1984 年版。

清·錢大昕著,方詩銘、周殿傑校點：《廿二史考異（附三史拾
　　遺、諸史拾遺）》,上海古籍出版社 2004 年版。

清·王鳴盛撰,黃曙輝點校：《十七史商榷》,上海古籍出版社
　　2016 年版。

清·趙翼著,王樹民校證：《廿二史劄記校證》,中華書局 2016
　　年版。

張元濟：《校史隨筆》,上海古籍出版社 1998 年版。。

清·張愉曾：《十六國年表》,《叢書集成續編》第 263 冊,新文
　　豐出版公司 1988 年版。

劉次沅：《諸史天象記錄考證》,中華書局 2015 年版。

漢·荀悅撰,張烈點校：《漢紀》,中華書局 2002 年版。

宋·司馬光編著,元·胡三省音注：《資治通鑑》,中華書局
　　1956 年版。

宋·司馬光:《資治通鑑考異》,《四部叢刊》本。

宋·王應麟著,傅林祥點校:《通鑑地理通釋》,中華書局 2013 年版。

宋·王應麟著,鄭振峰等點校:《通鑑答問》,中華書局 2012 年版。

明·王夫之著,舒士彥點校:《讀通鑑論》,中華書局 2013 年版。

清·皮錫瑞撰:《讀通鑑論札記》,吳仰湘編:《皮錫瑞全集》第 8 冊,中華書局 2015 年版。

宋·王益之撰,王根林點校:《西漢年紀》,中華書局 2018 年版。

徐元誥撰,王樹民、沈長雲點校:《國語集解》,中華書局 2002 年版。

黃懷信:《逸周書校補注譯》,西北大學出版社 1996 年版。

清·程夔初集注,程朱昌、程育全編:《戰國策集注》,上海古籍出版社 2013 年版。

清·王念孫、金正煒著,趙丕傑、趙立生點校:《戰國策校釋二種》,首都師範大學出版社 1994 年版。

何建章注釋:《戰國策注釋》,中華書局 1990 年版。

清·郝懿行著,李念孔點校:《汲冢周書輯要》,安作璋主編:《郝懿行全集》第 5 冊,齊魯書社 2010 年版。

清·郝懿行著,李念孔點校:《竹書紀年校證》,安作璋主編:《郝懿行全集》第 5 冊,齊魯書社 2010 年版。

方詩銘、王修齡校注:《古本竹書紀年輯證(修訂本)》,上海古籍出版社 2005 年版。

漢·宋衷注,清·秦嘉謨等輯:《世本八種》,中華書局 2008 年版。

清·王梓材輯:《世本集覽》,北京圖書館出版社 2007 年版。

漢·袁康撰,李步嘉校釋:《越絕書校釋》,中華書局 2013 年版。

晉·皇甫謐著,徐宗元輯:《帝王世紀輯存》,中華書局 1964 年版。

宋·蘇轍著,舒大剛、舒星、尤瀟瀟校點:《古史》,四川大學出版社 2016 年版。

清·馬驌撰,王利器整理:《繹史》,中華書局 2002 年版。

清·王照圓撰,虞思徵點校:《列女傳補注》,華東師範大學出版社 2012 年版。

清·唐晏著,吳東民點校:《兩漢三國學案》,中華書局 1986 年版。

清·孫星衍等輯,周天游點校:《漢官六種》,中華書局 2008 年版。

唐·杜佑撰,王文錦等點校:《通典》,中華書局 1996 年版。

明·董説:《七國考》,中華書局 1956 年版。

清·沈家本:《漢律摭遺》,臺灣商務印書館 1976 年版。

清·沈家本撰,鄧經元、駢宇騫點校:《歷代刑法考(附寄簃文存)》,中華書局 1985 年版。

清·郝懿行撰,沈海波校點:《山海經箋疏》,上海古籍出版社 2019 年版。

袁珂校注:《山海經校注(最終修訂版)》,北京聯合出版公司 2014 年版。

漢·王褒等撰,陳曉捷輯注:《關中佚志輯注》,三秦出版社 2006 年版。

漢·趙岐撰,晉·摯虞注,清·張澍輯,陳曉捷注:《三輔決錄》,三秦出版社 2006 年版。

六朝·闕名氏著，張宗祥校録：《校正三輔黃圖》，古典文學出版社 1958 年版。

陳直校證：《三輔黃圖校證》，陝西人民出版社 1980 年版。

何清谷：《三輔黃圖校釋》，中華書局 2005 年版。

晉·佚名撰，清·張澍輯，陳曉捷注：《三輔故事》，三秦出版社 2006 年版。

陳橋驛：《水經注校釋》，杭州大學出版社 1999 年版。

劉慶柱輯注：《三秦記輯注》，三秦出版社 2006 年版。

陳橋驛編著：《〈水經注〉地名匯編》，中華書局 2012 年版。

李曉傑主編：《水經注校箋圖釋（渭水流域諸篇）》，復旦大學出版社 2017 年版。

唐·李泰等著，賀次君輯校：《括地志輯校》，中華書局 1980 年版。

宋·范成大原著，胡起望、覃光廣校注：《桂海虞衡志輯佚校注》，四川民族出版社 1986 年版。

元·駱天驤撰，黃永年點校：《類編長安志》，三秦出版社 2006 年版。

明·曹學佺：《蜀中廣記》，文淵閣四庫全書本。

明·唐交等修，高濬等纂：《霸州志（嘉靖）》，《天一閣藏明代方志選刊》第 6 册，上海古籍出版社 1982 年版。

明·唐胄纂，彭靜中點校：《正德瓊臺志》，海南出版社 2006 年版。

明·趙廷瑞修，馬理、吕柟等纂，董健橋等校注：《陝西通志（嘉靖）》，三秦出版社 2006 年版。

《新疆文庫》編委會編，鍾興麒等校注：《西域圖志校注》，新疆人民出版社 2014 年版。

孔祥軍：《漢唐地理志考校》，新世界出版社 2012 年版。

錢林書編著：《續漢書郡國志匯釋》，安徽教育出版社 2007 年版。

清·吳式芬、陳介祺輯：《封泥考略》，中國書店 1990 年版。

清·翁方綱：《兩漢金石記》，《續修四庫全書》第 892 冊，上海古籍出版社 2003 年版。

清·皮錫瑞：《漢碑引經考》，吳仰湘編：《皮錫瑞全集》第 7 冊，中華書局 2015 年版。

清·孫詒讓撰，祝鴻杰點校：《漢晉經籍録目》，《商子校本 溫州古甓記（外二種）》，中華書局 2014 年版。

清·孫詒讓撰，祝鴻杰點校：《漢石記目録》，《商子校本 溫州古甓記（外二種）》，中華書局 2014 年版。

清·永瑢等：《四庫全書總目》，中華書局 1965 年版。

余嘉錫著，戴維校點：《四庫提要辨證》，湖南教育出版社 2009 年版。

清·王先謙撰，沈嘯寰、王星賢點校：《荀子集解》，中華書局 2013 年版。

戰國·荀況著，王天海校釋：《荀子校釋》，上海古籍出版社 2016 年版。

清·陳士珂輯，崔濤點校：《孔子家語疏證》，鳳凰出版社 2017 年版。

傅亞庶：《孔叢子校釋》，中華書局 2011 年版。

王利器：《新語校注》，中華書局 2012 年版。

漢·賈誼著，閻振益、鍾夏校注：《新書校注》，中華書局 2000 年版。

王利器校注：《鹽鐵論校注（定本）》，中華書局 1992 年版。

聶濟冬：《鹽鐵論集解》，鳳凰出版社 2018 年版。

漢·劉向編著，石光瑛校釋，陳新整理：《新序校釋》，中華書局 2017 年版。

漢·劉向撰，向宗魯校證：《說苑校證》，中華書局 1987 年版。

汪榮寶撰，陳仲夫點校：《法言義疏》，中華書局 2018 年版。

漢·桓譚撰，朱謙之校輯：《新輯本桓譚新論》，中華書局 2009
年版。

黃暉：《論衡校釋（附劉盼遂集解）》，中華書局 2017 年版。

漢·王符著，清·汪繼培箋，彭鐸校正：《潛夫論箋校正》，中
華書局 2014 年版。

王卡點校：《老子道德經河上公章句》，中華書局 1993 年版。

漢·嚴遵撰，樊波成校箋：《老子指歸校箋》，上海古籍出版社
2013 年版。

魏·王弼注，樓宇烈校釋：《老子道德經注校釋》，中華書局
2016 年版。

高明：《帛書老子校注》，中華書局 1996 年版。

朱謙之：《老子校釋》，中華書局 2017 年版。

清·孫詒讓著，孫啓治點校：《墨子閒詁》，中華書局 2009
年版。

吳毓江撰，孫啓治點校：《墨子校注》，中華書局 1993 年版。

王煥鑣：《墨子集詁》，上海古籍出版社 2005 年版。

清·郭慶藩撰，王孝魚點校：《莊子集釋》，中華書局 2016
年版。

阮毓崧撰，劉韶軍點校：《重訂莊子集注》，上海古籍出版社
2018 年版。

劉文典撰，趙鋒、諸偉奇點校：《莊子補正》，中華書局 2015
年版。

黎翔鳳撰，梁運華整理：《管子校注》，中華書局 2004 年版。

郭沫若、聞一多、許維遹撰：《管子集校》，科學出版社 1956

年版。

許富宏：《慎子集校集注》，中華書局 2013 年版。

蔣禮鴻：《商君書錐指》，中華書局 1986 年版。

清·汪繼培輯，魏代富疏證：《尸子疏證》，鳳凰出版社 2018 年版。

許維遹撰，梁運華整理：《呂氏春秋集釋》，中華書局 2009 年版。

陳奇猷校釋：《呂氏春秋新校釋》，上海古籍出版社 2002 年版。

清·王先慎撰，鍾哲點校：《韓非子集解》，中華書局 1998 年版。

《韓非子》校注組編寫，周勛初修訂：《韓非子校注（修訂本）》，鳳凰出版社 2009 年版。

張覺：《韓非子校疏》，上海古籍出版社 2010 年版。

王琯：《公孫龍子懸解》，中華書局 1992 年版。

春秋·孫武撰，三國·曹操等注，楊丙安校理：《十一家注孫子校理》，中華書局 1999 年版。

王震：《司馬法集釋》，中華書局 2018 年版。

劉文典撰，馮逸、喬華點校：《淮南鴻烈集解》，中華書局 2013 年版。

何寧：《淮南子集釋》，中華書局 1998 年版。

張雙棣：《淮南子校釋》，北京大學出版社 2013 年版。

舊題漢·焦延壽撰，徐傳武、胡真校點集注：《易林彙校集注》，上海古籍出版社 2012 年。

漢·揚雄撰，鄭萬耕校釋：《太玄校釋》，中華書局 2014 年版。

漢·應劭撰，王利器校注：《風俗通義校注》，中華書局 2010 年版。

漢·崔寔撰，石聲漢校注：《四民月令校注》，中華書局 2013

年版。

晉·葛洪撰，周天游校注：《西京雜記》，三秦出版社 2006 年版。

晉·葛洪著，金毅校注：《抱朴子内外篇校注》，上海古籍出版社 2018 年版。

北魏·賈思勰著，石聲漢校釋：《齊民要術今釋》，中華書局 2009 年版。

王天海、王韌：《意林校釋》，中華書局 2014 年版。

宋·王應麟著，清·翁元圻輯注，孫通海點校：《困學紀聞注》，中華書局 2016 年版。

宋·王觀國撰，田瑞娟點校：《學林》，中華書局 1988 年版。

清·顧炎武著，黃汝成集釋，欒保群、吕宗力校點：《日知録集釋》，上海古籍出版社 2006 年版。

清·何焯著，崔高維點校：《義門讀書記》，中華書局 1987 年版。

清·王鳴盛著，顧美華標校：《蛾術編》，上海書店出版社 2012 年版。

清·趙翼撰，曹光甫校點：《陔餘叢考》，上海古籍出版社 2011 年版。

清·錢大昕著，楊勇軍整理：《十駕齋養新録》，上海書店出版社 2011 年版。

清·王念孫：《讀書雜志》，江蘇古籍出版社 2000 年版。

清·曾國藩著，陳書良校點：《曾國藩讀書録》，上海古籍出版社 2012 年版。

唐·虞世南編纂：《北堂書鈔》，學苑出版社 2003 年版。

唐·歐陽詢：《宋本藝文類聚》，上海古籍出版社 2013 年版。

唐·徐堅等：《初學記》，中華書局 2004 年版。

宋·李昉等:《太平御覽》,中華書局 2011 年版。

宋·洪興祖撰,白化文等點校:《楚辭補注》,中華書局 2015 年版。

漢·司馬相如著,金國永校注:《司馬相如集校注》,上海古籍出版社 1993 年版。

漢·賈誼著,王洲明、徐超校注:《賈誼集校注》,人民文學出版社 1996 年版。

漢·賈誼著,吳雲、李春臺校注:《賈誼集校注(增訂版)》,天津古籍出版社 2010 年版。

漢·賈誼著,于智榮譯注:《賈誼新書譯注》,黑龍江人民出版社 2003 年版。

漢·賈誼撰,方向東集解:《賈誼集匯校集解》,河海大學出版社 2000 年版。

漢·董仲舒撰,袁長江等校注:《董仲舒集》,學苑出版社 2003 年版。

漢·揚雄著,張震澤校注:《揚雄集校注》,上海古籍出版社 1993 年版。

清·顧炎武撰,華東師範大學古籍研究所整理:《顧炎武全集》,上海古籍出版社 2011 年版。

清·戴震撰,楊應芹、諸偉奇主編:《戴震全書》,黃山書社 2009 年版。

清·盧文弨撰,陳東輝主編:《盧文弨全集》,浙江大學出版社 2017 年版。

清·錢大昕撰,陳文和主編:《嘉定錢大昕全集(增訂本)》,鳳凰出版社 2016 年版。

清·王鳴盛撰,陳文和主編:《嘉定王鳴盛全集》,中華書局 2010 年版。

清·汪中著，田漢雲點校：《新編汪中集》，廣陵書社 2005
年版。

清·趙翼撰，曹光甫校點：《趙翼全集》，鳳凰出版社 2009
年版。

清·俞樾著，趙一生主編：《俞樾全集》，浙江古籍出版社 2017
年版。

梁·蕭統編，唐·李善注：《文選》，中華書局 1977 年版。

梁·蕭統編，唐·李善、吕延濟、劉良、張銑、吕向、李周翰
注：《六臣注文選》，中華書局 2012 年版。

清·嚴可均編：《全上古三代秦漢三國六朝文》，中華書局 1958
年版。

三 近現代學術著作

安作璋、熊鐵基：《秦漢官制史稿》，齊魯書社 2007 年版。

蔡樞衡：《中國刑法史》，中國法制出版社 2005 年版。

曹謙編著：《韓非法治論》，上海書店出版社 1948 年版。

曹毓英：《井田制研究》，華中師範大學出版社 2005 年版。

陳久金：《斗轉星移映神州——中國二十八宿》，海天出版社
2012 年版。

陳寧：《秦漢馬政研究》，中國社會科學出版社 2015 年版。

陳松長等：《秦代官制考論》，中西書局 2018 年版。

陳松長等：《嶽麓書院藏秦簡的整理與研究》，中西書局 2014
年版。

陳松長主編：《嶽麓書院藏秦簡（肆）》，上海辭書出版社 2015
年版。

陳蘇鎮：《漢代政治與〈春秋〉學》，中國廣播電視出版社 2001
年版。

陳蘇鎮:《〈春秋〉與"漢道":兩漢政治與政治文化研究》,中華書局 2011 年版。

陳偉主編:《秦簡牘合集(釋文注釋修訂本)》(1-4 輯),武漢大學出版社 2016 年版。

陳序經:《匈奴史稿》,中國人民大學出版社 2007 年版。

陳業新:《儒家生態意識與中國古代環境保護研究》,上海交通大學出版社 2012 年版。

陳垣:《二十史朔閏表》,中華書局 1962 年版。

陳直:《文史考古論叢》,中華書局 2018 年版。

陳仲安、王素:《漢唐職官制度研究(增訂本)》,中西書局 2018 年版。

陳遵媯:《中國天文學史(上)》,上海人民出版社 2016 年版。

初師賓主編:《中國簡牘集成》第 20 册,敦煌文藝出版社 2005 年版。

段渝等:《西南酋邦社會與中國早期文明——西南夷政治與文化的演進》,商務印書館 2015 年版。

方國瑜:《中國西南歷史地理考釋》,中華書局 1987 年版。

馮承鈞原編,陸峻嶺增訂:《西域地名(增訂本)》,中華書局 1980 年版。

馮時:《中國天文考古學》,中國社會科學出版社 2010 年版。

福建博物院、福建閩越王城博物館編:《武夷山城村漢城遺址發掘報告 1980-1996》,福建人民出版社 2004 年版。

甘肅簡牘博物館、甘肅省文物考古研究所、陝西師範大學人文社會科學高等研究院、清華大學出土文獻研究與保護中心編:《懸泉漢簡(壹)》,中西書局 2019 年版。

葛全勝等:《中國歷朝氣候變化》,科學出版社 2011 年版。

顧頡剛:《顧頡剛古史論文集》,中華書局 2011 年版。

顧穎：《漢畫像藝術概論》，文化藝術出版社 2017 年版。

廣州市文物管理委員會、中國社會科學院考古研究所、廣東省
　　博物館編：《西漢南越王墓》，文物出版社 1991 版。

廣西壯族自治區博物館：《廣西貴縣羅泊灣漢墓》，文物出版社
　　1988 年版。

郭文韜等編著：《中國農業科技發展史略》，中國科學技術出版
　　社 1988 年版。

郭彧編著：《京氏易源流》，華夏出版社 2007 年版。

國務院古籍整理出版規劃小組編：《古籍點校疑誤彙録（一）》，
　　中華書局 1990 年版。

國務院古籍整理出版規劃小組編：《古籍點校疑誤彙録（二）》，
　　中華書局 1990 年版。

國務院古籍整理出版規劃小組編：《古籍點校疑誤彙録（三）》，
　　中華書局 1989 年版。

國務院古籍整理出版規劃小組編：《古籍點校疑誤彙録（四）》，
　　中華書局 1990 年版。

國務院古籍整理出版規劃小組編：《古籍點校疑誤彙録（五）》，
　　中華書局 1990 年版。

國務院古籍整理出版規劃小組編：《古籍點校疑誤彙録（六）》，
　　中華書局 2002 年版。

郝樹聲、張德芳：《懸泉漢簡研究》，甘肅文化出版社 2009
　　年版。

河南省商丘市文物管理委員會等編著：《芒碭山西漢梁王墓地》，
　　文物出版社 2001 年版。

河南省文物考古研究所：《永城西漢梁國王陵與寢園》，中州古
　　籍出版社 1996 年版。

侯丕勛、劉再聰主編：《西北邊疆歷史地理概論》，甘肅人民出

版社 2008 年版。

侯紹莊、鍾莉：《夜郎研究述評》，貴州人民出版社 2003 年版。

后曉榮：《戰國政區地理》，文物出版社 2013 年版。

胡平生、張德芳：《敦煌懸泉漢簡釋粹》，上海古籍出版社 2001
年版。

許宏：《何以中國：公元前 2000 年的中原圖景》，生活·讀書·
新知三聯書店 2014 年版。

黃今言：《秦漢賦役制度研究》，江西教育出版社 1988 年版。

黃今言：《秦漢軍制史論》，江西人民出版社 1993 年版。

黃文弼：《塔里木盆地考古記》，科學出版社 1958 年版。

黃文弼：《西北史地論叢》，上海人民出版社 1981 年版。

黃文弼：《新疆考古發掘報告（1957—1958）》，文物出版社
1983 年版。

黃一農：《社會天文學史十講》，復旦大學出版社 2004 年版。

賈麗英：《誰念西風獨自涼——秦漢兩性關係史》，陝西人民出
版社 2008 年版。

江西省文物考古研究所、首都博物館編：《五色炫曜：南昌漢代
海昏侯國考古成果》，江西人民出版社 2016 年版。

景愛：《沙漠考古通論》，紫禁城出版社 1999 年版。

勞榦：《古代中國的歷史與文化》，中華書局 2006 年版。

李峰：《西周的滅亡：中國早期國家的地理和政治危機（增訂
本）》，上海古籍出版社 2016 年版。

李恒全：《戰國秦漢經濟問題考論》，江蘇人民出版社 2012
年版。

李均明、劉軍：《簡牘文書學》，廣西教育出版社 1999 年版。

李玉福：《秦漢制度史論》，山東大學出版社 2002 年版。

廖伯源：《歷史與制度——漢代政治制度試釋》，香港教育圖書

公司 1997 年版。

廖伯源：《使者與官制演變：秦漢皇帝使者考論》，文津出版社 2006 年版。

廖伯源：《秦漢史論叢（增訂本）》，中華書局 2008 年版。

廖伯源：《制度與政治——政治制度與西漢後期之政局變化》，中華書局 2017 年版。

廖伯源：《秦漢史論叢續編》，中華書局 2018 年版。

林幹：《匈奴通史》，人民出版社 1986 年版。

林劍鳴：《秦漢史》，上海人民出版社 2003 年版。

林梅村、李均明編：《疏勒河流域出土漢簡》，文物出版社 1984 年版。

劉立志編著：《先秦歌謠集》，南京師範大學出版社 2014 年版。

劉滿：《河隴歷史地理研究》，甘肅文化出版社 2009 年版。

劉南平、班秀萍：《司馬相如考釋》，天津古籍出版社 2007 年版。

劉起釪：《尚書學史》，中華書局 1989 年版。

劉慶柱、李毓芳：《西漢十一陵》，陝西人民出版社 1987 年版。

劉慶柱、李毓芳：《漢長安城》，文物出版社 2003 年版。

盧央：《京房評傳》，南京大學出版社 1998 年版。

魯人勇、吳忠禮、徐莊編著：《寧夏歷史地理考》，寧夏人民出版社 1993 年版。

羅福頤主編，故宮研究室璽印組編：《秦漢南北朝官印徵存》，文物出版社 1987 年版。

羅新：《中古北族名號研究》，北京大學出版社 2009 年版。

呂思勉：《呂思勉讀史札記》，上海古籍出版社 1982 年版。

呂思勉：《先秦史》，上海古籍出版社 1982 年版。

呂思勉：《秦漢史》，上海古籍出版社 2005 年版。

馬非百：《秦集史》，中華書局 1982 年版。

馬非百：《桑弘羊年譜訂補》，中州書畫社 1982 年版。

馬利清：《原匈奴、匈奴歷史與文化的考古學探索》，內蒙古大學出版社 2005 年版。

馬孟龍：《西漢侯國地理》，上海古籍出版社 2013 年版。

孟凡人：《樓蘭新史》，光明日報出版社 1990 年版。

彭衛、楊振紅：《中國風俗通史（秦漢卷）》，上海文藝出版社 2002 年版。

錢劍人：《秦漢賦役制度考略》，湖北人民出版社 1984 年版。

錢穆：《先秦諸子繫年》，商務印書館 2001 年版。

錢穆：《秦漢史》，生活・讀書・新知三聯書店 2005 年版。

錢玄、錢興奇編著：《三禮辭典》，江蘇古籍出版社 1998 年版。

丘漢平編著：《歷代刑法志》，商務印書館 1938 年版。

史黨社：《秦與北方民族歷史文化論集》，科學出版社 2018 年版。

史念海主編：《西安歷史地圖集》，西安地圖出版社 1996 年版。

睡虎地秦墓竹簡整理小組編：《睡虎地秦墓竹簡》，文物出版社 1990 年版。

宋傑：《漢代監獄制度研究》，中華書局 2013 年版。

宋傑：《漢代死刑制度研究》，人民出版社 2015 年版。

蘇秉琦：《中國文明起源新探》，生活・讀書・新知三聯書店 2001 年版。

蘇衛國：《秦漢鄉亭制度研究：以鄉亭格局的重釋爲中心》，黑龍江人民出版社 2010 年版。

孫機：《漢代物質文化資料圖説（增訂本）》，上海古籍出版社 2011 年版。

孫筱：《兩漢經學與社會》，中國社會科學出版社 2002 年版。

譚其驤主編：《中國歷史地圖集》第 2 册，中國地圖出版社 1982 年版。

王暉：《民居在野：西南少數民族民居堂室格局研究》，同濟大學出版社 2016 年版。

王輝：《秦出土文獻編年》，新文豐出版公司 2000 年版。

王力主編：《中國古代文化常識（插圖修訂第 4 版）》，世界圖書出版公司北京公司 2009 年版。

王明珂：《華夏邊緣：歷史記憶與族群認同》，社會科學文獻出版社 2006 年版。

王培新：《樂浪文化：以墓葬爲中心的考古學研究》，科學出版社 2007 年版。

王曉光：《新出漢晉簡牘及書刻研究》，榮寶齋出版社 2013 年版。

王曉琨：《戰國至秦漢時期河套地區古代城址研究》，社會科學文獻出版社 2014 年版。

王子今：《秦漢區域文化研究》，四川人民出版社 1998 年版。

王子今：《秦漢交通史稿（增訂版）》，中國人民大學出版社 2013 年版。

王子今：《秦漢交通考古》，中國社會科學出版社 2015 年版。

王子今：《秦漢交通史新識》，中國社會科學出版社 2015 年版。

王子今：《戰國秦漢交通格局與區域行政》，中國社會科學出版社 2015 年版。

吳慧：《桑弘羊研究》，齊魯書社 1981 年版。

吳其昌：《史學論叢（上）》，三晉出版社 2009 年版。

吳礽驤：《河西漢塞調查與研究》，文物出版社 2005 年版。

武沐：《匈奴史研究》，民族出版社 2009 年版。

謝崇安：《泛北部灣地區秦漢時代的古族社會文明》，科學出版社 2014 年版。

謝桂華、李均明、朱國炤：《居延漢簡釋文合校》，文物出版社 1987 年版。

辛德勇：《秦漢政區與邊界地理研究》，中華書局 2009 年版。

辛德勇：《建元與改元——西漢新莽年號研究》，中華書局 2013 年版。

熊鐵基：《秦漢軍事制度史》，廣西人民出版社 1990 年版。

熊偉業：《司馬相如研究》，電子科技大學出版社 2013 年版。

熊昭明：《漢代合浦港考古與海上絲綢之路》，文物出版社 2015 年版。

徐復觀：《兩漢思想史》，華東師範大學出版社 2001 年版。

徐龍國：《秦漢城邑考古學研究》，中國社會科學出版社 2013 年版。

徐芹庭：《兩漢京氏陸氏易學研究》，中國書店 2011 年版。

薛宗正：《絲綢之路北庭研究》，新疆人民出版社 2009 年版。

閻步克：《士大夫政治演生史稿》，北京大學出版社 1996 年版。

閻步克：《從爵本位到官本位：秦漢官僚品位結構研究》，生活·讀書·新知三聯書店 2009 年版。

楊鴻勛：《楊鴻勛建築考古學論文集（增訂版）》，清華大學出版社 2008 年版。

楊英：《祈望和諧：周秦兩漢王朝祭禮的演進及其規律》，商務印書館 2009 年版。

楊勇：《戰國秦漢時期雲貴高原考古學文化研究》，科學出版社 2011 年版。

楊振紅：《出土簡牘與秦漢社會》，廣西師範大學出版社 2009 年版。

楊振紅：《出土簡牘與秦漢社會（續編）》，廣西師範大學出版社 2015 年版。

雍際春：《隴右歷史文化與地理研究》，中國社會科學出版社
　　2009 年版。

于振波：《簡牘與秦漢社會》，湖南大學出版社 2012 年版。

余太山：《塞種史研究》，中國社會科學出版社 1992 年版。

余太山主編：《西域通史》，中州古籍出版社 1996 年版。

余太山：《古族新考》，中華書局 2000 年版。

臧知非：《土地、賦役與秦漢農民命運》，蘇州大學出版社 2014
　　年版。

臧知非：《秦漢土地賦役制度研究》，中央編譯出版社 2017
　　年版。

張德芳：《居延新簡集釋（七）》，甘肅文化出版社 2016 年版。

張家山二四七號漢墓竹簡整理小組：《張家山漢墓竹簡（二四七
　　號墓）》（釋文修訂本），文物出版社 2006 年版。

張雷編著：《秦漢簡牘醫方集注》，中華書局 2018 年版。

張培瑜：《三千五百年曆日天象》，大象出版社 1997 年版。

張小鋒：《西漢中後期政局演變探微》，天津古籍出版社 2007
　　年版。

張亞初、劉雨：《西周金文官制研究》，中華書局 1986 年版。

趙繼寧：《〈史記·天官書〉研究》，甘肅人民出版社 2015 年版。

趙平安：《秦西漢印章研究》，上海古籍出版社 2012 年版。

鄭炳林、王晶波：《敦煌寫本相書校錄研究》，民族出版社 2004
　　年版。

中國社會科學院考古研究所、日本奈良國立文化財研究所編著：
　　《漢長安城桂宮：1996—2001 年考古發掘報告》，文物出版
　　社 2007 年版。

中國社會科學院考古研究所編著：《漢杜陵陵園遺址》，科學出

版社 1993 年版。

中國社會科學院考古研究所編著：《漢長安城未央宮：1980－
　　1989 年考古發掘報告》，中國大百科全書出版社 1996 年版。

周永衛、鄧珍、萬智欣、溫淑萍：《秦漢嶺南的對外文化交流》，
　　暨南大學出版社 2014 年版。

周振鶴：《西漢政區地理》，商務印書館 2017 年版。

周振鶴、李曉傑、張莉：《中國行政區劃通史·秦漢卷（第二
　　版）》，復旦大學出版社 2017 年版。

北京大葆臺西漢墓博物館編：《北京地區漢代城址調查與研究》，
　　北京燕山出版社 2009 年版。

朱執信、胡漢民、呂思勉、胡適、季融五、廖仲愷：《井田制度
　　有無之研究》，上海華通書局 1930 年版。

祝總斌：《兩漢魏晉南北朝宰相制度研究》，北京大學出版社
　　2017 年版。

鄒水傑：《兩漢縣行政研究》，湖南人民出版社 2008 年版。

［日］大庭脩：《秦漢法制史研究》，徐世虹等譯，中西書局
　　2017 年版。

［日］富谷至：《文書行政的漢帝國》，劉恒武、孔李波譯，江
　　蘇人民出版社 2013 年版。

［日］工藤元男：《睡虎地秦簡所見秦代國家與社會》，［日］廣
　　瀨薰雄，曹峰譯，上海古籍出版社 2018 年版。

［日］守屋美都雄：《中國古代的家族與國家》，錢杭、楊曉芬
　　譯，上海古籍出版社 2010 年版。

［日］尾崎康：《正史宋元版之研究》，喬秀岩、王鏗編譯，中
　　華書局 2018 年版。

［日］西嶋定生：《中國古代帝國的形成與結構：二十等爵制研
　　究》，武尚清譯，中華書局 2004 年版。

［英］崔瑞德、魯惟一編：《劍橋中國秦漢史》，楊品泉等譯，
中國社會科學出版社 1992 年版。

［越南］陳重金：《越南通史》，戴可來譯，商務印書館 1992
年版。

四　近現代學術論文

安子毓：《"上黑"淵源考》，《史學月刊》2017 年第 2 期。

安子毓：《方位尊崇淵源考》，《社會科學戰綫》2017 年第
10 期。

安子毓：《韓非"存韓"事迹考》，《中國社會科學院歷史研究
所學刊》第 10 集，商務印書館 2017 年版。

安子毓：《秦"數以六爲紀"淵源考》，《中國史研究》2018 年
第 4 期。

安子毓：《漢武帝時期關東民變時間考》，《西部史學》第 2 輯，
西南師範大學出版社 2019 年版。

安志敏：《青海的古代文化》，《考古》1959 年第 7 期。

安忠義：《漢簡中的雇傭勞動者》，《魯東大學學報》2009 年第
5 期。

白鍊行：《關於"夫租薉君"印》，《文化遺産》1962 年第 2 期。

白雲翔：《漢代尺度的考古發現及相關問題研究》，《東南文化》
2014 年第 2 期。

卜琳、白海峰、田旭東、梁文婷：《張騫墓考古記述》，《考古與
文物》2013 年第 2 期。

卜憲群、劉曉滿：《垓下位置研究評議》，《安徽廣播電視大學學
報》2010 年第 4 期。

卜憲群、劉楊：《秦漢日常秩序中的社會與行政關係初探——關
於"自言"一詞的解讀》，《文史哲》2013 年第 4 期。

卜憲群:《秦制、楚制與漢制》,《中國史研究》1995 年第 1 期。

卜憲群:《秦漢九卿源流及其性質問題》,《南都學壇》2002 年第 6 期。

蔡美彪:《成吉思及撐黎孤塗釋義》,《中國史研究》2007 年第 2 期。

蔡萬進:《天長紀莊木牘所見褢姓考》,《文獻》2014 年第 5 期。

曹峰:《戰國秦漢時期"名""法"對舉思想現象研究》,《西北大學學報》2012 年第 6 期。

曹旅寧:《陳勝吳廣起義原因"失期"辨析》,《秦漢魏晉法制探微》,人民出版社 2013 年版。

曹天曉:《〈史記·楚世家〉"三王"封地考》,《文教資料》2016 年第 34 期。

常林炎:《尊右、尊左辨》,《北京師範大學學報》1989 年第 5 期。

陳翠萍:《"三歸"與"反坫"》,《社會科學戰綫》1991 年第 1 期。

陳東:《關於定州漢墓竹簡〈論語〉的幾個問題》,《孔子研究》2003 年第 2 期。

陳戈:《焉耆尉犁危須都城考》,《西北史地》1985 年第 2 期。

陳戈:《別失八里(五城)名義考實》,《新疆社會科學》1986 年第 1 期。

陳立柱:《垓下遺址方位研究評議》,《宿州學院學報》2011 年第 3 期。

陳夢家:《漢簡所見奉例》,《文物》1963 年第 5 期。

陳槃:《"左丘失明厥有國語"辨》,《書目季刊》1983 年第 1 期。

陳松梅:《漢簡所見漢代的"嗇夫"》,《甘肅政法成人教育學院學報》2007 年第 6 期。

陳蘇鎮:《"公車司馬"考》,《中華文史論叢》2015 年第 4 期。

陳蘇鎮:《漢未央宮"殿中"考》,《文史》2016 年第 2 輯。

陳蘇鎮:《秦漢殿式建築的布局》,《中國史研究》2016 年第 3 期。

陳蘇鎮:《未央宮四殿考》,《歷史研究》2016 年第 5 期。

陳萬卿、董恩林:《京、索二城考》,《歷史文獻研究》第 30 輯, 華東師範大學出版社 2011 年版。

陳偉、熊北生:《睡虎地漢簡中的功次文書》,《文物》2018 年第 3 期。

陳曉露:《扜彌國都考》,《考古與文物》2016 年第 3 期。

陳秀實:《漢將霍去病出北地行軍路綫考——〈漢書〉"涉鈞耆濟居延"新解》,《西北師大學報》1998 年第 6 期。

陳直:《太史公書名考》,《文史哲》1956 年第 6 期。

陳直:《武威漢簡文學弟子題字的解釋》,《考古》1961 年第 10 期。

陳治國:《秦東陵稱謂考辨》,《文博》2012 年第 2 期。

成祖明:《河間獻王與景武之世的儒學》,《史學集刊》2007 年第 4 期。

成祖明:《漢帝國嗣君之爭與春秋史的書寫》,《齊魯學刊》2017 年第 3 期。

程維榮:《有關秦漢〈金布律〉的若干問題》,《蘭州大學學報》2010 年第 4 期。

程勇:《"經學""經術"的分野與漢代經學文論話語的雙重性質》,《學術月刊》2005 年第 7 期。

崔建華:《西漢"復作"的生成機制及身份歸屬探討》,《中國史研究》2016 年第 2 期。

戴良佐：《務塗谷今地考》，《西北史地》1997 年第 4 期。

黨超：《兩漢“漏泄省中語”考論》，《史學月刊》2016 年第 12 期。

鄧飛龍：《論項羽調整各路諸侯的疆域及其意圖》，《浙江海洋學院學報》2016 年第 1 期。

鄧小南：《西漢官吏考課制度初探》，《北京大學學報》1987 年第 2 期。

丁鼎：《試論〈儀禮〉的作者與撰作時代》，《孔子研究》2002 年第 6 期。

丁相順：《“失期，法皆斬”嗎?》，《政法叢刊》1991 年第 2 期。

董平均：《秦漢時期的“少年”犯罪與政府防範措施》，《首都師範大學學報》2005 年第 4 期。

董睿峰：《禍從天降：〈漢書·五行志〉中的“怪雨”現象探析》，《農業考古》2017 年第 1 期。

杜冠章：《漢武帝元光中河決滑縣辨析》，《中州學刊》2016 年第 11 期。

杜松柏：《司馬相如〈難蜀父老〉的寫作年代、文體與篇名考》，《學術交流》2009 年第 11 期。

杜志强：《“六郡良家子”考論》，《歷史文獻研究》第 34 輯，華東師範大學出版社 2014 年版。

段渝：《楚熊渠所伐庸、楊粤、鄂的地理位置》，《歷史地理》第 8 輯，上海人民出版社 1990 年版。

樊波成：《〈老子指歸〉當爲嚴遵〈老子章句〉：嚴遵〈老子注〉的發現以及〈老子指歸〉的性質》，《中國典籍與文化》2013 年第 1 期。

范正娥：《論兩漢時期太學與辟雍、明堂的關係》，《文史博覽》2007 年第 6 期。

方詩銘:《西漢武帝晚期的"巫蠱之禍"及其前後——兼論玉門漢簡〈漢武帝遺詔〉》,《上海博物館集刊》第 4 輯,上海古籍出版社 1987 年版。

方鐵:《〈史記〉〈漢書〉失載西南夷若干史實考辨》,《中央民族大學學報》2004 年第 3 期。

馮一下:《大月氏歷史述略》,《史學月刊》1985 年第 6 期。

鳳凰山一六七號漢墓發掘整理小組:《江陵鳳凰山一六七號漢墓發掘簡報》,《文物》1976 年第 10 期。

甘肅居延考古隊:《居延漢代遺址的發掘和新出土的簡册文物》,《文物》1978 年第 1 期。

甘肅省博物館:《甘肅武威磨咀子漢墓發掘》,《考古》1960 年第 9 期。

高崇文:《釋"便檞""便房"與"便殿"》,《考古與文物》2010 年第 3 期。

高春華:《〈春秋左傳正義〉四季田獵名稱考》,《學行堂文史集刊》2014 年第 1 期。

高二旺:《漢畫"周公輔成王"與漢代政治》,《中州學刊》2017 年第 3 期。

高恒:《秦律中的刑徒及其刑期問題》,《法學研究》1983 年第 6 期。

高敏:《從江陵鳳凰山 10 號漢墓出土簡牘看漢代的口錢、算賦制度》,《文史》1983 年第 4 輯。

高敏:《關於漢代有"户賦""質錢"及各種礦產税的新證》,《史學月刊》2003 年第 4 期。

高榮:《漢代戊己校尉述論》,《西域研究》2000 年第 2 期。

高榮:《漢代張掖屬國新考》,《敦煌研究》2014 年第 4 期。

高小强:《淺析漢代的三老、父老、長老》,《甘肅高師學報》

2013 年第 6 期。

葛志毅:《丹砂在古代社會生活各方面的廣泛應用》,《譚史齋論稿六編》,黑龍江人民出版社 2016 年版。

耿虎:《〈漢書·趙充國傳〉兩處標點商榷》,《中華文史論叢》2011 年第 1 期。

耿振東:《〈論語〉"三歸"考辨》,《諸子學刊》第 8 輯,上海古籍出版 社 2013 年版。

龔志偉:《兩漢司隸校尉始"部七郡"平議——兼論該官的雙重性格》,《文史》2016 年第 2 輯。

顧頡剛:《五德終始説下的政治和歷史》,《古史辨》第 5 册,上海古籍出版社 1982 年版。

顧頡剛:《班固竊父書》,《史學史研究》1993 年第 2 期。

管正平、趙生群:《"禮不下庶人,刑不上大夫"探究》,《齊魯學刊》2016 年第 1 期。

郭建、姚少傑:《"坑"考》,《華東政法學院學報》2001 年第 3 期。

郭俊然:《出土資料所見的漢代軍官考論》,《蘭州文理學院學報》2014 年第 1 期。

郭俊然:《漢代賜牛酒現象探析》,《北方論叢》2016 年第 6 期。

郭麗娜:《近百年來涿鹿之戰研究綜述》,《高校社科動態》2017 年第 1 期。

郭沫若:《鹽鐵論讀本·序》,《郭沫若全集·歷史編》第 8 卷,人民出版社 1985 年版。

郭聲波:《〈漢書·地理志〉標點辨誤三則》,《中國歷史地理論叢》1988 年第 4 期。

郭天祥:《漢代鄉官"有秩""嗇夫"補論》,《唐都學刊》2009 年第 5 期。

郭偉川：《古"三苗"新考——兼論"三苗"與南方諸族及楚國之關係》，《汕頭大學學報》2007 年第 2 期。

過常寶：《世系和統系的構建及其意義——〈史記‧太史公自序〉相關內容解讀》，《中國人民大學學報》2019 年第 2 期。

韓連琪：《漢代的户籍和上計制度》，《文史哲》1978 年第 3 期。

何光岳：《渠搜、叟人的來源和遷徙》，《思想戰綫》1991 年第 1 期。

何清谷：《高闕地望考》，《陝西師大學報》1986 年第 3 期。

洪濤：《關於奄蔡研究的幾個問題》，《中央民族學院學報》1991 年第 5 期。

洪濤：《漢代西域都護府研究述評》，《新疆師範大學學報》2007 年第 2 期。

洪衛中：《漢魏晉南北朝"望氣"淺論》，《甘肅社會科學》2011 年第 2 期。

侯燦：《論樓蘭城的發展及其衰廢》，穆舜英等主編：《樓蘭文化研究論集》，新疆人民出版社 1995 年版。

侯外盧：《漢代士大夫與漢代思想的總傾向》，《史學史研究》1990 年第 4 期。

侯文華：《漢代"以貲爲郎"辨正》，《孔子研究》2014 年第 3 期。

侯旭東：《傳舍使用與漢帝國的日常統治》，《中國史研究》2008 年第 1 期。

侯旭東：《丞相、皇帝與郡國計吏：兩漢上計制度變遷探微》，《中國史研究》2014 年第 4 期。

侯旭東：《西漢御史大夫寺位置的變遷——兼論御史大夫的職掌》，《中華文史論叢》2015 年第 1 期。

侯甬堅：《西漢梁國己氏縣名校正》，《歷史地理探索》，中國社
　　會科學出版社 2004 年版。

侯哲安：《三苗考》，《貴州民族研究》1979 年第 1 期。

侯宗輝：《敦煌漢簡中的"卑爰疐"簡及其相關問題》，《簡牘
　　學研究》第 6 輯，甘肅人民出版社 2016 年版。

后曉榮：《〈漢書·地理志〉"道"目補考》，《中國歷史地理論
　　叢》2008 年第 1 期。

后曉榮：《秦廣陽郡置縣考》，《首都師範大學學報》2009 年
　　第 4 期。

呼林貴：《陝西韓城秦漢夏陽故城遺址勘察記》，《考古與文物》
　　1987 年第 6 期。

胡彩雲：《西漢丞相長史職能探析》，《忻州師範學院學報》2009
　　年第 6 期。

胡鳴：《漢代三論糅合模式的開創——以定州漢墓竹簡〈論語〉
　　爲例》，《哈爾濱師範大學社會科學學報》2014 年第 4 期。

胡平生：《居延漢簡中的功與勞》，《文物》1995 年第 4 期。

胡平生：《匈奴日逐王歸漢新資料》，《文物》1992 年第 4 期。

胡平生：《走馬樓漢簡"牒書傳舍屋墻桓壞敗"考釋》，《漢帝
　　國的制度與社會秩序》，牛津大學出版社 2012 年版。

胡新生：《論漢代巫蠱術的歷史淵源》，《中國史研究》1997 年
　　第 3 期。

胡興軍、何麗萍：《新疆尉犁縣鹹水泉古城的發現與初步認識》，
　　《西域研究》2017 年第 2 期。

胡雪莉：《釋"三歸"》，《漢語史學報》第 7 輯，上海教育出
　　版社 2008 年版。

許道齡、劉致平：《關於西安西郊發現的漢代建築遺址是明堂或
　　辟雍的討論》，《考古》1959 年第 4 期。

黃東洋、鄥文玲：《新莽職方補考》，《簡帛研究（2012）》，廣西師範大學出版社 2013 年版。

黃海：《由“笞”至“笞刑”——東周秦漢時期“笞刑”的産生與流變》，《社會科學》2019 年第 4 期。

黃今言：《從張家山竹簡看漢初的賦稅徵課制度》，《史學集刊》2007 年第 1 期。

黃今言：《漢代三老、父老的地位與作用》，《江西師範大學學報》2007 年第 5 期。

黃今言：《〈長沙東牌樓東漢簡牘〉釋讀的幾個問題》，《中國社會經濟史研究》2008 年第 2 期。

黃今言：《漢代西北邊塞的“塢”》，《江西師範大學學報》2012 年第 2 期。

黃今言：《西漢海昏侯墓出土黃金的幾個問題》，《史學月刊》2017 年第 6 期。

黃娟：《關於漢代三銖錢的鑄行年代問題》，《考古與文物》2014 年第 3 期。

黃留珠：《西漢前期人事制度的改革》，《西北大學學報》1983 年第 2 期。

黃樸民：《“蒲將軍”與英布爲二人》，《學林漫録》第 13 集，中華書局 1991 年版。

黃盛璋：《關於馬蹄金、麟趾金的定名、時代與源流》，《中國錢幣》1985 年第 1 期。

黃盛璋：《雲夢秦墓兩封家信中有關歷史地理的問題》，《文物》1980 年第 8 期。

黃文弼：《古代于闐國都之研究》，《史學季刊》1940 年第 1 期。

黃文弼：《羅布淖爾漢簡考釋》，《西北史地論叢》，上海人民出版社 1981 年版。

黃文弼:《漢西域諸國之分布及種族問題》,《黃文弼歷史考古論集》, 文物出版社 1989 年版。

黃展岳:《論南越王墓出土的玉璧》,《先秦兩漢考古論叢》,科學出版社 2008 年版。

黃展岳:《閩越東冶漢冶縣的治所問題》,《先秦兩漢考古論叢》, 科學出版社 2008 年版。

惠翔宇、黃遠東:《漢代"有秩"與"嗇夫"關係考辨》,《常熟理工學院學報》2012 年第 1 期。

季旭:《陝西關中古六輔渠位置考》,《浙江水利水電學院學報》2017 年第 4 期。

賈叢江:《西漢戊己校尉的名和實》,《中國邊疆史地研究》2006 年第 4 期。

賈叢江:《西漢伊循職官考疑》,《西域研究》2008 年第 4 期。

賈敬顏:《漢屬國與屬國都尉考》,《史學集刊》1982 年第 4 期。

賈麗英:《"狡猾"罪論》,《學術論壇》2008 年第 1 期。

賈麥明:《漢武帝"建元""元光"紀年疑議》,《西北大學學報》1985 年第 1 期。

翦伯贊:《兩漢時期的雇傭勞動》,《北京大學學報》1959 年第 1 期。

姜法春:《再述"西海郡虎符石匱"》,《群文天地》2014 年第 4 期。

姜建設:《從兩起社會性恐慌事件透視西漢晚期的社會危機》,《鄭州大學學報》2012 年第 4 期。

姜可瑜:《〈史記·陳涉世家〉"夥涉爲王"考辨》,《文史哲》1987 年第 6 期。

蔣非非:《漢代功次制度初探》,《中國史研究》1997 年第 1 期。

蔣非非:《漢初蕭曹相位之爭》,《北京師範大學學報》2003 年第 5 期。

焦南峰、馬永贏：《西漢帝陵選址研究》，《考古》2011 年第
　　11 期。

焦南峰等：《西漢長陵、陽陵 GPS 測量簡報》，《考古與文物》
　　2006 年第 6 期。

焦南峰等：《漢平帝康陵考古調查、勘探簡報》，《文物》2014
　　年第 6 期。

焦南峰：《宗廟道、游道、衣冠道——西漢帝陵道路再探》，《文
　　物》2010 年第 1 期。

焦南峰：《漢成帝延陵名位補證》，《考古與文物》2019 年第
　　4 期。

金少華：《日本永青文庫藏敦煌本〈文選注〉箋證一則》，《敦
　　煌吐魯番研究》第 16 卷，上海古籍出版社 2016 年版。

金岳：《越族源流研究之一——論越族的起源、越方和越裳氏》，
　　《文物世界》1997 年第 3 期。

晉文：《從商鞅變法到西漢前期抑商政策的轉變》，《光明日報》
　　1985 年 2 月 13 日。

晉文：《從西漢抑商政策看官僚地主的經商》，《中國史研究》
　　1991 年第 4 期。

晉文：《桑弘羊入宮原因蠡測》，《中國史研究》2005 年第 3 期。

晉文：《西漢鹽鐵會議若干問題再評議》，《江海學刊》2010 年
　　第 2 期。

晉文：《西漢“武功爵”新探》，《歷史研究》2016 年第 2 期。

晉文：《官商烏氏倮與正史記載最早絲路貿易》，《光明日報》
　　2017 年 3 月 27 日。

晉文：《漢代霾或“霾霧”探微》，《秦漢史論叢》第 14 輯，四
　　川人民出版社 2017 年版。

晉文：《睡虎地秦簡與授田制研究的若干問題》，《歷史研究》2018 年第 1 期。

晉文：《張家山漢簡中的田制等問題》，《山東師範大學學報》2019 年第 4 期。

晉文：《龍崗秦簡中的“行田”“假田”等問題》，《文史》2020 年第 2 輯。

靳寶：《漢代“授杖”制度考略》，《秦漢史論叢》第 13 輯，鄭州大學出版社 2014 年版。

勞榦：《漢晉間閩中郡建置考》，《中央研究院歷史語言研究所集刊》第 5 本第 1 分，中央研究院歷史語言研究所 1935 年版。

勞榦：《漢武後元不立年號考》，《中央研究院歷史語言研究所集刊》第 10 本，中央研究院歷史語言研究所 1948 年版。

勞榦：《論漢代的衛尉與中尉兼論南北軍制度》，《“中央研究院”歷史語言研究所集刊》第 29 本下册，“中央研究院”歷史語言研究所 1958 年版。

勞榦：《漢代的西域都護與戊己校尉》，《勞榦學術論文集（甲編）》，藝文印書館 1976 年版。

勞榦：《論漢代的内朝與外朝》，《勞榦學術論文集（甲編）》，藝文印書館 1976 年版。

冷鵬飛：《〈漢書〉中“司馬意”應爲“司馬熹”》，《中國史研究》1984 年第 3 期。

冷鵬飛：《“東南有天子氣”釋——秦漢區域社會文化史研究》，《北大史學》第 4 輯，北京大學出版社 1997 年版。

李炳泉：《兩漢戊己校尉建制考》，《史學月刊》2002 年第 6 期。

李炳泉：《西漢西域伊循屯田考論》，《西域研究》2003 年第 2 期。

李炳泉：《兩漢農都尉的設置數額及其隸屬關係》，《中國邊疆史地研究》2005 年第 2 期。

李炳泉：《西漢中常侍新考》，《史學月刊》2013 年第 4 期。

李炳泉：《兩漢度遼將軍新考》，《中國邊疆史地研究》2018 年第 4 期。

李并成：《石羊河流域漢代邊城軍屯遺址考》，《西北師大學學報》1989 年第 2 期。

李超：《秦漢都船考》，《秦漢研究》第 11 輯，陝西人民出版社 2017 年版。

李超民：《中國古代常平倉思想：美國 1930 年代的一場爭論》，《上海財經大學學報》2000 年第 3 期。

李程：《〈睡虎地秦墓竹簡〉“城旦舂”考釋》，《海南大學學報》2013 年第 5 期。

李春梅：《匈奴政權中“二十四長”和“四角”“六角”探析》，《内蒙古社會科學》2006 年第 2 期。

李大龍：《西漢西域屯田與使者校尉考辨》，《西北史地》1989 年第 3 期。

李衡眉、張世響：《從一條錯誤的禮學理論所引起的混亂說起——“禮，爲人後者爲之子”緣起剖析》，《史學集刊》2000 年第 4 期。

李衡眉：《〈論語〉“三歸”另解》，《孔子研究》1992 年第 3 期。

李焕青：《山戎名號考》，《中央民族大學學報》2010 年第 1 期。

李焕青：《匈奴名號研究》，《中央民族大學學報》2019 年第 3 期。

李建平：《“同生”“同産”辨正》，《中國語文》2018 年第 6 期。

李健才：《平壤地區是否祇有後漢而無前漢時代的遺迹、遺物》，《中國邊疆史地研究》1998 年第 4 期。

李均明：《漢簡所反映的津關制度》，《簡牘法制論稿》，廣西師範大學出版社 2011 年版。

李俊方：《漢代諸侯朝請考述》，《社會科學雜志》2008 年第 2 期。

李開元：《秦王"子嬰"爲始皇弟成蟜子説——補〈史記〉秦王嬰列傳》，《秦文化論叢》第 14 輯，三秦出版社 2007 年版。

李孔懷：《漢代郎官述論》，《秦漢史論叢》第 2 輯，陝西人民出版社 1983 年版。

李立新：《"河圖洛書"與漢字起源》，《周易研究》1995 年第 3 期。

李零：《視日、日書和葉書：三種簡帛文獻的區別和定名》，《文物》2008 年第 12 期。

李慶：《關於定州漢墓竹簡〈論語〉的幾個問題：〈論語〉的文獻學探討》，《中國典籍與文化論叢》第 8 輯，北京大學出版社 2005 年版。

李若暉：《〈黃帝李法〉與秦漢軍事國家》，《中山大學學報》2017 年第 6 期。

李少一：《"渠答"非"鐵蒺藜"辨》，《辭書研究》1987 年第 5 期。

李紹明：《説邛與工竹杖》，《四川文物》2002 年第 1 期。

李樹輝：《烏拉泊古城新考》，《敦煌研究》2016 年第 3 期。

李偉：《漢文帝賜鄧通鑄錢辨析》，《蘭臺世界》2016 年第 14 期。

李文實：《〈禹貢〉織皮昆侖析支渠搜及三危地理考實》，《中國歷史地理論叢》1988 年第 1 期。

李學勤：《漢代青銅器的幾個問題》，《文物研究》1986 年第 2 期。

李學勤：《從出土簡帛談到〈挾書律〉》，《周秦漢唐研究》，三秦出版社 1998 年版。

李揚眉：《方法論視野中的“古史辨”派》，博士學位論文，山東大學，2005 年。

李逸友：《中國北方長城考述》，《内蒙古文物考古》2004 年第 1 期。

李吟屏：《古代于闐國都再研究》，《西北史地》1990 年第 3 期。

李迎春：《漢代的“尉史”》，《簡帛》第 5 輯，上海古籍出版社 2010 年版。

李迎春：《論卒史一職的性質、來源與級別》，《簡牘學研究》第 6 輯，甘肅人民出版社 2016 年版。

李毓芳：《漢長安城未央宫的考古發掘與研究》，《文博》1995 年第 3 期。

李毓芳：《漢長安城的布局與結構》，《考古與文物》1997 年第 5 期。

李運元：《釋“牢盆”》，《財經科學》1995 年第 3 期。

李運元：《西漢理財家桑弘羊的生年和入仕指誤》，《經濟學家》1998 年第 1 期。

李貞德：《漢魏六朝的乳母》，《“中央研究院”歷史語言研究所集刊》第 70 本第 2 分，“中央研究院”歷史語言研究所 1999 年版。

李振宏：《蕭何“作律九章”說質疑》，《歷史研究》2005 年第 3 期。

梁錫鋒：《漢代乘傳制度探討》，《河南師範大學學報》2004 年第 2 期。

廖伯源：《漢"封事"雜考》，《秦漢史論叢（增訂本）》，中華
　　書局 2008 年版。

廖伯源：《漢官休假雜考》，《秦漢史論叢》，中華書局 2008
　　年版。

廖名春：《〈尚書〉"孺子"考及其他》，《文獻》2019 年第
　　6 期。

林甘泉：《"馬上"得天下，不能"馬上"治天下——傳統思想
　　對歷史經驗的總結》，《中國社會科學院研究生院學報》
　　1997 年第 1 期。

林海：《〈幽通賦〉"賓祚"解》，《中國韻文學刊》2014 年第
　　4 期。

林劍鳴：《西漢戊己校尉考》，《歷史研究》1990 年第 2 期。

林梅村：《樓蘭國始都考》，《文物》1995 年第 6 期。

林梅村：《疏勒語考》，《傳統文化與現代化》1995 年第 4 期。

林梅村：《中亞民族與宗教》，《世界歷史》第 16 册，江西人民
　　出版社 2012 年版。

林梅村：《考古學視野下的西域都護府今址研究》，《歷史研究》
　　2013 年第 6 期。

林梅村：《中亞錫爾河北岸的康居王庭》，《西域研究》2017 年
　　第 3 期。

林向、張正寧：《四川西昌東坪漢代冶鑄遺址的發掘》，《文物》
　　1994 年第 9 期。

林友標、王頲：《漢代角抵考》，《體育文化導刊》2008 年第
　　5 期。

林澐：《古代的簡牘》，《中國典籍與文化》1994 年第 1 期。

林澐：《"夭租丞印"封泥與"夭租葳君"銀印考》，《揖芬集：

張政烺先生九十華誕紀念文集》，社會科學文獻出版社 2002
年版。

凌文超：《漢初爵制結構的演變與官、民爵的形成》，《中國史研
究》2012 年第 1 期。

劉國防：《漢代烏孫赤谷城地望蠡測》，《中國邊疆史地研究》
2016 年第 1 期。

劉洪濤：《文王食長子伯邑考事考——兼考瞽瞍欲殺舜事》，《殷
都學刊》2018 年第 1 期。

劉凱：《九錫淵源考辨》，《中國史研究》2018 年第 1 期。

劉來成：《定州西漢中山懷王墓竹簡〈論語〉介紹》，《文物》
1997 年第 5 期。

劉敏：《論“編戶齊民”的形成及其內涵演化——兼論秦漢時期
“編戶齊民”與“吏民”關係》，《天津社會科學》2009 年
第 3 期。

劉鳴：《白馬之盟真偽辨》，《秦漢研究》第 6 輯，陝西人民出版
社 2012 年版。

劉南平：《司馬相如生平及作品繫年考》，《中國典籍與文化論
叢》第 3 輯，中華書局 1995 年版。

劉慶柱、李毓芳：《關於西漢帝陵形制諸問題的探討》，《考古與
文物》1985 年第 5 期。

劉慶柱等：《漢長安城北宮的勘探及其南面磚瓦窰的發掘》，《考
古》1996 年第 10 期。

劉慶柱：《漢長安城的宮城和市里布局形制述論》，《古代都城與
帝陵考古學研究》，科學出版社 2000 年版。

劉全志：《先秦話語中黃帝身份的衍生及相關文獻形成》，《中國
社會科學》2015 年第 11 期。

劉榮德：《子貢與“子贛”》，《文史雜志》2011 年第 1 期。

劉瑞:《秦漢時期的將作大匠》,《中國史研究》1998 年第 4 期。

劉瑞:《秦、西漢的"内臣"與"外臣"》,《民族研究》2003 年第 3 期。

劉瑞:《定陶漢墓墓主考辯》,《中國文物報》2012 年 1 月 6 日第 6 版。

劉世旭:《"靈關"與"零關道"》,《涼山民族研究》1995 年第 2 輯。

劉曉航:《蒲將軍即番君吳芮説》,《四川師範學院學報》1993 年第 4 期。

劉曉滿:《秦漢令史考》,《南都學壇》2011 年第 4 期。

劉欣尚:《漢代的領尚書事述論》,《北京師範大學學報》1992 年第 2 期。

劉新光:《"五嶺"考辨》,《國學學刊》2009 年第 4 期。

劉興林:《管仲"三歸"考》,《江蘇社會科學》1992 年第 2 期。

劉興林:《先秦兩漢農作物分布組合的考古學研究》,《考古學報》2016 年第 4 期。

劉洋:《再論秦漢律中的"三環"問題》,《社會科學》2007 年第 5 期。

劉振東、張建鋒:《西漢長樂宮遺址的發現與初步研究》,《考古》2006 年第 10 期。

魯普平:《南、北嗇夫考》,《寧夏社會科學》2016 年第 1 期。

陸建偉:《秦漢時期市籍制度初探》,《中國經濟史研究》1999 年第 4 期。

逯宏:《論神話昆侖原型在陰山》,《鞍山師範學院學報》2016 年第 1 期。

逯宏:《幽都考》,《黄河科技大學學報》2010 年第 6 期。

羅凱:《漢初長安的城防與"北軍"建置》,《歷史地理研究》

2019 年第 1 期。

羅慶康：《西漢詹事考略》，《安徽史學》1988 年第 3 期。

羅新：《墨山國之路》，《國學研究》（第 5 卷），北京大學出版
　　社 1998 年版。

羅新：《匈奴單于號研究》，《中國史研究》2006 年第 2 期。

呂菊：《溫室殿及其功用》，《蘭州學刊》2006 年第 9 期。

呂世浩：《〈漢書〉與褚少孫〈續補〉關係探析》，《漢學研究》
　　2015 年第 1 期。

呂壯：《西漢淮南王劉長謀反案考辨》，《寧夏大學學報》2019
　　年第 3 期。

呂宗力：《漢代的流言與訛言》，《歷史研究》2003 年第 2 期。

呂宗力：《漢代“妖言”探討》，《中國史研究》2006 年第 4 期。

馬彪、林力娜：《秦、西漢容量“石”諸問題研究》，《中國史
　　研究》2018 年第 4 期。

馬立軍：《“休屠金人”小考》，《古代文獻研究》第 10 輯，鳳
　　凰出版社 2007 年版。

馬利清：《關於匈奴人種的考古學和人類學研究》，《中央民族大
　　學學報》2007 年第 4 期。

馬利清：《關於匈奴城址功能的探索》，《中州學刊》2013 年第
　　1 期。

馬孟龍：《松柏漢墓 35 號木牘侯國問題初探》，《中國史研究》
　　2011 年第 2 期。

馬孟龍：《西漢廣漢郡置年考辨——兼談犍爲郡置年》，《四川文
　　物》2019 年第 3 期。

馬楠：《〈洪範五行傳〉作者補證》，《中國史研究》2013 年第
　　1 期。

馬向欣：《干支紀年如何從太歲紀年脱胎而來》，《文獻》1995

年第 2 期。

馬怡：《漢代詔書之三品》，《田餘慶先生九十華誕頌壽論文集》，中華書局 2014 年版。

馬怡：《一個漢代郡吏和他的書囊——讀尹灣漢墓簡牘〈君兄繒方緹中物疏〉》，《中國社會科學院歷史研究所學刊》第 9集，商務印書館 2015 年版。

馬雍：《從新疆歷史文物看漢代在西域的政治措施和經濟建設》，《文物》1975 年第 7 期。

馬雍：《巴基斯坦北部所見“大魏”使者的巖刻題記》，《西域史地文物叢考》，文物出版社 1990 年版。

蒙文通：《莊蹻王滇辨》，《四川大學學報》1963 年第 1 期。

孟凡人：《烏孫的活動地域和赤谷城的方位》，《西北師大學報》1978 年第 1 期。

孟凡人：《尉犁城、焉耆都城及焉耆鎮城的方位》，《中國邊疆史地研究》1991 年第 1 期。

孟憲實：《西漢戊己校尉新論》，《廣東社會科學》2004 年第 1 期。

孟祥才：《撲朔迷離的趙飛燕姊妹謀殺皇子案》，《聊城師範學院學報》2000 年第 6 期。

孟彥弘：《〈史記〉“閭左”發覆》，《文史哲》2016 年第 6 期。

倪屹：《第二玄菟郡探討》，《延邊大學學報》2002 年第 2 期。

潘玉坤：《〈報任安書〉“負下未易居下流多謗議”的斷句和句義》，《中國文字研究》，廣西教育出版社 2017 年版。

彭春艷：《〈難蜀父老〉作年及司馬相如生平新考》，《中國賦學》第 3 輯，齊魯書社 2016 年版。

彭林：《〈周禮〉主體思想與成書年代研究》，中國人民大學出版社 2009 年版。

彭世獎：《"火耕水耨"辨析》，《中國農史》1987 年第 2 期。

彭衛：《秦漢人身高考察》，《文史哲》2015 年第 6 期。

普慧：《兩漢上郡龜茲屬國及其文化遺存考臆》，《人文雜志》 2008 年第 5 期。

祁慶富：《〈史記〉中"僰中""西僰"考辨》，《重慶師範學院 學報》1982 年第 3 期。

錢寶琮：《太一考》，《錢寶琮科學史論文選集》，科學出版社 1983 年版。

秦進才、張玉：《由"長信宮"燈銘文説"陽信家"銅器的最 初所有者問題》，《文物春秋》2005 年第 4 期。

邱樹森：《兩漢匈奴單于庭、龍城今地考》，《社會科學戰綫》 1984 年第 2 期。

曲柄睿：《釋"郎騎"——兼論西漢郎吏"私馬從軍"現象》， 《南都學壇》2008 年第 2 期。

任崇嶽：《"匈奴"族名來源辨析》，《中國社會科學報》2016 年 2 月 22 日。

任乃强：《蜀枸醬、蜀布、邛竹杖考辨》，《四川歷史研究文 集》，四川省社會科學院出版社 1987 年版。

任振河：《舜居嬀汭與嬀汭舜都所在地名考》，《太原理工大學學 報》2006 年第 4 期。

任仲爀：《漢代的"不道"罪》，杜常順、楊振紅主編：《漢晉 時期國家與社會論集》，廣西師範大學出版社 2016 年版。

榮新江：《所謂"Tumshuqese"文書中的"gyāźdi"》，《内陸ア ジア言語研究》1991 年。

單承彬：《定州漢墓竹簡本〈論語〉性質考辨》，《孔子研究》 2002 年第 2 期。

山東省文物考古研究所、菏澤市文物管理處、定陶縣文管處：

《山東定陶縣靈聖湖漢墓》,《考古》2012 年第 7 期。

陝西省考古研究院、咸陽市文物考古研究所、茂陵博物館:《漢武帝茂陵考古調查、勘探簡報》,《考古與文物》2011 年第 2 期。

尚民傑:《漢成帝昌陵相關問題探討》,《考古與文物》2005 年第 2 期。

沈長雲:《"九州"初誼及"禹劃九州"說產生的歷史背景》,《西華師範大學學報》2019 年第 1 期。

沈長雲:《漢代史籍中的"億萬""巨萬"究竟指多少》,《文史》1999 年第 3 輯。

沈剛:《漢代廷尉考述》,《史學集刊》2004 年第 1 期。

沈剛:《秦縣令、丞、尉問題發微》,《出土文獻研究》第 17 輯,中西書局 2018 年版。

沈兼士:《祖褐、但馬、鏟襪》,《沈兼士學術論文集》,中華書局 1986 年版。

沈文倬:《略論禮典的實行和〈儀禮〉書本的撰作》(上、下),《文史》1982 年第 3、4 輯。

施謝捷:《秦兵器刻銘零釋》,《安徽大學學報》2008 年第 4 期。

師彬彬:《兩漢關內侯問題研究綜述》,《中國史研究動態》2015 年第 2 期。

石泉:《古雲夢澤"跨江南北"說辨誤》,《武漢大學學報》1993 年第 6 期。

石碩:《漢代西南夷中"巂"之族群內涵——兼論蜀人南遷以及與西南夷的融合》,《民族研究》2009 年第 6 期。

石洋:《兩漢三國時期"傭"群體的歷史演變——以民間雇傭爲中心》,《中國史研究》2014 年第 3 期。

石哲宇:《從〈張家山漢簡〉看西漢二千石官秩級演變原因》,

《文存閱刊》2018 年第 17 期。

史紅帥：《〈漢書・地理志〉標點辯誤一則》，《中國歷史地理論叢》1998 年第 4 期。

史念海：《中國古都概説（四）》，《陝西師範大學學報》1990 年第 4 期。

史念海：《論〈禹貢〉的導河和春秋戰國時期的黃河》，《史念海全集》第七卷，人民出版社 2013 年版。

宋國華：《漢代"見知之法"考述》，《咸陽師範學院學報》2008 年第 3 期。

宋焕文：《試談雲夢澤的由來及其變遷》，《求索》1983 年第 5 期。

宋傑：《漢代的廷尉獄》，《史學月刊》2008 年第 1 期。

宋傑：《西漢的中都官獄》，《中國史研究》2008 年第 2 期。

宋傑：《秦漢罪犯押解制度》，《南都學壇》2009 年第 6 期。

宋傑：《漢代的檻車押解制度》，《首都師範大學學報》2012 年第 2 期。

宋傑：《漢代"棄市"與"殊死"辨析》，《中國史研究》2015 年第 3 期。

宋傑：《兩漢時期的太子宮》，《南都學壇》2019 年第 3 期。

宋潔：《西漢法制問題研究》，博士學位論文，湖南大學，2014 年。

宋艷萍：《漢代"良家子"考》，《南都學壇》2012 年第 1 期。

宋艷萍：《漢闕與漢代政治史觀》，《形象史學研究（2013）》，人民出版社 2014 年版。

宋艷萍：《論"堯母門"對西漢中後期政治格局以及政治史觀的影響》，《史學集刊》2015 年第 4 期。

蘇北海：《兩漢西域在昆侖山、喀喇昆侖山及帕米爾高原的統治疆域》,《新疆師範大學學報》1982 年第 1 期。

蘇誠鑒:《"馳道"的修築與規制》,《安徽史學》1986 年第 2 期。

蘇誠鑒:《"官與牢盆"與漢武帝的榷鹽政策》,《鹽業史研究》1988 年第 1 期。

孫華:《匽侯克器銘文淺見——兼談召公建燕及其相關問題》,《文物春秋》1992 年第 3 期。

孫家洲、李宜春:《西漢矯制考論》,《中國史研究》1988 年第 1 期。

孫家洲:《漢初以丞相、相國統兵考》,《軍事歷史》1998 年第 6 期。

孫家洲:《再論"矯制"——讀〈張家山漢墓竹簡〉札記》,《南都學壇》2003 年第 4 期。

孫家洲:《漢代矯制研究》,《法律文化研究》第 4 輯,中國人民大學出版社 2008 年版。

孫家洲:《兔子山遺址出土〈秦二世元年文書〉與〈史記〉紀事抵牾釋解》,《湖南大學學報》2015 年第 3 期。

孫家洲:《"最北方的漢式宫殿"及其歷史解讀》,《文史天地》2018 年第 4 期。

孫家洲:《西漢淮南王劉長"謀反"與死亡之謎》,《文史天地》2020 年第 2 期。

孫景壇:《蘇文應是漢武帝晚年"巫蠱之禍"的元凶》,《南京社會科學》2008 年第 10 期。

孫民柱:《西安交大校園西漢壁畫墓及其墓主人考證》,《西安交通大學學報》1998 年第 2 期。

孫啓祥:《漢王劉邦就國南鄭時"燒絶棧道"考辨》,《成都大學學報》2018 年第 6 期。

孫思旺：《論傳世典籍中的官師與出土竹簡中的大官之師》，《社會科學戰綫》2017 年 10 期。

孫危、李丹：《匈奴族人口研究的再思考》，《北方文物》2010 年第 2 期。

孫危：《大宛考古學文化初探》，《考古與文物》2004 年第 4 期。

孫聞博：《西漢加官考》，《史林》2012 年第 5 期。

孫聞博：《秦漢"軍興"、〈興律〉考辨》，《南都學壇》2015 年第 2 期。

孫聞博：《二十等爵確立與秦漢爵制分層的發展》，《中國人民大學學報》2016 年第 1 期。

孫熙春：《〈史記〉中的"刁斗"與"刀斗"辨析》，《沈陽大學學報》2006 年第 3 期。

孫筱：《井田制與溝洫制》，《心齋問學集》，團結出版社 1993 年版。

孫筱：《從"爲人後者爲之子"談漢廢帝劉賀的立與廢》，《史學月刊》2016 年第 9 期。

孫正軍：《漢代九卿制度的形成》，《歷史研究》2019 年第 5 期。

孫中家、王子今：《秦漢時期的官營運輸業》，《求是學刊》1996 年第 3 期。

譚其驤：《北河》，《中華文史論叢》第 6 輯，中華書局 1965 年版。

譚其驤：《雲夢與雲夢澤》，《復旦學報》1980 年 S1 期。

譚世保：《"執金吾"與"中尉"沿革考》，《學術研究》1984 年第 2 期。

譚吳鐵：《于闐故都新探》，《西北史地》1992 年第 3 期。

唐明貴：《建國以來范蠡研究的回顧與展望》，《聊城大學學報》2016 年第 5 期。

唐曉峰：《内蒙古西北部秦漢長城調查記》，《文物》1977 年第
　　5 期。

陶傳祥：《秦漢“亡命”考論》，《南都學壇》2016 年第 2 期。

陶然：《南北匈奴分裂前匈奴人口數量研究》，《赤峰學院學報》
　　2019 年第 9 期。

陶新華：《漢代的“待詔”補論》，《社會科學戰綫》2005 年第
　　6 期。

陶喻之：《張騫“不能得月氏要領”新解》，《西域研究》1994
　　年第 4 期。

田成浩：《黃炎蚩“兩戰説”與“一戰説”研究綜述》，《内江
　　師範學院學報》2015 年第 7 期。

田煒：《説“同生”“同産”》，《中國語文》2017 年第 4 期。

田延峰：《論漢代特進》，《寶雞文理學院學報》2006 年第 2 期。

田餘慶：《論輪臺詔》，《歷史研究》1984 年第 2 期。

田餘慶：《説張楚——關於“亡秦必楚”問題的探討》，《歷史
　　研究》1989 年第 2 期。

田兆元、明亮：《論炎帝稱謂的諸種模式與兩漢文化邏輯》，《華
　　東師範大學學報》2007 年第 3 期。

童書業：《春秋王都辨疑》，《禹貢》半月刊 1937 年第七卷 6、
　　7 期。

萬榮：《張家山漢簡〈二年律令〉之“司寇”“城旦舂”名分
　　析》，《晉陽學刊》2005 年第 6 期。

萬榮：《秦及漢初訴訟程序中的“辭”“言”“當”》，《求索》
　　2015 年第 6 期。

萬堯緒：《漢初衛尉屬官考》，《簡帛研究（2015 年春夏卷）》，
　　廣西師範大學出版社 2015 年版。

萬義廣：《近八十年以來漢代三老問題研究綜述》，《秦漢研究》

第 8 輯，陝西人民出版社 2014 年版。

汪春泓：《關於〈史記·五宗世家〉之“河間獻王”事迹疏證》，《北京大學學報》2010 年第 5 期。

汪桂海：《從出土資料談漢代羌族史的兩個問題》，《西域研究》2010 年第 2 期。

汪三同：《論十一農都尉》，《發展》2010 年第 9 期。

汪涌豪：《古代游俠任俠行義活動之考究》，《殷都學刊》1993 年第 3 期。

王北辰：《古代居延道路》，《歷史研究》1980 年第 3 期。

王彬：《漢晉間名刺、名謁的書寫及其交往功能》，《出土文獻》第 8 輯，中西書局 2016 年版。

王德有：《嚴君平〈老子指歸〉真僞考辨》，《齊魯學刊》1985 年第 4 期。

王冬梅：《山東博物館藏玄兔太守虎符解讀》，《文物天地》2016 年第 9 期。

王爾春：《漢代司隸校尉的監察區域及其權力演變》，《南都學壇》2016 年第 1 期。

王方：《“襜褕”考》，《中國國家博物館館刊》2019 年第 8 期。

王剛：《漢代市籍問題再探》，《南都學壇》2016 年第 3 期。

王剛：《從定州簡本避諱問題看漢代〈論語〉的文本狀況：兼談海昏侯墓〈論語〉簡的價值》，《許昌學院學報》2017 年第 3 期。

王暉：《周初改制考》，《中國史研究》2000 年第 2 期。

王暉：《堯舜大洪水與中國早期國家的起源——兼論從“滿天星斗”到黃河中游文明中心的轉變》，《陝西師範大學學報》2005 年第 3 期。

王輝、尹夏清、王宏：《八年相邦薛君、丞相殳漆豆考》，《考古與文物》2011 年第 2 期。

王繼如：《“肺腑”“録囚”通説——漢代語詞考釋之六》，《南京師大學報》1991 年第 2 期。

王健：《略談傳統史論視域下的劉賀立廢事件》，《縱論海昏——“南昌海昏侯墓發掘暨秦漢區域文化”國際學術研討會論文集》，江西教育出版社 2016 年版。

王進玉、王進聰：《中國古代朱砂的應用之調查》，《文物保護與考古科學》1999 年第 1 期。

王靜：《漢代蠻夷邸論考》，《史學月刊》2000 年第 3 期。

王舉忠：《李斯殺韓非原因考辨》，《遼寧大學學報》1981 年第 1 期。

王舉忠：《李斯殺韓非原因再考辨》，《遼寧大學學報》1985 年第 4 期。

王巧昱：《“任俠”風尚對秦漢社會的影響》，碩士學位論文，首都師範大學，2007 年。

王人聰：《武平君璽考》，《江漢考古》1994 年第 4 期。

王社教：《西漢上林苑的範圍及相關問題》，《中國歷史地理論叢》1995 年第 3 期。

王淑梅、于盛庭：《刁斗與鐎斗》，《華夏考古》2014 年第 1 期。

王素：《高昌得名新探》，《西北史地》1992 年第 3 期。

王素：《高昌戊己校尉的設置——高昌戊己校尉系列研究之一》，《新疆師範大學學報》2005 年第 3 期。

王廷德：《“翰海”考辨》，《内蒙古大學學報》1989 年第 3 期。

王衛平：《子貢游説及其後果考辨》，《孔子研究》1993 年第 2 期。

王文利、周偉洲：《西夜、子合國考》，《民族研究》2010 年第 6 期。

王咸秋等:《河南新安縣漢函谷關遺址 2012-2013 年考古調查與發掘》,《考古》2014 年第 11 期。

王曉軒:《近十年來漢代王杖制研究綜述》,《洛陽師範學院學報》2011 年第 1 期。

王薪:《從漢墓考察西王母"戴勝"圖像涵義及流變》,《西部學刊》2018 年第 6 期。

王興鋒:《漢代美稷故城新考》,《中國邊疆史地研究》2016 年第 1 期。

王學理:《"阿房宮""阿房前殿"與"前殿阿房"的考古學解讀》,《周秦漢唐文化研究》第 4 輯,三秦出版社 2006 年版。

王彥輝:《漢代的"分田劫假"與豪民兼併》,《東北師大學報》2000 年第 5 期。

王彥輝:《論漢代的分戶析產》,《中國史研究》2006 年第 4 期。

王彥輝:《論秦漢時期的正卒與材官騎士》,《歷史研究》2015 年第 4 期。

王彥坤:《〈漢書·鼂錯傳〉通假字補考》,《學術研究》2003 年第 2 期。

王燕玉:《夜郎沿革考》,《貴陽師院學報》1977 年第 4 期。

王昱、崔永紅:《略論"莽設西海郡"及其與金城郡之關係》,《青海師範大學學報》1987 年第 1 期。

王煜:《漢代太一信仰的圖像考古》,《中國社會科學》2014 年第 3 期。

王樾:《漢車師兜訾城考》,《西域研究》1999 年第 2 期。

王岳塵:《〈史記〉"蒲將軍"鈎沉》,《學林漫錄》第 6 集,中華書局 1982 年版。

王雲度:《劉長非劉邦之子剖析》,《中國史研究》1996 年第

1 期。

王雲度：《劉邦血親析疑》，《中國史研究》1997 年第 4 期。

王震亞：《西漢少數民族政治家金日磾及其家世》，《西北師大學報》1986 第 3 期。

王子今、呂宗力：《論長安“小女陳持弓”大水訛言事件》，《史學集刊》2011 年第 4 期。

王子今：《説秦漢“少年”與“惡少年”》，《中國史研究》1991 年第 4 期。

王子今：《西漢均輸制度新議》，《首都師範大學學報》1994 年第 2 期。

王子今：《秦漢時期氣候變遷的歷史學考察》，《歷史研究》1995 年第 2 期。

王子今：《西漢長安的“胡巫”》，《民族研究》1997 年第 5 期。

王子今：《秦漢區域地理學的“大關中”概念》，《人文雜志》2003 年第 1 期。

王子今：《漢代河西的“茭”——漢代植被史考察札記》，《甘肅社會科學》2004 年第 5 期。

王子今：《西漢南越的犀象——以廣州南越王墓出土資料爲中心》，《廣東社會科學》2004 年第 5 期。

王子今：《西漢“齊三服官”辨正》，《中國史研究》2005 年第 3 期。

王子今：《論西楚霸王項羽“都彭城”》，《湖湘論壇》2010 年第 5 期。

王子今：《秦嶺“四道”與劉邦“興於漢中”》，《石家莊學院學報》2016 年第 5 期。

王子今：《武關、武候、武關候：論戰國秦漢武關位置與武關道走向》，《中國歷史地理論叢》2018 年第 1 期。

王宗維：《漢代的屬國》，《文史》1983 年第 4 輯。

王宗維：《匈奴諸王考述》，《内蒙古大學學報》1985 年第 2 期。

王宗元：《〈漢書・地理志〉澗水尾閭鄭伯津地理位置考辨》，《西北師大學報》2014 年第 5 期。

尉侯凱：《"外人"解詁》，《古籍整理研究學刊》2017 年第 3 期。

尉侯凱：《〈漢書〉勘誤札記》，《唐都學刊》2017 年第 5 期。

魏斌：《單名與雙名：漢晉南方人名的變遷及其意義》，《歷史研究》2012 年第 1 期。

魏道明：《漢代"殊死"考》，杜常順、楊振紅主編：《漢晉時期國家與社會論集》，廣西師範大學出版社 2016 年版。

聞人軍：《〈考工記〉成書年代新考》，《文史》1984 年第 2 輯。

鄔文玲：《始建國二年新莽與匈奴關係史事考辨》，《歷史研究》2006 年第 2 期。

鄔文玲：《〈甘露二年御史書〉校讀》，《中國古代法律文獻研究》第 5 輯，社科文獻出版社 2012 年版。

吳朝陽、晉文：《秦畝產新考——兼析傳世文獻中的相關畝產記載》，《中國經濟史研究》2013 年第 4 期。

吳光節、張周生：《我國古代記録的特殊流星現象與現代印證》，《天文學報》2003 年第 2 期。

吳浩坤：《談談古代用干支紀年月日的問題》，《歷史教學問題》1981 年第 4 期。

吳凌雲：《〈史記〉〈漢書〉南越傳的比較》，《西漢南越國考古與漢文化》，科學出版社 2010 年版。

吳慶龍等：《公元前 1920 年潰決洪水爲中國大洪水傳説和夏王朝的存在提供依據》，《中國水利》2017 年第 3 期。

吳樹平：《上官桀歷官搜粟都尉考》，《文史》1980 年第 1 輯。

吳旺宗：《秦漢官制中"御史大夫掌副丞相"問題再剖析》，《理論月刊》2006 年第 9 期。

吳振録：《保德縣新發現的殷代青銅器》，《文物》1972 年第 4 期。

吳忠匡：《〈漢軍法〉輯補》，《中華文史論叢》1981 年第 1 輯。

武沐：《渾邪休屠族源探賾》，《蘭州大學學報》2004 年第 1 期。

武威縣博物館：《武威新出土王杖詔令册》，《漢簡研究文集》，甘肅人民出版社 1984 年版。

夏德靠：《〈論語〉文本的生成及其早期流布形態》，《四川師範大學學報》2014 年第 1 期。

夏麟勳：《"天下苦秦久矣"別解》，《山東師大學報》1991 年第 3 期。

肖從禮：《肩水金關漢簡中新莽西海郡史料勾稽》，《陝西歷史博物館論叢》第 25 輯，三秦出版社 2018 年版。

肖世孟：《先秦色彩研究》，博士學位論文，武漢大學，2011 年。

肖祥升：《對"死國"注解的質疑》，《韓山師專學報》1984 年第 2 期。

蕭愛玲：《虒上考》，《中國歷史地理論叢》1999 年第 2 期。

蕭兵：《張騫大夏所見邛竹杖即靈壽之木考——中西交通史上的一個疑案》，《中國文化》1995 年第 2 期。

謝芳慶：《"三歸"斠釋》，《辭書研究》1993 年第 3 期。

謝桃坊：《蜀都古史辨》，《蜀學》2018 年第 2 期。

辛德勇：《楚漢彭城之戰地理考述》，《學術集林》卷八，上海遠東出版社 1996 年版。

辛德勇：《論劉邦進出漢中的地理意義及其行軍路綫》，《傳統文化與現代化》1997 年第 4 期。

辛德勇：《張家山漢簡所示漢初西北隅邊境解析——附論秦昭襄

王長城北端走向與九原雲中兩郡戰略地位》，《歷史研究》
2006 年第 1 期。

辛德勇：《漢武帝晚年政治取向與司馬光的重構》，《清華大學學
報》2014 年第 6 期。

辛德勇：《北大藏秦水陸里程簡冊與戰國以迄秦末的陽暨陽城問
題》，《北京大學學報》2015 年第 2 期。

辛德勇：《鉅鹿之戰地理新解》，《歷史地理》第 14 輯，上海人
民出版社 1998 年版。

邢義田：《從居延簡看漢代軍隊的若干人事制度——讀〈居延新
簡〉札記之一》，《治國安邦：法制、行政與軍事》，中華
書局 2011 年版。

邢義田：《漢代簡牘公文書的正本、副本、草稿和簽署問題》，
《“中央研究院”歷史語言研究所集刊》第 82 本第 4 分，
“中央研究院”歷史語言研究所 2011 年版。

熊偉業：《西漢唐蒙司馬相如通西南夷年代辨正》，《貴州民族研
究》2008 年第 3 期。

徐冲：《西漢後期至新莽時代“三公制”的演生》，《文史》
2018 年第 4 輯。

徐日輝：《項羽“二十八騎”突圍考》，《渭南師範學院學報》
2017 年 9 期。

徐祥民：《秦後法家及其發展變遷》，《社會科學戰綫》2002 年
第 6 期。

徐雲峰：《“草菅人命”新解》，《中國農史》1986 年第 3 期。

徐宗元：《金文中所見官名考》，《福建師範學院學報》1957 年
第 2 期。

薛瑞澤：《漢代湯沐邑研究》，《江蘇師範大學學報》2013 年第
5 期。

薛英群:《居延漢簡中的雇傭勞動者試析》,《蘭州學刊》1986
　　年第 5 期。

薛宗正:《務塗谷、金蒲、疏勒考》,《新疆文物》1988 年第
　　2 期。

閆純有、閆哲:《論鉅鹿之戰過程及棘原位置》,《邢臺學院學
　　報》2016 年第 1 期。

閆曉君:《張家山漢簡〈告律〉考論》,《法學研究》2007 年第
　　6 期。

閻愛民、馬血龍:《呂后“病犬禍而崩”新説——從醫療史的視
　　角對吕后之死史料的解釋》,《南開學報》2007 年第 2 期。

閻步克:《〈二年律令·秩律〉的中二千石秩級闕如問題》,《河
　　北學刊》2003 年第 5 期。

嚴耕望:《秦漢郎吏制度考》,《嚴耕望史學論文選集》,臺北聯
　　經出版社 1991 年版。

晏波:《劉邦赴漢中所過棧道新解》,《史林》2010 年第 2 期。

晏昌貴、鍾煒:《里耶秦簡所見的陽陵與遷陵》,《中國歷史地理
　　論叢》2006 年第 4 期。

晏新志等:《漢景帝陽陵研究的回顧與展望》,《文博》2009 年
　　第 1 期。

羊毅勇:《論漢晉時期羅布淖爾地區與外界的交通》,穆舜英等
　　主編:《樓蘭文化研究論集》,新疆人民出版社 1995 年版。

楊逢彬、李瑞:《〈論語〉“三歸”考》,《上海大學學報》2016
　　年第 2 期。

楊鴻年:《漢魏司馬門雜考》(一、二),《中華文史論叢》1981
　　年第 3、4 輯。

楊鴻勳:《明堂泛論——明堂的考古學研究》,日本京都大學人
　　文科學研究所:《東方學報》第 70 册,1998 年版。

楊際平：《漢代內郡的吏員構成與鄉、亭、里關係——東海郡尹灣漢簡研究》，《廈門大學學報》1998 年第 4 期。

楊際平：《漢代的上計制度》，《廈大史學》2005 年第 1 輯。

楊際平：《秦漢戶籍管理制度研究》，《中華文史論叢》2007 年第 1 期。

楊巨平：《傳聞還是史實——漢史記載中有關西域希臘化國家與城市的信息》，《西域研究》2019 年第 3 期。

楊權喜：《當陽季家湖楚城遺址》，《文物》1980 年第 10 期。

楊天宇：《關於漢代的卒吏、卒史與假史——從〈儀禮·士冠禮〉中的一條鄭注談起》，《陝西歷史博物館館刊》第 10 輯，三秦出版社 2003 年版。

楊天宇：《談漢代的卒史》，《新鄉師範高等專科學校學報》2003 年第 1 期。

楊鑫：《"春秋考紀"辨》，《中國典籍與文化》2019 年第 3 期。

楊勇：《再論漢武帝晚年政治取向——一種政治史與思想史的聯合考察》，《清華大學學報》2016 年第 2 期。

楊振紅：《秦漢官僚體系中的公卿大夫士爵位系統及其意義——中國古代官僚政治社會構造研究之一》，《文史哲》2008 年第 5 期。

楊振紅：《"縣官"之由來與戰國秦漢時期的"天下"觀》，《中國史研究》2019 年第 1 期。

姚大力：《大月氏與吐火羅的關係：一個新假設》，《復旦學報》2019 年第 2 期。

姚立偉：《漢畫中西王母形象原型探析》，《美術學報》2019 年第 4 期。

姚生民：《漢雲陵與鉤弋夫人研究》，《文博》1999 年第 1 期。

葉少飛、田志勇：《"白馬盟約"辯疑》，《史記論叢》第 10 集，中國文史出版社 2013 年版。

葉永新：《〈史記〉中的"蒲將軍"究竟是誰：兼與張振佩先生商榷》，《爭鳴》1991 第 4 期。

葉永新：《秦二世即位年齡及生年辨正》，《渭南師範學院學報》2015 年第 7 期。

亦捷：《西漢均輸官確有經商職能——與王子今同志商榷》，《首都師範大學學報》1994 年第 3 期。

易平：《褚少孫補〈史〉新考》，《臺大歷史學報》2000 年第 25 期。

易重廉：《"楚雖三户，亡秦必楚"正誤》，《求索》1987 年第 1 期。

殷晴：《于闐都城研究——和田綠洲變遷之探索》，《西域史論叢》第 3 輯，新疆人民出版社 1990 年版。

殷晴：《古代于闐的南北交通》，《歷史研究》1992 年第 3 期。

于傳波：《董仲舒對策年代考》，《學術研究》1979 年第 6 期。

于敬民：《"失期，法皆斬"質疑》，《中國史研究》1989 年第 1 期。

于琨奇：《"賜女子百户牛酒"解——兼論秦漢時期婦女的社會地位》，《中國歷史文物》1999 年第 1 期。

于振波：《秦漢時期的"文法吏"》，《中國社會科學院研究生院學報》1999 年第 2 期。

余嘉錫：《太史公書亡篇考》，《余嘉錫义史論集》，岳麓書社 1997 年版。

余建平：《"天人三策"文本順序考辨：兼論董仲舒賢良對策之年代》，《北京社會科學》2019 年第 6 期。

余太山：《大宛和康居綜考》，《西北民族研究》1991 年第 1 期。

余太山：《安息與烏弋山離考》，《敦煌學輯刊》1991 年第 2 期。

余太山：《兩漢戊己校尉考》，《兩漢魏晉南北朝與西域關係史研究》，中國社會科學出版社 1995 年版。

余太山：《渠搜考》，中國社會科學院歷史研究所編：《古史文存》，社會科學文獻出版社 2004 年版。

余太山：《關於鄯善國王治的位置》，《塞種史研究》，商務印書館 2012 年版。

袁傳璋：《郭沫若之司馬遷“卒於太始四年説”質疑——兼論〈報任安書〉的作年》，《袁傳璋史記研究論叢》，安徽師範大學出版社 2015 年版。

袁傳璋：《項羽所陷陰陵大澤考》，《學術月刊》2009 年第 3 期。

袁慶述：《〈漢書〉標點疑誤》，《古漢語研究》1997 年第 3 期。

袁延勝：《懸泉漢簡所見漢代烏孫的幾個年代問題》，《西域研究》2005 年第 4 期。

袁延勝：《懸泉漢簡所見辛武賢事迹考略》，《秦漢研究》第 4 輯，陝西人民出版社 2010 年版。

袁延勝：《〈漢書·高惠高后文功臣表〉辨誤四則》，《中國史研究》2012 年第 1 期。

袁延勝：《三楊莊聚落遺址與漢代户籍問題》，《中原文物》2012 年第 3 期。

員安志：《談“陽信家”銅器》，《文物》1982 年第 9 期。

臧知非：《試論漢代中尉、執金吾和北軍的演變》，《益陽師專學報》1989 年第 2 期。

臧知非：《論漢文帝“除關無用傳”——西漢前期中央與諸侯王國關係的演變》，《史學月刊》2010 年第 7 期。

臧知非：《“閭左”新證——以秦漢基層社會結構爲中心》，《史學集刊》2012 年第 2 期。

臧知非：《漢代“户賦”性質、生成與演變——“户賦”源於田稅説》,《人文雜志》2019 年第 9 期。

曾磊:《"牢盆"新證》,《鹽業史研究》2009 年第 3 期。

翟金明:《漢代御史中丞的職能、設立時間、原因新探》,《首都師範大學學報》2017 年第 1 期。

張安福:《西域都護府烏壘城遺址考》,《齊魯學刊》2013 年第 3 期。

張柏青、余恕誠、張勁松:《"項羽不死於烏江"説獻疑:項羽敗走所經"陰陵"等處地理位置考辨》,《國學研究》2013 年第 1 期。

張碧波:《説"北發"》,《北方論叢》1999 年第 1 期。

張碧波:《再説北發族》,《黑龍江社會科學》2002 年第 5 期。

張燦輝:《"東南天子氣"之演生與江南區域政治格局的形成》,《株洲工學院學報》2006 年第 1 期。

張焯:《〈漢書〉標點一誤》,《史學月刊》1988 年第 2 期。

張焯:《西漢三輔建置考述》,《歷史教學》1987 第 6 期。

張焯:《漢代北軍與曹魏中軍》,《中國史研究》1994 年第 3 期。

張程:《淺析中國古代太陽崇拜與鳥崇拜的實物圖像——以烏與三足烏的形象内涵變遷爲例》,《形象史學（2018 上半年）》,社會科學文獻出版社 2018 年版。

張大可:《董仲舒天人三策應作於建元元年》,《蘭州大學學報》1987 年第 4 期。

張德芳:《從懸泉漢簡看兩漢西域屯田及其意義》,《敦煌研究》2001 年第 3 期。

張帆:《漢代"護軍"設置探析》,《首都師範大學學報》2012 年第 6 期。

張富祥:《管仲"三歸"考》,《齊魯文化研究》2002 年第 1 輯。

張昊蘇:《"有録無書"與〈史記〉亡篇新考》,《史原》2018

年第 9 期。

張弘、李文青：《秦漢時期對地方官吏經濟政績的考核》，《東嶽論叢》2003 年第 2 期。

張鴻亮：《東漢"原陵監丞"封泥考略——兼談漢代陵園職官》，《中國國家博物館館刊》2014 年第 1 期。

張華松：《漢代城陽景王神崇拜始末考》，《齊魯文化研究》第 3 輯，山東文藝出版社 2004 年版。

張積：《令甲、挈令、科辨義》，中國政法大學法律古籍整理研究所編：《中國古代法律文獻研究》第 2 輯，中國政法大學出版社 2004 年版。

張繼海：《"約法三章"小考》，《中國史研究》2001 年第 2 期。

張俊民：《西漢樓蘭、鄯善簡牘資料鈎沉》，《魯東大學學報》2013 年第 4 期。

張俊民：《簡牘文書所見漢代邊塞防禦系統》，《簡牘學論稿——聚沙篇》，甘肅教育出版社 2014 年版。

張俊民：《漢代簡牘文書記錄的漢塞往事》，《檔案》2015 年第 3 期。

張俊民：《西漢簡牘文書所見職官長史識小》，《國學學刊》2015 年第 4 期。

張立鵬：《漢代丞相司直論考》，《西安文理學院學報》2015 年第 2 期。

張夢晗：《秦漢史籍中的"怨望"》，《南都學壇》2014 年第 1 期。

張夢晗：《"東南有天子氣"與秦始皇東游》，《江蘇師範大學學報》2015 年第 5 期。

張夢晗：《南越"文帝"宜爲趙佗子》，《形象史學（2017 上半年）》，社會科學文獻出版社 2017 年版。

張沛林：《西漢經典的"傳""受"與"通""明"——漢昭帝
　始元五年六月詔書疑義辨正》，《史志學刊》2019 年第
　2 期。

張朋兵：《神聖與世俗：文字與圖像中的西王母》，《東南大學學
　報》2019 年第 3 期。

張琦、侯旭東：《漢景帝不吃老鼠嗎？——我們如何看待過去》，
　《史學月刊》2019 年第 10 期。

張强、楊穎：《兩漢循行制度考述》，《南京師大學報》2008 年
　第 3 期。

張强：《西漢"過秦"思潮的發生和發展——從陸賈到司馬
　遷》，《淮陰師範學院學報》2004 年第 2 期。

張慶路：《匈奴呼韓邪單于朝漢路綫再探》，《陰山學刊》2020
　年第 2 期。

張全海：《西漢未央宮"蘭臺"得名與位置考》，《檔案學通訊》
　2018 年第 6 期。

張睿祥、劉潮、歐秀花：《周伐獫狁時間及地域考》，《天水師範
　學院學報》2014 年第 6 期。

張巍：《"天禄永終"辨正》，《學術研究》2004 年第 11 期。

張維華：《西漢都護通考》，《漢史論集》，齊魯書社 1980 年版。

張文國：《"苟富貴，無相忘"正解》，《古籍整理研究學刊》
　2006 年第 4 期。

張錫忠：《"分田劫假"辨析》，《新疆大學學報》1982 年第
　4 期。

張小東：《鐎斗考》，《故宮博物院院刊》1992 年第 2 期。

張小鋒：《李夫人"配食"武帝與昭帝初立時政局》，《中國史
　研究》2011 年第 1 期。

張欣：《秦漢長吏再考——與鄒水傑先生商榷》，《中國史研究》

2010 年第 3 期。

張信通：《秦代的"閭左"考辨》，《貴州師範學院學報》2013
　　年第 11 期。

張艷玲：《漢代官吏休假制度研究綜述》，《甘肅社會科學》2007
　　年第 5 期。

張益群、馬晶：《"高闕"地望研究綜述》，《陰山學刊》2016 年
　　第 1 期。

張永帥：《〈漢書·地理志〉標點糾誤一則》，《中國歷史地理論
　　叢》2004 年第 1 期。

張振珮：《〈史記〉"蒲將軍"辨析》，《貴州社會科學》1986 年
　　第 2 期。

張忠煒：《秦漢律令關係試探》，《文史哲》2011 年第 4 期。

張仲立等：《鳳棲原漢墓——西漢大將軍的家族墓園》，《中國文
　　化遺産》2011 年第 6 期。

趙炳林：《秦代"五嶺之戍"述考——兼與林崗等先生商榷》，
　　《中國邊疆史地研究》2018 年第 2 期。

趙國華：《劉歆謀反事件考論》，《史學月刊》2016 年第 5 期。

趙海龍：《兩漢"減死刑"問題探析》，《咸陽師範學院學報》
　　2014 年第 3 期。

趙紅梅：　《玄菟郡研究》，博士學位論文，東北師範大學，
　　2006 年。

趙凱：《社會輿論與秦漢政治》，《古代文明》2007 年第 2 期。

趙凱：《西漢"受鬻法"探論》，《中國史研究》2007 年第 4 期。

趙凱：《漢代幽燕地區人文風貌三題——以仕宦群體爲中心》，
　　北京市大葆臺西漢墓博物館編：《漢代文明國際學術研討會
　　論文集》，北京燕山出版社 2009 年版。

趙凱：《〈漢書·文帝紀〉"養老令"新考》，《南都學壇》2011

年第 6 期。

趙倩男：《關於秦漢時期傳馬的幾個問題》，碩士學位論文，雲南大學，2017 年

趙生群：《關於〈史記〉的兩個斷限》，《蘭州大學學報》1983 年第 2 期。

趙争：《從出土文獻看漢代〈老子〉文本及流傳》，《史林》2018 年第 6 期。

趙志强：《從〈漢書·地理志〉體例看郡國沿革》，《中國歷史地理論叢》2015 年第 2 輯。

鄭慧生：《首陽山考》，《人文雜志》1992 年第 5 期。

鄭君雷：《大寧江長城的相關問題》，《史學集刊》1997 年第 1 期。

鄭紹宗：《20 世紀的重大考古發現——西漢中山王陵滿城漢墓發掘紀實》，《文物春秋》2008 年第 2 期。

鄭威：《西漢東海郡所轄戚縣、建陵、東安侯國地望考辨》，《中國歷史地理論叢》2006 年第 2 期。

鄭先興：《漢畫中的西王母神話與西王母崇拜》，《古代文明》2008 年第 3 期。

鄭曉時：《漢初"誅吕安劉"政變的過程與歷史意義》，《臺灣政治學刊》第 8 卷第 2 期。

鄭曉時：《漢惠帝新論——兼論司馬遷的錯亂之筆》，《中國史研究》2005 年第 3 期。

中國社會科學院考古研究所考古科技實驗研究中心、漢唐考古研究室：《新疆庫爾勒至輪臺間古代城址的遥感探查》，《考古》1997 年第 7 期。

中國社科院考古研究所安陽工作隊：《1969–1977 年殷墟西區墓葬發掘報告》，《考古學報》1979 年第 1 期。

中國史記研究會、和縣項羽與烏江文化研究室聯合考察組：《項羽垓下突圍南馳烏江路綫考察報告》，《渭南師範學院學報》2009 年第 1 期。

鍾良燦：《再論漢代的大家、中家和小家》，《史學月刊》2018 年第 8 期。

周波：《張家山漢簡〈二年律令〉與〈漢書〉詔令比較研究》，《出土文獻》第 15 輯，中西書局 2019 年版。

周海鋒：《嶽麓書院藏秦簡〈亡律〉研究》，《簡帛研究（2016 年春夏卷）》，廣西師範大學出版社 2016 年版。

周宏偉：《雲夢問題的新認識》，《歷史研究》2012 年第 2 期。

周宏偉：《“五嶺”新解》，《湘南學院學報》2014 年第 4 期。

周及徐：《西漢通西南夷的幾個問題及通西南夷大事年表》，《語言歷史論叢》2019 年第 1 期。

周連寬：《蘇聯南西伯利亞所發現的中國式宮殿遺址》，《考古學報》1956 年第 4 期。

周連寬：《漢婼羌國考》，《中亞學刊》第 1 輯，中華書局 1983 年版。

周聘：《〈漢書高惠高后文功臣表〉考釋》，《古籍研究》2001 年第 2 期。

周情情：《兩漢大將軍幕府部分武職類屬官考察》，《南都學壇》2017 年第 6 期。

周情情：《兩漢大將軍幕府部分文職類屬官考察》，《通化師範學院學報》2017 年第 7 期。

周新芳：《近年來井田制研究的趨向與特點》，《江西社會科學》，2002 年第 4 期。

周學鷹：《“因山爲陵”葬制探源》，《中原文物》2005 年第 1 期。

周運中：《漢代縣治考：江淮篇》，《秦漢研究》第 4 輯，陝西人民出版社 2010 年版。

周振鶴：《〈水經·濁漳水注〉一處錯簡——兼論西漢魏郡邯會侯國地望》，《歷史地理》第 1 輯，上海人民出版社 1981年版。

周振鶴：《西漢西域都護所轄諸國考》，《新疆大學學報》1985年第 2 期。

朱德貴：《從〈二年律令〉看漢代"户賦"和"以貲徵賦"》，《晉陽學刊》2007 年第 5 期。

朱桂昌：《兩漢時期數學發展概略》，《思想戰綫》1977 年第6 期。

朱錦程：《秦制新探》，博士學位論文，湖南大學，2017 年。

朱紹侯：《〈尹灣漢墓簡牘〉解決了漢代官制中幾個疑難問題》，《許昌師專學報》1999 年第 1 期。

朱紹侯：《士伍身份考辨》，《軍功爵制研究（增訂版）》，商務印書館 2017 年版。

朱同：《"嗟乎"考》，《徐州師範學院學報》1983 年第 2 期。

莊春波：《"象刑"解》，《江漢論壇》1986 年第 12 期。

莊小霞：《"失期當斬"再探——兼論秦律與三代以來法律傳統的淵源》，中國政法大學法律古籍整理研究所編：《中國古代法律文獻研究》第 11 輯，社會科學文獻出版社 2017年版。

左駿：《淺談"貝帶"》，《中國歷史文物》2006 年第 6 期。

〔俄〕A. A. 科瓦列夫：《蒙古國南戈壁省巴彥布拉格要塞遺址（漢受降城）的考古發掘及西漢時期外部防禦相關問題研究》，權乾坤譯，《草原文物》2015 年第 2 期。

〔日〕保科季子：《亡命小考——兼論秦漢的確定罪名手續

"命"》,《簡帛》第 3 輯,上海古籍出版社 2008 年版。

[日] 海野一隆:《釋漢代的翰海》,辛德勇譯,《中國歷史地理論叢》,1991 年第 1 期。

[日] 潮見浩:《漢代鐵官郡、鐵器銘文與冶鐵遺址》,趙志文譯,《中原文物》1996 年第 2 期。

[日] 桑原隲藏:《張騫の遠征》,《東西交通史論叢》,弘文堂書房 1933 年版。

[日] 山田慶兒:《中國古代的計量解剖學》,艾素珍譯,《尋根》1995 年第 4 期。

[日] 增淵龍夫:《漢代民間秩序的構成和任俠習俗》,劉俊文主編:《日本學者研究中國史論著選譯》第三卷,中華書局1993 年 11 月版。

漢書　卷一上

高紀第一上[1]

　　[1]【顏注】師古曰：紀，埋也，統理衆事而繫之於年月者也。【今注】案，高紀，蔡琪本、大德本、殿本作"高帝紀"。司馬遷《史記》仿效經學中的經傳體例，創史書的紀傳體體例。其中"本紀"的部分吸取編年體史書的優點，以叙帝王事迹的形式起到了統理時間綱目的作用。班固《漢書》繼承《史記》這一體例，而又有一定變化。其一，簡稱"本紀"爲"紀"。其二，《史記》各紀爲了兼顧可讀性，叙事時經常連及言之，並未嚴格遵循時序，《漢書》對時序的遵循更爲嚴格。其三，除了繼承《史記》而來的部分外，其餘諸紀皆淡化其中的具體帝王事迹，而强化其統理時間綱目的作用。具體事迹多散入各傳中。這一處理使"紀"的時間脈絡更爲明晰，但降低了可讀性，其中的細節必須結合各傳纔能明瞭。其四，因《漢書》斷代爲史，因而將秦末事迹亦由《高紀》統理。本書前四卷本紀皆承襲《史記》修改而來。本卷當爲班固以《史記》卷八《高祖本紀》爲基礎，結合卷七《項羽本紀》等篇章改就。對其中牴牾混亂、不合時序以及部分涉及漢廷統治者利害的内容進行了修改删减，並根據《史記》之外的其他史料補充了新的内容。後文將就其與《高祖本紀》相異之處進行比對。

　　高祖，[1]沛豐邑中陽里人也，[2]姓劉氏。[3]母媪[4]嘗息大澤之陂，[5]夢與神遇。[6]是時雷電晦冥，[7]父太公往視，則見交龍於上。^[8]已而有娠，^[9]遂産高祖。

  [1]【顔注】荀悅曰：諱邦，字季，邦之字曰國。張晏曰：《禮·謚法》無“高”，以爲功最高而爲帝漢之太祖（帝漢，蔡琪本、大德本、殿本作“漢帝”），故特起名焉。師古曰：“邦之字曰國”者，臣下所避以相代也。【今注】高祖：《史記》《漢書》皆明言劉邦廟號爲“太祖”，然其行文多稱其爲“高祖”，《史記》更是載其標題爲《高祖本紀》。楊樹達《漢書窺管》認爲，“高祖”在漢代爲習稱，史家不過是沿用而已。張沛林《釋“漢高祖”》充分列舉《史記》《漢書》所見漢代人對劉邦的稱呼，指出在司馬遷前“高祖”並非時人對劉邦的習稱。“高祖”是由司馬遷開始大量使用的稱謂。張氏認爲，之所以如此，是因司馬遷受公羊學“三代改制”說的影響，將劉邦比附周文王而産生的稱呼。（參見張沛林《釋“漢高祖”》，《文教資料》2019 年第 15 期）案，《史記》卷八《高祖本紀》記載漢高祖“字季”，《漢書》删之。司馬貞《史記索隱》云：“漢高祖長兄名伯，次名仲，不見別名，則季亦是名也。故項岱云‘高祖小字季，即位易名邦，後因諱邦不諱季，所以季布猶稱姓也’。”梁玉繩《史記志疑》卷六認爲，“季”僅是劉邦之排行，其名應該即“邦”，與其次兄仲名“喜”，弟名“交”相類，並非後改。

  [2]【顔注】應劭曰：沛，縣也。豐，其鄉也。孟康曰：後沛爲郡，而豐爲縣。師古曰：沛者，本秦泗水郡之屬縣。豐者，沛之聚邑耳。方言高祖所生，故舉其本稱以説之也。此下言“縣鄉邑告喻之”，故知邑繫於縣也。【今注】沛：縣名。治所在今江蘇沛縣。 豐：邑名。治所在今江蘇豐縣。 中陽里：閭里名。在今江蘇沛縣。 案，關於劉氏家族乃至劉邦個人的源流身世，由於史料牴牾，學界有着不同的觀點。陳蘇鎮根據本書《高紀》贊語記載，認爲劉邦生於魏國，秦國滅魏後，將大梁人口東遷於豐，劉邦

家族方徙豐邑。龔留柱則認爲，《史記》等早期史料並未有此類記載，且有若干材料與此説牴牾，此説當是西漢後期儒生爲了附會"堯後火德"之説而造，並非史實。劉邦家族當世爲豐邑之人。（參見陳蘇鎮《漢代政治與〈春秋〉學》，中央廣播電視大學出版社 2001 年版，第 37 頁；龔留柱《關於劉邦"自梁徙豐"》，《史學月刊》2009 年第 11 期）

[3]【顏注】師古曰：本出劉累，而范氏在秦者又爲劉，因以爲姓。【今注】案，《史記·高祖本紀》此句後作"字季。父曰太公，母口劉媪。其先劉媪嘗息大澤之陂"，《漢書》删改之。

[4]【顏注】文穎曰：幽州及漢中皆謂老嫗爲媼。孟康曰：媼，母别名，音烏老反。師古曰：媼，女老稱也。孟音是矣。史家不詳著高祖母之姓氏，無得記之，故取當時相呼稱號而言也。其下"王媪"之屬，意義皆同。至如皇甫謐等妄引讖記，好奇騁博，强爲高祖父母名字（强，蔡琪本作"彊"），皆非正史所説，蓋無取焉。寧有劉媪本姓存（蔡琪本、大德本、殿本"存"前有"實"字），史遷肯不詳載？即理而言，斷可知矣。他皆類此。【今注】母媼：媼，老婦人。《史記·高祖本紀》張守節《正義》引《陳留風俗傳》云："沛公起兵野戰，喪皇妣於黄鄉，天下平定，使使者以梓宮招幽魂，於是丹蛇在水自灑，躍入梓宮，其浴處有遺髮，謚曰昭靈夫人。"又引《漢儀注》云："高帝母起兵時死小黄城，後於小黄立陵廟。"又引《括地志》云："小黄故城在汴州陳留縣東北三十三里。"是知劉邦之母在劉邦起兵後死於戰亂。又，王雲度指出，《高帝紀下》有"太上皇后崩"的記載，《高后紀》詔書亦稱劉邦母爲"太上皇妃"，追謚"昭靈后"而不稱"太上皇后"。根據這些論據，王氏指出劉媪與劉太公當已離異，太公正妻爲劉邦異母弟劉交之母。（參見王雲度《劉邦血親析疑》，《中國史研究》1997 年第 4 期）

[5]【顏注】師古曰：蓄水曰陂。蓋於澤陂隄塘之上休息而

寢寐也（寢，蔡琪本、大德本作"寢"）。陂，音彼皮反。【今注】陂：水邊。

［6］【顔注】師古曰：遇，會也。不期而會曰遇。

［7］【顔注】師古曰：晦、冥，皆謂暗也。言大雷電而雲霧晝暗。

［8］【今注】案，交龍，《史記·高祖本紀》作"蛟龍"。

［9］【顔注】應劭曰：娠，動，懷任之意。《左傳》曰："邑姜方娠。"孟康曰：娠，音身。漢史"身"多作"娠"，古今字也（今，蔡琪本作"丈"）。師古曰：孟說是也。《漢書》皆以"娠"爲"任身"字。"邑姜方震"，自爲"震動"之字，不作"娠"。【今注】娠：本意指胎動，引申指懷孕。

　　高祖爲人，隆準而龍顔，[1]美須髯，[2]左股有七十二黑子；[3]寬仁愛人，[4]意豁如也。[5]常有大度，不事家人生產作業。[6]及壯，試吏，[7]爲泗上亭長，[8]廷中吏無所不狎侮。[9]好酒及色。常從王媼、武負貰酒，[10]時飲醉臥，武負、王媼見其上常有怪。[11]高祖每酤，留飲，酒讎數倍。[12]及見怪，歲竟，此兩家常折券棄責。[13]

［1］【顔注】服虔曰：準，音拙。應劭曰：隆，高也。準，頰權準也。顔，額顙也（額顙，蔡琪本作"額顙"）。李斐曰：準，鼻也。文穎曰：音準的之準。晉灼曰：《戰國策》云"眉目準頰權衡"，《史記》"秦始皇蜂目長準"，李說、文音是也。師古曰：頰權頰字（頰權，蔡琪本、大德本、殿本作"頰權"），豈當借"準"爲之！服音、應說皆失之。

［2］【顔注】師古曰：在頤曰須，在頰曰髯。髯，人占反

（蔡琪本、大德本、殿本“人”前有“音”字）。

〔3〕【顏注】師古曰：今中國通呼爲鴈子，吳楚俗謂之誌。誌者，記也。

〔4〕【今注】寬仁愛人：王先謙《漢書補注》指出，此處《史記》作“仁而愛人，喜施”。

〔5〕【顏注】師古曰：豁然開大之貌，音呼活反。

〔6〕【今注】不事家人生産作業：本書卷三二《張耳傳》云：“高祖爲布衣時，嘗從（張）耳遊。”卷四〇《王陵傳》云：“王陵，沛人也。始爲縣豪，高祖微時兄事陵。”是知劉邦年輕時以游俠爲事。其爲吏當在秦統一六國之後。

〔7〕【顏注】應劭曰：試用補吏。【今注】試吏：王先謙《漢書補注》指出，“試吏”《史記》作“試爲吏”。秦漢律法規定，學僮年十七歲以上，通籀文九千字以上，乃得爲吏（參見黃留珠《秦漢仕進制度》，西北大學出版社1985年版，第53—54頁）。

〔8〕【顏注】師古曰：秦法，十里一亭。亭長者，主亭之吏也。亭，謂停留行旅宿食之館。【今注】泗上：《漢書考證》齊召南指出，《史記》作“泗水”。據《續漢書·郡國志》，沛有泗水亭，亭有高祖碑，班固爲文，見《固集》，然則亭名當爲“泗水”，不爲“泗上”。 亭長：主管亭部的小吏。亭，秦漢時具有軍事治安和郵驛館舍職能的基層單位。

〔9〕【顏注】師古曰：廷中，郡府廷之中。廷，音定。他皆類此。【今注】狎侮：戲弄。

〔10〕【顏注】如淳曰：武，姓也。俗謂老大母爲阿負。師古曰：劉向《列女傳》云“魏曲沃負者，魏大夫如耳之母也”，此則古語謂老母爲負耳。王媪，王家之媪也。武負，武家之母也。賫，賒也，李登、呂忱並音式制反；而今之讀者謂與“射”同，乃引地名“射陽”其字作“賫”以爲證驗，此説非也。假令地名爲“射”，自是假借，亦猶鮦陽音紂，蓮勺音酌，當時所呼，別有

意義，豈得即定其字以爲五音乎（五，蔡琪本、大德本、殿本作"正"，當以"正"爲是）！【今注】貰：賒欠。

[11]【今注】見其上常有怪：王先謙《漢書補注》指出，《史記》作"見其上常有龍，怪之"，與此義微異。今案，蘇芃引水澤利忠《史記會注考證校補》，指出日本藏多種《史記》古本皆作"見其上常有龍怪之屬"，今本之"屬"字當在唐以前的傳寫過程中脱落（參見蘇芃《〈史記·高祖本紀〉"見其上常有龍怪之屬"辨證》，《中華文史論叢》2017 年第 4 期）。然則《漢書》當是將"龍怪之屬"簡寫爲"怪"，其義本同。

[12]【顏注】如淳曰：讎亦售也。

[13]【顏注】師古曰：以簡牘爲契券，既不微索，故折毀之，棄其所負。【今注】案，棄責，殿本作"棄負"。 案，劉邦此類宣傳後爲漢宣帝所效仿，史書所載其早年神異事迹與此頗類，參見本書卷八《宣紀》。

高祖常繇咸陽，[1]縱觀秦皇帝，[2]喟然大息，曰："嗟乎，大丈夫當如此矣！"[3]

[1]【顏注】應劭曰：繇者，役也。文穎曰：咸陽，今渭北渭城是也。師古曰：咸陽，秦所都。"繇"讀曰"徭"，古通用字。【今注】咸陽：秦都城名，亦爲縣名。秦封泥有"咸陽丞印"。趙高女婿閻樂曾擔任咸陽令。自秦孝公十三年（前 349）始都咸陽，至公元前 207 年秦亡，秦都咸陽長達 143 年。故城遺址在今陝西咸陽市東三十里渭城窑店鎮一帶。《史記》卷八《高祖本紀》司馬貞《索隱》引《關中記》云"名咸陽者，山南曰陽，水北亦曰陽，其地在渭水之北，又在九嵕諸山之南，故曰咸陽"。

[2]【顏注】師古曰：縱，放也。天子出行，放人令觀。觀，音工喚反。

[3]【顏注】師古曰：喟，歎息貌。大息，言其歎息之大。喟，音丘位反。

　　單父人呂公[1]善沛令，辟仇，從之客，因家焉。[2]沛中豪桀吏聞令有重客，皆往賀。[3]蕭何爲主吏，[4]主進，[5]令諸大夫曰：“進不滿千錢，坐之堂下。”[6]高祖爲亭長，素易諸吏，[7]乃紿爲謁曰“賀錢萬”，[8]實不持一錢。謁入，呂公大驚，起，迎之門。[9]呂公者，好相人，見高祖狀貌，因重敬之，引入坐上坐。[10]蕭何曰：“劉季固多大言，少成事。”[11]高祖因狎侮諸客，遂坐上坐，無所詘。[12]酒闌，[13]呂公因目固留高祖。[14]竟酒，後。呂公曰：“臣少好相人，[15]相人多矣，無如季相，願季自愛。臣有息女，願爲箕帚妾。”[16]酒罷，呂媼怒呂公曰：“公始常欲奇此女，與貴人。[17]沛令善公，求之不與，何自妄許與劉季？”呂公曰：“此非兒女子所知。”卒與高祖。[18]呂公女即呂后也，生孝惠帝、魯元公主。[19]

　　[1]【顏注】孟康曰：單，音善。父，音甫。師古曰：《地理志》山陽縣也。【今注】單父人呂公：單父，縣名。治所在今山東單縣南。《史記》卷八《高祖本紀》司馬貞《索隱》引《漢書舊儀》云“呂公，汝南新蔡人”。又引《相經》云“魏人呂公，名文，字叔平”。皆與此不同。王先謙《漢書補注》認爲，《相經》所言呂公名字，與皇甫謐等造作名字相類，未可爲據。

　　[2]【顏注】師古曰：與沛令相善，因辟仇亡匿，初就爲客，後遂家沛也。仇，讎也，音求。【今注】令：萬戶以上的大縣，最

高行政長官稱爲令，秩千石至六百石。萬户以下的小縣，最高行政長官稱爲長，秩五百石至三百石。

［3］【顏注】師古曰：以禮物相慶曰賀。

［4］【顏注】孟康曰：主吏，功曹也。【今注】蕭何：初爲沛縣主吏掾，後隨劉邦起事，攻破咸陽後保護秦廷律令圖書，在其後軍事活動、法律建設中發揮了重要作用。楚漢相爭時任丞相，留守關中，負責後勤與兵源之補充。後長期任丞相、相國，至惠帝時去世。傳見本書卷三九。 主吏：即功曹。縣功曹是縣廷的屬吏，職總內外，在縣屬吏中地位最高，權力最大，故秦及漢初又稱主吏。

［5］【顏注】文穎曰：主賦斂禮進，爲之帥也。鄭氏曰：主賦斂禮錢也。師古曰：進者，會禮之財也。字本作"賮"，又作"賹"，音皆同耳。古字假借，故轉而爲"進"。賮，又音才忍反。《陳遵傳》云陳遂"與宣帝博，數負進"，帝後詔云"可以償博進未"，其進雖有別解，然而所賭者之財疑充會食，義又與此通。

［6］【顏注】師古曰：令，號令也。大夫，客之貴者總稱耳。【今注】諸大夫：何焯《義門讀書記》卷一五指出，下卷詔書有云"秦民爵公大夫以上，令、丞與亢禮"。何氏認爲，諸大夫所指當謂此。

［7］【顏注】師古曰：素，故也，謂舊時也。易，輕也，弋豉反（蔡琪本、大德本、殿本"弋"前有"音"字）。

［8］【顏注】應劭曰：紿，欺也。師古曰：爲謁者，書剌自言爵里，若今參見尊貴而通名也。蓋當時自陳姓名，并列賀錢數耳。紿，音徒在反。

［9］【顏注】師古曰：以其錢多，故特禮之。【今注】大驚：沈欽韓《漢書疏證》認爲，此當是呂公已聞高祖之名，並非僅爲萬錢驚起。

［10］【顏注】師古曰：上坐，尊處也。令於尊處坐（蔡琪本作"坐"後有"也"字）。上"坐"音才卧反，次下亦同（次下

亦同，殿本作"次如字，下亦同"）。

[11]【今注】劉季：即漢高祖。《史記·高祖本紀》於篇首即寫明漢高祖"字季"，而《漢書》刪之，敘及此處忽稱"劉季"，頗嫌突兀。

[12]【顏注】師古曰：詘，曲懦也，音丘勿反。

[13]【顏注】文穎曰：闌，言希也。謂飲酒者半罷半在，謂之闌。

[14]【顏注】師古曰：不欲對坐者顯言，故動目而留之。

[15]【顏注】張晏曰：古人相與語多自稱"臣"，自卑下之道也，若今人相與言自稱"僕"也。

[16]【顏注】師古曰：息，生也。言己所生之女。

[17]【顏注】師古曰：奇，異也。謂顯而異之，而嫁於貴人。

[18]【顏注】師古曰：卒，終也。

[19]【顏注】服虔曰：元，長也。食邑於魯。韋昭曰：元，謚也。師古曰：公主，惠帝之姊也（姊，蔡琪本、大德本、殿本作"姊"）。以其最長，故號曰元。呂后謂高帝曰"張王以魯元故，不宜有謀"，齊悼惠王尊魯元公主爲大后（大，蔡琪本、殿本作"太"），當時並已謂之"元"，不得爲謚也。韋說失之。【今注】孝惠帝：劉邦次子，亦爲嫡長子，繼劉邦爲帝，在位七年。紀見本書卷二。　魯元公主：劉邦長女，後嫁與趙王張耳之子張敖。魯，魯元公主之食邑。元，劉攽、何焯、何若瑤、王先謙皆認爲，"元"當爲謚號。顏注所舉呂后、齊悼惠王之例當爲史家追書，非當時之稱呼。以謚號追書之例《漢書》中甚多，其稱呼不足爲據。（參見王先謙《漢書補注》）公主，張守節《史記正義》云："漢制，帝女曰'公主'，儀比諸侯；姊妹曰'長公主'，儀比諸侯王；姑曰'大長公主'，儀比諸侯王。"

　　高祖嘗告歸之田。[1]呂后與兩子居田中，[2]有一老父過請飲，[3]呂后因餔之。[4]老父相后曰："夫人，天下貴人也。"令相兩子，見孝惠帝，曰："夫人所以貴者，乃此男也。"[5]相魯元公主，亦皆貴。老父已去，高祖適從旁舍來，呂后具言客有過，相我子母皆大貴。高祖問，曰："未遠。"乃追及，問老父。老父曰："鄉者夫人、兒子皆以君，[6]君相貴不可言。"高祖乃謝曰："誠如父言，不敢忘德。"[7]及高祖貴，遂不知老父處。

[1]【顔注】服虔曰：告，音如噑呼之噑。李斐曰：休謁之名，吉曰告，凶曰寧。孟康曰：古者名吏休假曰告。告，又音譽。漢律，吏二千石有予告，有賜告。予告者，在官有功最，法所當得也。賜告者，病滿三月當免，天子優賜其告，使得帶印綬、將官屬歸家治病。至成帝時，郡國二千石賜告不得歸家。至和帝時，予、賜皆絶。師古曰：告者，請謁之言，謂請休耳。或謂之謝，謝亦告也。假爲噑、譽二音，並無別義，固當依本字以讀之。《左氏傳》曰"韓獻子告老"。《禮記》曰"若不得謝"。《漢書》諸云"謝病"，皆同義。

[2]【今注】案，王先謙《漢書補注》指出，《史記》此處有"耨"字。

[3]【今注】請飲：王先謙《漢書補注》指出，荀悦《漢紀》作"乞漿"。

[4]【顔注】師古曰：餔食之餔，屈原曰"餔其糟"是也。以食食人亦謂之餔，《國語》曰"國中童子無不餔也"，《吕氏春秋》曰"下壺飱以餔之"，是也。父本請飲，后因食之，故言餔也。餔，音必胡反。

[5]【顔注】師古曰：言因有此男，故大貴。

[6]【顔注】如淳曰：言并得君之貴相也。"以"或作"似"。

師古曰：如説非也。言夫人及兒子以君之故，因得貴耳，不當作
“似”也。鄉，讀曰嚮。

[7]【顔注】師古曰：誠，實也。

高祖爲亭長，乃吕竹皮爲冠，令求盗之薛治，[1]時
時冠之，[2]及貴常冠，所謂劉氏冠也。[3]

[1]【顔注】應劭曰：以竹始生皮作冠，今鵲尾冠是也。求
盗者，亭卒。舊時亭有兩卒，一爲亭父，掌開閉埽除（埽，蔡琪
本作“掃”）；一爲求盗，掌逐捕盗賊。薛，魯國縣也，有作冠
師，故往治之。文穎曰：高祖居貧志大，取其約省，與衆有異。
韋昭曰：竹皮，篕也（篕，蔡琪本、大德本、殿本作“竹篕”）。
今南夷取竹幼時績以爲帳。師古曰：之，往也。竹皮，笋皮，謂
笋上所解之籜耳，非竹篕也。今人亦往往爲笋皮巾，古之遺制也。
韋説失之。吕，古“以”字。籜，音託。【今注】薛：縣名。治
所在今山東滕州市張汪鎮皇殿崗故城。

[2]【顔注】師古曰：愛珍此冠，休息之暇則冠之。

[3]【顔注】師古曰：後遂號爲“劉氏冠”者，即此冠也。
後詔曰“爵非公乘以上，不得冠劉氏冠”者，即此冠。

高祖以亭長爲縣送徒驪山，[1]徒多道亡。自度比至
皆亡之，[2]到豐西澤中亭，止飲，[3]夜皆解縱所送
徒。[4]曰：“公等皆去，吾亦從此逝矣！”[5]徒中壯士願
從者十餘人。高祖被酒，[6]夜徑澤中，[7]令一人行
前。[8]行前者還報曰：“前有大蛇當徑，願還。”高祖
醉，曰：“壯士行，何畏！”乃前，拔劍斬蛇。[9]蛇分爲
兩，道開。[10]行數里，醉因臥。[11]後人來至蛇所，有

一老嫗夜哭。[12]人問嫗:"何哭?"嫗曰:"人殺吾子。"人曰:"嫗子何爲見殺?"嫗曰:"吾子,白帝子也,化爲蛇,當道,今者赤帝子斬之,[13]故哭。"人乃以嫗爲不誠,[14]欲苦之,[15]嫗因忽不見。[16]後人至,高祖覺。[17]告高祖,高祖乃心獨喜,自負。[18]諸從者日益畏之。[19]

[1]【顏注】應劭曰:秦始皇葬於驪山,故郡國送徒士往作。文穎曰:在新豐南。項氏曰:故驪戎國也。【今注】送徒驪山:驪山,秦嶺北側山脈的支峰。在今陝西西安市臨潼區東南。秦始皇於驪山建陵墓,極盡宏大奢華(參見《史記》卷六《秦始皇本紀》),動員民力極多。據本書卷三四《英布傳》記載,"驪山之徒數十萬人"。劉邦送徒驪山,當即爲修陵墓事。

[2]【顏注】師古曰:度,音徒各反。比,音必寐反。他皆類此。

[3]【顏注】師古曰:豐邑之西,其亭在澤中,因以爲名。

[4]【顏注】師古曰:縱,放也。【今注】案,沈欽韓《漢書疏證》引《西京雜記》云:高祖將與故人訣去,徒卒贈高祖酒二壺,鹿肚、牛肝各一,高祖與樂從者飲酒食肉而去。後即帝位,朝晡尚食常具此二炙並酒二壺。

[5]【顏注】師古曰:逝,往也。

[6]【顏注】師古曰:被,加也。被酒者,爲酒所加。被,音皮義反。

[7]【顏注】師古曰:徑,小道也。言從小道而行,於澤中過,故其下曰"有大蛇當徑"。【今注】徑:王先謙《漢書補注》指出,《史記索隱》注云,"徑,舊音'經'"。王氏認爲,當以《索隱》注爲是。荀悅《漢紀》正作"夜行經豐西澤中"。若訓爲

小道，則須增加文字，顏説非。

[8]【顏注】師古曰：行，案行也，音胡更反。

[9]【今注】拔劍斬蛇：沈欽韓《漢書疏證》指出，《三輔黃圖》記載劉太公年輕時在豐、沛山中有奇遇，而得神劍，後賜予劉邦，即此斬白蛇劍。後作爲漢廷聖物藏於府庫。此劍似被魏晉朝廷所繼承，據《晉書·輿服志》記載，晉惠帝時武庫失火，此劍乃燒之。案，所謂斬白蛇劍之收藏不見於《史記》《漢書》，未知是否確實。若果有之，當是漢廷自神其事。

[10]【今注】道開：王先謙《漢書補注》指出，《史記》作“徑開”。

[11]【今注】案，因卧，蔡琪本、大德本作“困卧”。

[12]【今注】嫗：婦女的統稱。

[13]【顏注】應劭曰：秦襄公自以居西，主少昊之神，作西畤，祠白帝。至獻公時櫟陽雨金，以爲瑞，又作畦畤，祠白帝（蔡琪本、大德本、殿本此處有“少昊，金德也”五字）。赤帝，堯後，謂漢也。殺之者，明漢當滅秦也。【今注】案，《史記》載秦用水德當上黑，漢初亦用水德上黑，後武帝時用土德上黃，與此尚赤之記載不合。顧頡剛以爲，此段記載爲西漢後期吹捧“漢家堯後”，認爲漢爲火德者所編造，插入《史記》，後爲《漢書》所承。錢穆則指出此當承襲自五方色帝之説，依五方排列五色，秦在西方故爲白帝子，楚在南方故爲赤帝子，與後起的五德終始之説不同。兩相比較，似以錢氏所言爲長。（參見顧頡剛《五德終始説下的政治和歷史》第十一章《漢爲火德説及秦爲金德説》，《顧頡剛全集》，中華書局 2010 年版；錢穆《評顧頡剛〈五德終始説下的政治和歷史〉》，載《古史辨》第五冊，上海古籍出版社 1982 年版）

[14]【顏注】師古曰：謂所言不實。

[15]【顏注】蘇林曰：欲困苦辱之。師古曰：今書“苦”字或作“笞”。笞，擊也，音丑之反。【今注】苦之：沈欽韓《漢書

疏證》指出，《吕覽·疑似篇》有云"梁北梨丘邑丈人有之市而醉歸者，梨丘之鬼效其子之狀，扶而道苦之"，與此義同。作"笞"者非。王先謙《漢書補注》指出，《史記》作"笞"。徐廣注語云："一作'苦'"。

［16］【顏注】師古曰：見，音胡電反。他皆類此。

［17］【顏注】師古曰：覺，謂寢寐而寤也，音功效反。

［18］【顏注】應劭曰：負，恃也。

［19］【今注】案，梁玉繩《史記志疑》卷六指出，賈誼《新書·春秋》、劉向《新序·雜事二》中皆載晉文公夢見上天殺蛇，認爲是所謂"聖君當道"之象。《宋書》亦載有宋武帝射蛇事。

　　秦始皇帝嘗曰"東南有天子氣"，[1]於是東游以猒當之。[2]高祖隱於芒、碭山澤間，[3]吕后與人俱求，常得之。高祖怪，問吕后，后曰：[4]"季所居上常有雲氣，[5]故從往常得季。"[6]高祖又喜。沛中子弟或聞之，多欲附者。[7]

　　［1］【今注】東南有天子氣：參見王先謙《漢書補注》引王啓原引《晉書·天文志》云："天子氣，内赤外黃，四方所發之處當有王者。若天子欲有遊往處，其地亦先發此氣。或如城門隱隱在氣霧中，恒帶殺氣森森然。或如華蓋在霧氣中。或氣象青衣人無手，在日西。或如龍馬。或雜色鬱鬱衝天者。此皆帝王氣。"

　　［2］【顏注】師古曰：猒，塞也，音一涉反。【今注】案，有觀點認爲，所謂"東南有天子氣"之説，源自楚地强烈的反秦情緒與秦廷對東南地區相對薄弱的控制力。而秦始皇東巡壓勝，有鑿地脈、改地名、污地表乃至掘墳墓之行爲，反而進一步激起了楚地人民的反抗情緒。（參見張夢晗《"東南有天子氣"與秦始皇東游》，《江蘇師範大學學報》2015 年第 5 期）

[3]【顏注】應劭曰：芒，屬沛國。碭，屬梁國。二縣之界有山澤之固，故隱其間。蘇林曰：芒，音忙遽之忙。碭，音唐。師古曰：碭，亦音宕。所言“屬沛國”“梁國”者，皆是注釋之人據見在所屬，非必本時稱號境界（時，蔡琪本、大德本、殿本皆作“當時”）。他皆類此。【今注】芒：縣名。治所在今河南永城市北。　碭：縣名。治所在今河南商丘市下屬永城市北、夏邑縣東南。

[4]【今注】案，問呂后后曰，蔡琪本、大德本、殿本作“問之呂后曰”。

[5]【今注】雲氣：《史記》卷八《高祖本紀》張守節《正義》引京房《易飛候》云：“何以知賢人隱？師曰：‘四方常有大雲，五色具而不雨，其下有賢人隱矣。’”此類思想當即劉邦造作此傳説之背景。

[6]【顏注】師古曰：言隨雲氣所在而求得之。

[7]【今注】案，多欲附者，蔡琪本、大德本、殿本作“多欲附者矣”。

　　秦二世元年[1]秋七月，陳涉起蘄，[2]至陳，[3]自立爲楚王，[4]遣武臣、張耳、陳餘略趙地。[5]八月，武臣自立爲趙王。[6]郡縣多殺長吏以應涉。[7]

[1]【顏注】應劭曰：始皇欲以一至萬，示不相襲。始者一，故稱二世。【今注】秦二世：《史記》卷八《高祖本紀》司馬貞《索隱》引應劭云：“始皇欲以一至萬，示不相襲。始者一，故至子稱二世。”又引崔浩云：“二世，始皇子胡亥。”又引《善文》云：“隱士云‘趙高爲二世殺十七兄而立今王’，則二世是第十八子也。”　元年：《史記·高祖本紀》裴駰《集解》引徐廣云“高祖時年四十八”。

[2]【顏注】蘇林曰：蘄，音機，縣名，屬沛國。【今注】陳涉：名勝，字涉。傳見本書卷三一。　蘄：縣名。治所在今安徽宿州市南。陳勝起事具體地點在蘄縣之大澤鄉。

[3]【今注】陳：縣名。屬淮陽郡。治所在今河南商丘市睢陽區。

[4]【顏注】李奇曰：秦滅楚，楚人怨秦，故涉因民之欲，自稱楚王，從民望也。【今注】自立爲楚王：《史記·高祖本紀》此處作“至陳而王，號爲‘張楚’”。班固此改寫意在强調“自立”，以否定陳勝政權的合法性。不過，本書卷三一《陳勝傳》仍有云“勝乃立爲王，號張楚”。秦末反秦勢力中，除齊國田儋兄弟以外，其餘各大勢力皆或出於、或依附張楚政權。陳勝被視爲反秦之共主，其法統地位由秦末至漢初皆被承認。是以後來項梁以“秦嘉背陳王立景駒”爲名擊殺秦嘉，而劉邦在稱帝後將陳勝（楚隱王）與魏安釐王、齊愍王、趙悼襄王並列，置守冢者十家。出土的長沙馬王堆三號漢墓帛書中，更是用張楚紀年而不用秦二世紀年，秦末漢初之重張楚法統由此可見一斑。但情況在後來逐漸發生變化。文帝時，賈誼已以“甕牖繩樞之子，氓隸之人，而遷徙之徒”貶低陳勝。至武帝時，司馬遷雖從歷史事實出發尊重“楚”的地位，然亦不得不被此觀念影響妥協，降陳勝至“世家”，僅予有貴族身份的項籍以法統地位。至班固，乃降陳勝、項籍同傳，徹底否定其法統地位。參見史記卷七《項羽本紀》、卷八《高祖本紀》，本書卷一下《高紀下》、卷三一《陳勝傳》，田餘慶《説張楚——關於“亡秦必楚”問題的探討》（《歷史研究》1989 年第 2 期）。

[5]【顏注】師古曰：凡言略地者，皆謂行而取之，用功力少。【今注】武臣：陳人，奉陳勝令攻趙而自立，後因其將李良叛變而被殺。事見本書卷三一《陳勝傳》、卷三二《張耳陳餘傳》。

張耳：大梁（今河南開封市西北）人，曾爲信陵君魏無忌門客。後爲魏國外黃令，亦養門客，劉邦少年時曾從之。秦滅魏，張耳遭通緝。秦末陳勝起義，張耳乃投之，輔佐其將武臣滅趙爲王。武臣死後趙歇立爲趙王，張耳爲相，後爲章邯圍於鉅鹿，被項羽解救後隨其入關滅秦，受封爲常山王，後爲陳餘擊破，乃降於劉邦。漢三年（前 204）奉命與韓信破趙，漢四年被劉邦封爲趙王，漢五年去世。傳見本書卷三二。　陳餘：大梁人，本爲張耳至交，章邯圍張耳於鉅鹿時，陳餘因兵少不敢主動救援，終致二人反目，陳餘乃辭官爲庶民。後因不服項羽之分封，乃從田榮借兵擊破張耳，復立趙歇爲趙王。陳餘自封爲代王而兼趙國太傅。漢三年韓信與張耳擊趙，背水一戰大破趙軍，陳餘被殺，趙歇被虜。傳見本書卷三二。

［6］【今注】案，《史記·高祖本紀》此處未記武臣等略趙地及自立事，爲《漢書》所補。

［7］【今注】長吏：縣令長、尉、丞以上的地方官。

　　九月，沛令欲以沛應之。^[1]掾、主吏蕭何、曹參曰：^[2]“君爲秦吏，今欲背之，帥沛子弟，恐不聽。願君召諸亡在外者，^[3]可得數百人，因以劫衆，^[4]衆不敢不聽。”乃令樊噲召高祖。^[5]高祖之衆已數百人矣。^[6]

［1］【今注】九月：《史記》卷八《高祖本紀》此處不載時間，爲《漢書》所補。　沛令欲以沛應之：《史記·高祖本紀》此句作“沛令恐，欲以沛應涉”。

［2］【顏注】師古曰：曹參爲掾，蕭何爲主吏。【今注】掾：本意爲輔佐，後被用以統稱副官、佐吏等官署吏員。　曹參：初爲沛縣獄掾，後隨劉邦起事。楚漢相爭時副韓信北征，戰功第一。擊滅項羽後任齊相，惠帝時繼蕭何爲相國，各項政事一依蕭何舊時，有“蕭規曹隨”之稱。傳見本書卷三九。

［3］【顏注】師古曰：時苦秦虐政，賦役煩多，故有逃亡

辟吏。

[4]【顏注】師古曰：劫，謂威脅之。

[5]【顏注】師古曰：噲，音快。【今注】令樊噲召高祖：樊噲是劉邦連襟，其妻呂嬃爲呂后之妹。隨劉邦起事，戰功頗多，有勇武之名。獲封舞陽侯。樊噲本亦與劉邦同隱於芒碭，故令其召之。樊噲傳見本書卷四一。

[6]【今注】數百人：王先謙《漢書補注》指出，《史記》作“數十百人”。

於是樊噲從高祖來。沛令後悔，恐其有變，乃閉城城守，[1]欲誅蕭、曹。蕭、曹恐，踰城保高祖。[2]高祖乃書帛射城上，[3]與沛父老曰：“天下同苦秦久矣。今父老雖爲沛令守，諸侯並起，今屠沛。[4]沛今共誅令，擇可立立之，以應諸侯，即室家完。[5]不然，父子俱屠，無爲也。”父老乃帥子弟共殺沛令，開城門迎高祖，欲以爲沛令。高祖曰：“天下方擾，諸侯並起，[6]今置將不善，一敗塗地。[7]吾非敢自愛，恐能薄，[8]不能完父兄子弟。[9]此大事，願更擇可者。”[10]蕭、曹皆文吏，自愛，恐事不就，[11]後秦種族其家，[12]盡讓高祖。諸父老皆曰：“平生所聞劉季奇怪，[13]當貴，且卜筮之，莫如劉季最吉。”高祖數讓，衆莫肯爲。[14]高祖乃立爲沛公。[15]祠黃帝，祭蚩尤於沛廷，[16]而釁鼓，[17]旗幟皆赤，[18]由所殺蛇白帝子，所殺者赤帝子故也。於是少年豪吏如蕭、曹、樊噲等皆爲收沛子弟，得三千人。[19]

[1]【顏注】師古曰：城守者，守其城也。守，音狩。他皆類此。

[2]【顏注】師古曰：保，安也，就高祖以自安。

[3]【今注】案，城上，蔡琪本、殿本作"上城"。王先謙《漢書補注》指出，《史記》、荀悅《漢紀》皆作"城上"。

[4]【顏注】師古曰：屠，謂破取城邑，誅殺其人，如屠六畜然。【今注】屠：《史記》卷八《高祖本紀》司馬貞《索隱》引范曄云"剋城多所誅殺，故云屠也"。

[5]【顏注】師古曰：完，全也。

[6]【顏注】師古曰：擾，亂也。

[7]【顏注】師古曰：一見破敗即當肝腦塗地。

[8]【顏注】師古曰：能，謂材也。能本獸名，形似熊，足似鹿，爲物堅中而強力（強，蔡琪本作"彊"），故人謂有賢材者皆屬能（謂，蔡琪本、大德本、殿本作"之"；爲，蔡琪本、大德本、殿本作"謂之"）。

[9]【顏注】師古曰：鄉邑之人，老及長者父兄之行，少及幼者子弟宗黨（宗，蔡琪本、大德本、殿本作"之"），故總而言之。

[10]【今注】願更擇可者：《史記·高祖本紀》作"願更相推擇可者"。

[11]【顏注】師古曰：就，成也。【今注】恐事不就：本書卷三一《陳勝傳》載陳嬰之母勸陳嬰之語云："不如有所屬，事成猶得封侯，事敗易以亡，非世所指名也。"與蕭、曹之顧慮相類。

[12]【顏注】師古曰：誅及種族也。【今注】案，關於蕭何宗族規模，本書卷三九《蕭何傳》云："且諸君獨以身從我，多者三兩人；蕭何舉宗數十人皆隨我，功不可忘也。"

[13]【今注】平生所聞劉季奇怪：前文所列劉邦的諸多奇事當即此時所造，與陳涉起事前的魚腹狐鳴之屬相類。

[14]【顏注】師古曰：數，音所角反。他皆類此。

[15]【顏注】孟康曰：楚舊僭稱王，其縣宰爲公。陳涉爲楚王，沛公起應涉，故從楚制稱曰公。

[16]【顏注】應劭曰：黃帝戰於阪泉，以定天下。蚩尤亦古天子，好五兵，故祠祭之，求福祥也。臣瓚曰：《孔子三朝記》云蚩尤庶人之貪者，非天子也。管仲曰“割廬山發而出水，金從之出，蚩尤受之以作劍戟”也。師古曰：瓚所引者同是《大戴禮》，出《用兵篇》，而非《三朝記》也。其餘則如應説。沛廷，沛縣之廷。【今注】蚩尤：上古傳説中的人物，與黃帝作戰而爲之所殺。因傳説其發明五兵，故在秦漢時被作爲戰神祭祀。《史記·封禪書》祠八神，其中兵主所祠，即蚩尤。關於蚩尤的身份，史籍記載頗爲歧異，最爲常見的説法是指蚩尤爲炎帝臣子，因不服從炎帝而被炎、黃在涿鹿之戰中聯合消滅。然炎帝與黃帝亦曾發生過阪泉之戰，且阪泉與涿鹿很可能是一個地方，而且在史籍中亦頗有關於二人聯繫的蛛絲馬迹的記載。因此，有觀點認爲，炎帝與蚩尤實爲一人。亦有觀點認爲，炎帝爲稱號，蚩尤繼神農氏擔任了炎帝。還有觀點認爲，因炎、黃後裔融合，因而後人構建了黃帝、蚩尤之戰來代替黃帝、炎帝之戰。要之蚩尤身份與炎帝當有着一而二、二而一的緊密關係。（參見吕思勉《先秦史》第七章第一節《炎黃之爭》，上海古籍出版社 1982 年版；田兆元、明亮《論炎帝稱謂的諸種模式與兩漢文化邏輯》，《華東師範大學學報》2007 年第 3 期；劉全志《先秦話語中黃帝身份的衍生及相關文獻形成》，《中國社會科學》2015 年第 11 期）又，本書《天文志》有云“蚩尤之旗，類彗而後曲，象旗。見則王者征伐四方”。吴仁傑《兩漢刊誤補遺》卷一認爲，此處劉邦所祠蚩尤及《封禪書》所祠兵主皆指彗星蚩尤之旗而言。

[17]【顏注】應劭曰：釁，祭也。殺牲以血塗鼓釁呼爲釁。臣瓚曰：《禮記》及《大戴禮》有釁廟之禮，皆無祭事。師古曰：

許慎云"釁，血祭也"，然即凡殺牲以血祭者皆爲釁，安在其無祭事乎！又古人新成鐘鼎，亦必釁之，豈取釁呼爲義！應氏之説亦未允也。呼，音火亞反。【今注】釁（xìn）：將牲畜的血塗抹在器物上用以祭祀。

　　[18]【顏注】師古曰：幟，幖也，音式志反。旗旐之屬，即總稱焉（蔡琪本、大德本、殿本"即"前有"幟"字），史家字或作"識"，或作"志"，音義皆同。

　　[19]【今注】案，三千人，《史記·高祖本紀》此處作"二三千人"。

　　是月，項梁與兄子羽起吳。[1]田儋與從弟榮、橫起齊，[2]自立爲齊王。韓廣自立爲燕王。[3]魏咎自立爲魏王。[4]陳涉之將周章西入關，至戲，[5]秦將章邯距破之。[6]

　　[1]【今注】項梁與兄子羽：項梁，下相縣（今江蘇宿遷市西南）人，戰國末年楚國名將項燕之子，項羽叔父。羽，項羽。二人事見本書卷三一《項籍傳》。　吳：漢會稽郡的治所吳縣（今江蘇蘇州市吳中區）。項氏叔侄於吳縣起事，詳見本書《項籍傳》。案，吳本爲春秋諸侯國名，據有今江蘇、上海大部和安徽、浙江部分地區，公元前473年爲越國所滅。然其舊有統治地區被視作"吳地"，在地理區劃上的影響長期流傳。此處將項氏叔侄起吳與田氏起齊並列，則此"吳"當亦有指代吳地之雙關意義。

　　[2]【顏注】服虔曰：儋，音負擔之擔。師古曰：音丁甘反。【今注】田儋與從弟榮橫：齊國王族田氏之後，三人事見本書卷三三《田儋傳》。　齊：本爲周代諸侯國，在春秋早期齊桓公時，已統治今山東泰山以北的黃河流域及膠東半島地區。公元前221年爲秦所滅，然其舊有統治地區仍長期被視作"齊地"。

　　[3]【今注】韓廣自立：武臣奉陳勝命北伐後自立爲趙王，令其將韓廣攻破燕地，韓廣乃效武臣，自立爲燕王。項羽破秦後封隨其入關的燕將臧荼爲燕王，徙韓廣爲遼東王。韓廣不願遷徙，而爲臧荼所殺。　燕：秦末漢初諸侯王國名。大略包括廣陽、上谷、漁陽、右北平、遼東、遼西六郡，相當於今北京市、河北北部、遼寧等地。

　　[4]【今注】魏咎：魏國王族。魏國尚在時封甯陵君，在陳勝起義後投奔陳勝。陳勝遣魏人周市徇魏地，周市乃請立魏咎爲魏王。後魏國爲章邯擊破，周市死，魏咎爲保民衆而約降，定約後自殺。事見本書卷三三《魏豹傳》。　自立：《史記·秦楚之際月表》云：“九月，項梁起吳，田儋起齊，沛公初起，韓廣起燕。十二月，魏咎起魏。”“九月”欄云“魏王咎始。咎在陳，不得歸國”。“十二月”欄云“咎自陳歸，立”。據此《表》記載，沈欽韓《漢書疏證》指出，當時爲陳勝所派將軍周市遥立魏咎，直至十二月陳勝死後，魏咎方赴魏爲魏王。　魏：秦末諸侯王國名。都平陽（今山西臨汾市西南），轄境相當於今河南内黄縣、滑縣、新鄉縣以西，黄河以北地區及山西中部、南部地區。　案，由“是月”至此句，《史記》卷八《高祖本紀》無，類似内容略記在秦二世二年：“燕、趙、齊、魏皆自立爲王。項氏起吳。”此段文字當爲《漢書》據《史記·秦楚之際月表》補。

　　[5]【顔注】應劭曰：章字文，陳人也。戲，弘農湖縣西界也。孟康曰：水名也。蘇林曰：在新豐東南三十里。師古曰：戲，在新豐東，今有戲水驛。其水本出藍田北界横領（領，蔡琪本、殿本作“嶺”），至此而北流入渭。孟、蘇説是。東越鄭及華陰數百里，然始至湖西界。應説大失之矣。戲，音許宜反。【今注】周章：一名周文，曾在楚國項燕軍中占卜時日凶吉，陳涉起事後以其爲將西征，至長安旁之戲縣，爲章邯所敗，先後退至曹陽、澠池，復爲章邯所破，乃自殺。　關：即函谷關。在今河南靈寶市

境。戰國秦置。漢武帝元鼎三年（前 114）徙關至今河南新安縣東，是爲新關，西去故關三百里。三國魏正始元年（240）廢。

戲：縣名。治所在今陝西西安市臨潼區東北四十里戲水（參見后曉榮《秦代政區地理》，社會科學文獻出版社 2009 年版，第 135 頁）。

案，此事《史記·高祖本紀》記於秦二世二年，作“陳涉之將周章軍西至戲而還”。查諸《史記·秦楚之際月表》，是年九月周章兵至戲而敗，至十一月戰死，按秦時所用顓頊曆，已入次年。然則《漢書》以其初敗時繫年，而《史記》則爲終言之。

[6]【顏注】蘇林曰：邯，音酒酣之酣。師古曰：音卜甘反。【今汪】章邯：時任秦廷任少府，奉秦二世令率驪山刑徒擊殺周章，復率軍先後擊破陳勝、項梁。後與王離等圍趙相張耳於邯鄲，然在鉅鹿之戰中被項羽擊敗，復因不受趙高信任，乃降。項羽破秦後，封章邯爲雍王。後劉邦攻入關中，破雍都廢丘，章邯自刎而亡。

秦二年十月，[1]沛公攻胡陵、[2]方與，[3]還守豐。秦泗川監平將兵圍豐[4]二日，出與戰，破之。令雍齒守豐。[5]十一月，沛公引兵之薛。[6]秦泗川守壯兵敗於薛，[7]走至戚，[8]沛公左司馬得殺之。[9]沛公還軍亢父，[10]至方與。[11]趙王武臣爲其將所殺。[12]十二月，楚王陳涉爲其御所殺。[13]魏人周市略地豐、沛，[14]使人謂雍齒曰：“豐，故梁徙也，[15]今魏地已定者數十城。齒今下魏，魏以齒爲侯守豐；[16]不下，且屠豐。”雍齒雅不欲屬沛公，[17]及魏招之，即反爲魏守豐。[18]沛公攻豐，不能取。沛公還之沛，[19]怨雍齒與豐子弟畔之。[20]

[1]【顏注】文穎曰：十月，秦正月。始皇即位，周火德，

以五勝之法勝火者水，秦文公獲黑龍，此水德之瑞，於是更名河爲“德水”，十月爲正月，謂建亥之月水得位，故以爲歲首。【今注】案，秦二年，《史記》卷八《高祖本紀》作“秦二世二年”。

十月：秦用顓頊曆，以農曆十月爲歲首，漢初承之，至漢武帝太初元年（前104）改用太初曆，纔以農曆一月爲歲首。詳見下文漢元年“春正月”之注。

［2］【顏注】鄧展曰：屬山陽，章帝元和元年改爲胡陸。【今注】胡陵：縣名。治所在今山東魚臺縣東南。

［3］【顏注】鄭氏曰：音房預，屬山陽郡。【今注】方與：縣名。治所在今山東魚臺縣西。案，《漢書考證》齊召南指出，《史記·高祖本紀》記此攻伐事在上年之末，此從《秦楚之際月表》在二年十月。凡《漢書》月日與《史記》本紀不同者，皆據《月表》。今案，《史記·高祖本紀》所叙當是連及言之，此事之時間當以《漢書》爲準。

［4］【顏注】文穎曰：泗川，今沛郡也，高祖更名沛。秦時御史監郡，若今刺史。平，其名也。師古曰：泗川郡，“川”字或爲“水”，其實一也。【今注】泗川：何焯《義門讀書記》卷一五、錢大昭《漢書辨疑》指出，《漢書·地理志》、卷四〇《周勃傳》皆作“泗水郡”，王先謙《漢書補注》認爲，這是因爲隸書中“川”“水”二字形近導致的訛誤。泗水，秦郡名。治相縣（今安徽濉溪縣西北）。漢高祖六年（前201），分其北部爲彭城郡，南部爲沛郡。　監：職官名。即監御史的簡稱，又作“監察史”“監察御史”。隸屬於御史大夫，主要負責監察地方官吏。至漢武帝時設刺史，乃廢監御史一職。

［5］【今注】雍齒：沛人，與縣豪王陵爲好友。從劉邦起兵，反叛後復歸，立功頗多。高祖六年，漢封功臣，衆人擔心不得封賞，高祖用張良計，封雍齒爲什邡侯。

［6］【今注】十一月：此句《史記·高祖本紀》無，爲《漢

書》所補。　薛：縣名。治所在今山東滕州市張汪鎮皇殿崗故城。

[7]【顏注】如淳曰：秦并天下爲三十六郡，置守、尉、監。此泗川有監有守。壯，其名也。【今注】守：郡守。戰國時始置，爲一郡最高行政長官。

[8]【顏注】鄭氏曰：音憂戚之戚。如淳曰：音將毒反。師古曰：東海之縣也，讀如本字。【今注】戚：縣名。治所在今山東微山縣，屬東海郡。但《漢書考證》齊召南認爲，東海郡戚縣距沛縣太遠，此當指沛郡廣戚縣。王先謙《漢書補注》認爲，此指碭郡轅戚縣。廣戚，治所在今江蘇沛縣東。轅戚，治所在今山東嘉祥縣。

[9]【顏注】師古曰：得者，司馬之名。【今注】左司馬：武官名。大司馬屬官。掌領兵作戰，分左、右。　得：《史記·高祖本紀》此處作"沛公左司馬得泗川守壯"。然則"得"當爲"獲得"之意，非人名。是以司馬貞《索隱》指出，顏師古注誤。司馬貞認爲，此左司馬即後文之左司馬曹毋傷。然王先謙《漢書補注》指出，在劉邦麾下爲左司馬者，除曹毋傷外，根據《功臣表》，還有孔聚、陳賀、唐厲。

[10]【顏注】鄭氏曰：鄭氏，王先謙《漢書補注》指出裴駰《史記集解》引作"鄭德"。亢，音人相抗答。父，音甫。屬任城郡。【今注】亢父：縣名。治所在今山東濟寧市南。

[11]【今注】案，《史記·高祖本紀》此處有"未戰"二字。

[12]【今注】武臣爲其將所殺：趙將李良本爲秦將，復爲秦所誘降，乃擊殺武臣，後降章邯。

[13]【今注】案，其御，蔡琪本、大德本、殿本皆作"其御莊賈"。以上數句《史記·高祖本紀》無，皆爲《漢書》所補。

[14]【今注】魏人周市略地豐沛：此句《史記·高祖本紀》作"陳王使魏人周市略地"。周市，魏人，本爲陳勝手下將軍，奉陳勝令占領魏地後，尊立魏王族之後魏咎爲魏王，後爲章邯攻殺，

事見本書卷三三《魏豹傳》。

[15]【顏注】文穎曰：晉大夫畢萬封魏，今河東河北縣是也。其後爲秦所逼徙都，今魏郡魏縣是也。至文侯孫惠王畏秦，復徙都大梁，今浚儀縣大梁亭是也。故世或言“魏惠王”，或言“梁惠王”。至孫假爲秦所滅，轉東徙於豐，故曰“豐，故梁徙也”。臣瓚曰：《史記》及《世本》，畢萬居魏，昭子徙安邑，文侯亦居之。《汲郡古文》云：“惠王之六年，自安邑遷于大梁。”師古曰：魏不常都於魏郡魏縣。瓚説是也。其他即如文氏之釋。【今注】故梁徙：梁，指魏國國都大梁（今河南開封市西北）。秦國滅魏後，將大梁人口東遷於豐邑。

[16]【顏注】師古曰：封爲侯，因令守豐。

[17]【顏注】蘇林曰：雅，素也。

[18]【顏注】師古曰：爲，音于僞反。

[19]【今注】還：王先謙《漢書補注》指出，《史記》此處作“病還”。

[20]【今注】畔：同“叛”。叛亂。 案，王先謙《漢書補注》指出，《史記》接此句後云“聞東陽甯君、秦嘉立景駒爲假王……”直接接劉邦從景駒之事。而《漢書》在其中叙入張耳事。王氏認爲，《漢書》此改動令文氣稍隔，是爲改《史記》之失者。今案，《漢書》據《史記·秦楚之際月表》依時序補入張耳事及劉邦從景駒之事，於文學性而言確有負面影響，然於史學性而言，則便於讀者把握時間脈絡，不可輕易否定。《史記》本卷之所以多有連及而言的文字，其原因有二。其一，《史記》主要利用《表》確定時間脈絡，故而在書寫《本紀》時未嚴格遵照時間。其二，具體到本卷內容，在劉邦封漢王之前，《史記》以秦爲正統，其時間綱目當由《秦始皇本紀》負責，故而《高祖本紀》對漢元年之前的時間記載尤爲疏略。《漢書》在《表》之外，對《紀》的時間綱目作用較《史記》更爲重視。具體到此卷，因《漢書》斷代爲史，

之前無秦代之"紀"，故對早期事件之時間綱目亦當由《高紀》負責。是以《漢書》此改動較爲嚴格的按時間梳理，增强了《紀》的時間綫索作用，尤其對秦末反秦勢力的時間綫索梳理得較爲明晰，對學者研究自有便利之處。清人章學誠《文史通義·內篇一》有謂"史氏繼《春秋》而有作，莫如馬、班；馬則近於圓而神，班則近於方以智也"。《漢書》此改動對其"方以智"特點的體現最爲明顯。

　　正月，張耳等立趙後趙歇爲趙王。[1]束陽甯君、秦嘉立景駒爲楚王，[2]在留。[3]沛公往從之，道得張良，遂與俱見景駒，請兵以攻豐。[4]時章邯從陳，別將[5]司馬𡰥將兵北定楚地，[6]屠相，[7]至碭。東陽甯君、沛公引兵西，與戰蕭西，[8]不利，還收兵聚留。二月，[9]攻碭，三日拔之。[10]收碭兵，得六千人，[11]與故合九千人。三月，[12]攻下邑，拔之。[13]還擊豐，不下。[14]四月，項梁擊殺景駒、秦嘉，止薛，沛公往見之。[15]項梁益沛公卒五千人，五大夫將十人。[16]沛公還，引兵攻豐，拔之。雍齒奔魏。[17]

　　[1]【顏注】鄭氏曰（鄭，殿本作"蘇"）：歇，音遏絶之遏。蘇林曰：歇，音毒歇。師古曰：依本字以讀之，不當借音。【今注】案，此句《史記》卷八《高祖本紀》無，爲《漢書》所補。趙歇，趙國宗室，在武臣死後被張耳、陳餘等人立爲趙王。項羽破秦後，分趙國爲二，封張耳爲常山王，趙歇爲代王。陳餘不服，從田榮處借兵擊破張耳，復立趙歇爲趙王，自爲代王。漢三年（前204），劉邦命韓信、張耳等襲破趙國。陳餘被殺，趙歇被俘。之後其事迹不詳。

［2］【顏注】文穎曰：秦嘉，東陽郡人，爲甯縣君。景駒，楚族。景，氏。駒，名也。晉灼曰：東陽，縣也。臣瓚曰：《陳勝傳》云"淩人秦嘉"，然即嘉非東陽人。嘉初起於郯，號大司馬，又不爲甯縣君。東陽甯君自一人，秦嘉又一人。師古曰：東陽甯君及秦嘉二人是也（是，殿本作"目"）。東陽者，爲其所屬縣名。甯君者，姓甯，時號爲君。【今注】東陽：縣名。治所在今山東武城縣東北。　秦嘉：事見本書卷三一《陳勝傳》。　景駒：楚國貴族後裔。陳勝敗亡後，被秦嘉立爲楚王。後項梁擊殺秦嘉，景駒逃死於梁地。

［3］【顏注】師古曰：留，縣名。【今注】留：縣名。治所在今江蘇沛縣東南。

［4］【今注】道得張良：此句《史記·高祖本紀》無，爲《漢書》所補。時張良亦聚百餘少年投奔景駒，道逢劉邦。張良，韓國貴族後裔，祖、父皆任丞相。曾雇傭力士刺殺秦始皇，後起兵反秦，初欲恢復韓國，未成，乃歸漢，成爲劉邦首席謀士，漢初三傑之一。受封留侯。傳見本書卷四〇。　請兵以攻豐：《史記·高祖本紀》作"欲請兵以攻豐"，似僅爲計劃，其後未能明言。

［5］【顏注】如淳曰：從陳涉將也。涉在陳，其將相別在他許，皆稱陳。師古曰：從，謂追討也。《尚書》曰"夏師敗績，湯遂從之"。【今注】陳：縣名。治所在今河南淮陽縣。

［6］【顏注】如淳曰：㞙，章邯司馬。師古曰："㞙"，古"夷"字。【今注】司馬㞙：周壽昌《漢書注校補》指出，《樊噲傳》有云"與司馬㞙戰碭東"，其上並無章邯事。㞙，疑亦秦將。司馬，爲其姓，非官稱。若其爲章邯之司馬，當以"章邯"冠於上，不能隔一事稱呼。今案，《史記·高祖本紀》司馬貞《索隱》釋此句意爲，章邯戰於陳，而令司馬㞙北攻楚地。據此，樊噲與司馬㞙戰，而不及章邯事，自在情理之中。

［7］【顏注】師古曰：相，縣也。【今注】相：縣名。治所在

今安徽濉溪縣西北。

[8]【顏注】師古曰：蕭縣之西。【今注】蕭：縣名。治所在今安徽蕭縣西北。

[9]【今注】二月：此句《史記·高祖本紀》無，爲《漢書》所補。

[10]【顏注】師古曰：拔者，克城邑而取之（克，蔡琪本、大德本、殿本作“破”），言若拔樹木，并得其根（根，蔡琪本、大德本、殿本作“根本也”）。

[11]【今注】案，得六十人，《史記·高祖本紀》作“得五六千人”。

[12]【今注】案，以上兩句《史記·高祖本紀》皆無，爲《漢書》所補。與故合九千人，前文云“少年豪吏如蕭、曹、樊噲等皆爲收沛子弟，得三千人”，再加碭兵六千人，合計正爲九千人。

[13]【顏注】師古曰：下邑，縣名。【今注】下邑：縣名。秦時屬碭郡（漢時改爲梁國），治所在今安徽碭山縣。

[14]【今注】案，《史記·高祖本紀》此句作“還軍豐”。

[15]【今注】項梁擊殺景駒秦嘉：陳勝使者召平聞章邯擊破陳勝，乃矯陳勝令拜項梁爲上柱國，令其西征以救陳勝。項梁率軍西征，秦嘉距之，項梁乃以“秦嘉背陳王立景駒，大逆亡道”爲名擊殺景駒、秦嘉。事見本書卷三一《項籍傳》。案，《史記·高祖本紀》此處不叙項梁殺景駒事，但云“（沛公）聞項梁在薛，從騎百餘往見之”。之所以如此，當因劉邦此時本爲景駒之臣，投項梁有背主投敵之嫌，故在其本傳中略項梁殺景駒事，以爲其諱。全此乃爲班固所直書。

[16]【顏注】蘇林曰：五大夫，弟九爵名（弟，蔡琪本、殿本“第”）。以五大夫爲將，凡十人。【今注】五大夫將：爵位爲五大夫的將軍。五大夫，漢承秦制，行二十等爵制，以酬軍功，五大夫爲第九級。二十等爵名具體參見本書《百官公卿表上》，其內

部又有民爵與官爵之分，普通民衆與下級吏員祇能授予民爵，官爵祇授予秩禄較高的官吏。秦末漢初之際，似以第七級公大夫以上爲官爵，後來標準逐漸提高，第八級公乘、第九級五大夫先後成爲官爵之標準，最終確定以第九級五大夫以上爲官爵，五大夫以上的爵位祇授予六百石以上的官員。故此處向諸官員賜爵之下限自五大夫起。漢興以來承平日久，賞封日濫，至漢末三國，吏民已普遍具有公乘爵，此爵制已名存實亡。參見本書《百官公卿表》今注所引錢大昭《漢書辨疑》、凌文超《漢初爵制結構的演變與官、民爵的形成》（《中國史研究》2012 年第 1 期）。

[17]【今注】案，"拔之雍齒奔魏"句，《史記·高祖本紀》無，或是《漢書》據《史記·秦楚之際月表》所補。

　　五月，項羽拔襄城還。[1] 項梁盡召別將。[2] 六月，沛公如薛，[3] 與項梁共立楚懷王孫心爲楚懷王。[4] 章邯破殺魏王咎、齊王田儋於臨濟。[5]

[1]【今注】五月：此句《史記》卷八《高祖本紀》作"從項梁月餘"。此具體月份爲《漢書》所補。　襄城：縣名。治所在今河南襄城縣。

[2]【顏注】師古曰：別將，謂小將別在他所者。

[3]【顏注】師古曰：如，往也。他皆類此。

[4]【顏注】應劭曰：六國爲秦所并，楚最無罪，爲百姓所思，故求其後，立爲楚懷王，以祖謚爲號，順民望也。【今注】心：戰國時楚懷王之孫，名熊心。項梁擁立其爲王，仍稱楚懷王。秦亡被項羽尊爲義帝，遷往長沙郴縣（今湖南郴州市），於途中被殺。

[5]【顏注】師古曰：破其軍而殺其身。【今注】臨濟：古邑名。故治有兩説，一説在今山東高青縣高宛西北，一説在今河南長

垣縣西南。

　　七月，大霖雨。[1]沛公攻亢父。章邯圍田榮於東阿。[2]沛公與項梁共救田榮，大破章邯東阿。田榮歸，沛公、項羽追北，[3]至城陽，[4]攻屠其城。軍濮陽東，[5]復與章邯戰，又破之。[6]

　　[1]【顏注】師古曰：雨三日以上爲霖。

　　[2]【今注】東阿：縣名。治所在今山東陽穀縣東北阿城鎮。

　　[3]【顏注】服虔曰：師敗曰北。韋昭曰：古“背”字也，背去而走也。師古曰：北，陰幽之處，故謂退敗奔走者爲北。《老子》曰“萬物向陽而負陰”，許慎《說文解字》云“北，乖也”。《史記·樂書》曰“紂爲朝歌北鄙之音。朝歌者，不時；北者，敗也；鄙者，陋也”，是知北則訓乖（則，蔡琪本、大德本、殿本作“即”），訓敗，無勞借音。韋昭之徒並爲妄矣。

　　[4]【今注】城陽：縣名。治所在今山東菏澤市東北。

　　[5]【今注】濮陽：縣名。治所在今河南濮陽市西南。

　　[6]【今注】案，由“項梁盡召別將”句至此，《史記》卷八《高祖本紀》作“項梁盡召別將居薛。聞陳王定死，因立楚後懷王孫心爲楚王，治盱台。項梁號武信君。居數月，北攻亢父，救東阿，破秦軍。齊軍歸，楚獨追北，使沛公、項羽別攻城陽，屠之。軍濮陽之東，與秦軍戰，破之”。兩相對比，《漢書》修改之優點在於補充了時間、背景等內容，有助於讀者理解。缺點在於，爲了突出劉邦，有意抹去陳勝在當時受到公認的法統，淡化項梁、項羽等人的地位與事迹。

　　章邯復振，[1]守濮陽，環水。[2]沛公、項羽去，[3]

攻定陶。[4]

[1]【顏注】李奇曰：振，整也。如淳曰：振，起也。收散卒自振迅而起。晉灼曰：《左氏》云"振廢滯"。如説是也。【今注】章邯復振：《史記》卷八《高祖本紀》此處作"秦軍復振"。

[2]【顏注】文穎曰：決水以自環守爲固也。張晏曰：依河水以自環繞作壘。師古曰：文説是也。環，音官。【今注】環水：《史記·高祖本紀》張守節《正義》云："其濮陽縣北臨黃河，言秦軍北阻黃河，南鑿溝引黃河水環繞作壁壘爲固，楚軍乃去。"

[3]【今注】案，此句《史記·高祖本紀》作"楚軍去"。

[4]【今注】定陶：縣名。治所在今山東荷澤市定陶區西北古陶邑。

八月，田榮立田儋子市爲齊王。[1]定陶未下，沛公與項羽西略地至雍丘，[2]與秦軍戰，大敗之，斬三川守李由。[3]還攻外黃，外黃未下。[4]

[1]【今注】案，以上兩句《史記》卷八《高祖本紀》無，爲《漢書》所補。

[2]【今注】雍丘：縣名。治所在今河南杞縣。

[3]【顏注】應劭曰：三川，今河南郡也。由，李斯子。韋昭曰：有河、洛、伊，故曰三川也。【今注】三川：郡名。漢代改名河南，治洛陽（今河南洛陽市東北）。 李由：秦相李斯之長子。案，周壽昌《漢書注校補》指出，《史記》卷八七《李斯列傳》，二世初立，"趙高曰'丞相長男李由爲三川守，楚盜陳勝等皆丞相傍縣之子，以故楚盜公行，過三川，城守不肯擊'"，又云"及二世案三川之守至，則項梁已擊殺之"，"二年七月，具斯五刑，論腰斬咸陽市"。據此，周氏認爲，李斯被譖是因李由，由死又在斯被

刑前。今案，因周氏所據《李斯列傳》存在嚴重問題，故其所言細節有誤。如此正文記載，李由實戰死於二世二年（前208）八月，李斯既死在其後，自不當死於七月。當從《史記》卷六《秦始皇本紀》所載，被殺於二世三年冬。而據《秦始皇本紀》記載，李斯獲罪的直接原因是因其與馮去疾、馮劫進諫，觸怒了秦二世。李由敗死並非直接原因。事實上，從史料來源的角度講，《本紀》多來自檔案，《列傳》多有傳言，如無充足的理由，矛盾處自當以《本紀》爲準。且今本《史記·李斯列傳》後半部分前後矛盾、重複、不合情理之處極多，當多有後人竄亂之處，並非全出司馬遷手筆。（參見安于毓《李斯"督責之書"係僞作辨》，《史學月刊》2013年第7期；《李斯卒年考辨》，《中國史研究》2013年第3期；《〈史記〉秦代史事辨疑三題》，載《形象史學研究（2013）》，人民出版社2014年版；《〈史記〉所載秦二世史事辨疑》，載《形象史學研究（2015/上半年）》，人民出版社2015年版；《秦二世"望夷之禍"時間考辨》，《中國史研究》2016年第1期）

[4]【今注】外黃：縣名。治所在今河南民權縣西北。

項梁再破秦軍，有驕色。宋義諫，[1]不聽。秦益章邯兵。

[1]【今注】宋義：《史記》卷八《高祖本紀》司馬貞《索隱》指出，荀悅《漢紀》稱"故楚令尹宋義"。項梁不聽其諫，而令其使齊。項梁死後，宋義受到楚懷王重用，以上將軍率楚軍救趙，途中爲項羽所殺。

九月，章邯夜銜枚擊項梁定陶，[1]大破之，殺項梁。時連雨，自七月至九月。[2]沛公、項羽方攻陳留，聞梁死，士卒恐，乃與將軍呂臣引兵而東，[3]徙懷王自

盱台都彭城。[4]吕臣軍彭城東，項羽軍彭城西，沛公軍
碭。[5]魏咎弟豹自立爲魏王。[6]後九月，[7]懷王并吕臣、
項羽軍，自將之。[8]以沛公爲碭郡長，[9]封武安侯，[10]
將碭郡兵。以羽爲魯公，封長安侯，吕臣爲司徒，[11]
其父吕青爲令尹。[12]

[1]【顔注】師古曰：銜枚者，止言語謹囂，欲令敵人不知
其來也。《周官》有銜枚氏。枚，狀如箸，橫銜之，繣絜於項。繣
者，結礙也。絜，繞也。蓋爲結紐而繞項也。繣，音獲。絜，
音頡。

[2]【今注】案，"時連雨，自七月至九月"句，《史記》卷八
《高祖本紀》無，爲《漢書》所補。

[3]【今注】吕臣：本爲陳勝近臣，在陳勝爲莊賈殺死後，組
織蒼頭軍，奪回陳縣，殺莊賈，後復爲秦軍所破。時項氏立懷王，
吕臣當爲彼時歸降。項梁死後，兵權爲懷王所奪，受封爲司徒。其
後行事不詳，似當追隨項羽。漢五年（前202）項羽敗亡，而其父
吕青降劉邦，獲封新陽侯，吕臣當同時歸降。漢惠帝四年（前
191），吕臣襲封新陽侯。

[4]【顔注】鄭氏曰：音昫怡。師古曰：昫，音許于反。【今
注】案，"徙懷王自盱台都彭城"句，《史記·高祖本紀》無，爲
《漢書》所補。盱台，縣名。治所在今江蘇盱眙縣東北盱眙山側。
彭城，縣名。治所在今江蘇徐州市。

[5]【今注】案，灌嬰在此時投奔劉邦，參見本書卷四一《灌
嬰傳》。

[6]【今注】豹：魏國王族，魏王咎之弟，在楚懷王支持下重
爲魏王。率軍隨項羽入關滅秦，項羽徙其爲西魏王。楚漢相爭時初
降劉邦，在劉邦彭城敗後復自立，而與項羽聯合。漢二年，漢廷派
韓信、曹參擊降之。漢三年，與漢將周苛等守滎陽，楚軍圍急，周

茍恐其反叛，乃殺之。其妃薄夫人爲劉邦所得，生文帝。傳見本書卷三三。

[7]【顏注】文穎曰：即閏九月也。時律歷廢，不知閏，謂之後九月。如淳曰：時因秦以十月爲歲首，至九月則歲終。後九月即閏月。師古曰：文説非也。若以律歷廢不知閏者，則當徑謂之十月，不應有後九月。蓋秦之歷法，應置閏者總致之於歲末。觀其此意，當取《左傳》所謂“歸餘於終”耳。何以明之？據《漢書》表及《史記》，漢末改秦歷之前，迄至高后、文帝，屢書“後九月”，昆如故然，非歷廢也。【今注】後九月：秦及漢初采用顓頊歷，以十月爲歲首，九月爲歲尾，若有閏月，則置於年尾，稱爲“後九月”。《史記·高祖本紀》無此句，而將其後懷王奪項羽、呂臣軍及封官等事記載在次年（秦二世三年）。

[8]【今注】自將之：懷王本爲項氏所立之傀儡，然在項梁死後，就此一舉奪權，竟一度掌握楚軍實權。

[9]【顏注】蘇林曰：長，如郡守也。韋昭曰：秦名曰守，是時改曰長。

[10]【今注】武安：侯國名、縣名。治所在今河北武安市西南。

[11]【今注】司徒：官名。周設此官，掌土地、人民、教化等。

[12]【顏注】應劭曰：天子曰師尹，諸侯曰令尹。時去六國尚近，故置令尹。臣瓚曰：諸侯之卿，唯楚稱令尹，其餘國稱相。時立楚之後，故置官司皆如楚舊也。師古曰：瓚説得之。【今注】令尹：春秋戰國時期楚國最高官職，相當於秦漢相國、丞相。爲百官之首，掌全國軍政。　案，秦末起義興起於楚，因而楚制一度成爲秦末義軍之主流。直至楚漢相争時，劉邦以秦舊地關中爲基礎與項羽争衡，纔逐漸建立了以秦制爲基礎的漢制。（參見卜憲群《秦制、楚制與漢制》，《中國史研究》1995 年第 1 期）

章邯已破項梁，以爲楚地兵不足憂，乃渡河北擊趙王歇，大破之。歇保鉅鹿城，[1]秦將王離圍之。[2]趙數請救，懷王乃以宋義爲上將，[3]項羽爲次將，范增爲末將，[4]北救趙。

[1]【今注】鉅鹿：縣名。治所在今河北平鄉縣西南。

[2]【今注】案，此處《史記》卷八《高祖本紀》有云“此（指王離軍）所謂河北之軍也”。王離，秦國名將王翦之孫，封武城侯，代蒙恬守北邊禦匈奴。此次王離參與圍趙，終爲項羽所破，身爲俘虜。朱紹侯認爲，此次王離所率圍趙軍隊當即是戍守北邊的邊防軍。張傳璽則進一步認爲，王離軍與章邯軍互不統屬，祇是聯合行動。甚至王離軍當爲此次圍趙之主力。（參見朱紹侯《關於秦末三十萬戍守北邊國防軍的下落問題》，《史學月刊》1958年第4期；張傳璽《關於“章邯軍”與“王離軍”的關係問題》，《秦漢問題研究》，北京大學出版社1995年版）據此，王離所率當爲北邊精銳，故自鉅鹿戰後，秦廷再無力鎮壓起義軍，其滅亡結果亦就此奠定。

[3]【今注】上將：王先謙《漢書補注》指出，“上將”《史記》作“上將軍”。據下文項羽“自立爲上將軍”，則當以“上將軍”爲是。

[4]【今注】范增：項氏之謀士。項羽起兵後投奔項梁，説服項梁立楚國王族之後。後在鴻門宴時勸項羽殺劉邦未成。復出計封劉邦至漢中。在楚漢相爭時，項羽中離間計，不再信任范增，范增恚怒歸家，發病而亡。案，由“趙數請救”至此，《史記·高祖本紀》記載在次年（秦二世三年）。

初，懷王與諸將約，先入定關中者王之。[1]當是時，秦兵彊，常乘勝逐北，諸將莫利先入關。[2]獨羽怨秦破項梁，奮勢，[3]願與沛公西入關。懷王諸老將皆曰："項羽爲人慓悍禍賊,^[4]嘗攻襄城,襄城無噍類,^[5]所過無不殘滅。且楚數進取,^[6]前陳王、項梁皆敗,^[7]不如更遣長者扶義而西,^[8]告諭秦父兄。秦父兄苦其主久矣,今誠得長者往,毋侵暴,宜可下。項羽不可遣,獨沛公素寬大長者。"^[9]卒不許羽,而遣沛公西收陳王、項梁散卒。乃道碭^[10]至陽城與扛里,^[11]攻秦軍壁,破其二軍。^[12]

[1]【顏注】師古曰:約,要也,謂言契也。自函谷關以西總名關中。【今注】案,由"初"至此,《史記》卷八《高祖本紀》無。 關中:古地名。《史記·高祖本紀》司馬貞《索隱》引《三輔舊事》云:"西以散關爲界,東以函谷爲界,二關之中謂之關中。"秦都咸陽,漢都長安,因稱函谷關以西爲關中。

[2]【顏注】師古曰:不以入關爲利,言畏秦也。

[3]【顏注】晉灼曰:憤激也。【今注】奮勢:王先謙《漢書補注》指出,《史記·高祖本紀》無"勢"字。

[4]【顏注】師古曰:慓,疾也。悍,勇也。禍賊者,好爲禍害而殘賊也。慓,音頻妙反,又匹妙反。悍,音胡旦反。【今注】案,慓,王先謙《漢書補注》指出《史記》作"慓"。 禍賊:王念孫《讀書雜志·漢書第一》認爲,"禍賊"當從《史記》作"猾賊"。黠惡之意。

[5]【顏注】如淳曰:噍,音咋笑反。無復有活而噍食者也。青州俗呼"無孑遺"爲"無噍類"。【今注】噍(jiào)類:吃東西的物類,引申指活人。噍,吃東西。

[6]【顏注】如淳曰:楚,謂陳涉。數進取,多所攻取也。師古曰:楚者,總言楚兵,陳涉、項梁皆是。

[7]【顏注】孟康曰:前陳王,陳涉也。師古曰:孟說非也。

此言前者陳王及項梁皆敗，今須得長者往，非謂涉爲前陳王也，安有後陳王乎！

[8]【顏注】師古曰：扶，助也，以義自助也。"扶"字或作"杖"，杖亦倚任之意。

[9]【今注】獨沛公素寬大長者：《史記》《漢書》多言項羽殘暴而劉邦仁厚，然王子今統計劉、項屠城記錄後，發現屠城殺降在當時極爲普遍，而劉邦之殺屠行爲比項羽有過之而無不及（參見王子今《劉項屠城史事辨正》，《淮陰師範學院學報》1998 年第 4 期）。可見劉邦所謂"寬大長者"之形象實爲西漢統治者之粉飾。彼時懷王趁項梁之死，從項氏手中奪權未久，提防項氏唯恐不嚴，自不肯令項羽獨率大軍而遠征。厚劉薄項實出自懷王之利益，與所謂"寬大長者"無關。

[10]【顏注】孟康曰：道由碭（由，蔡琪本作"曰"）。

[11]【顏注】孟康曰：二縣名也。師古曰：扛（扛，蔡琪本、殿本作"杠"），音江。【今注】陽城：《資治通鑑》卷八《秦紀》二世皇帝二年胡三省注指出，《史記》作"成陽"。《漢書考證》齊召南指出，本書卷三九《曹參傳》"擊王離軍成陽南，又攻杠里，大破之"，即此事也。可見"陽城"確係"成陽"轉寫之誤。成陽，縣名。治所在今山東鄄城縣東南。　扛里：故地在今山東菏澤市東北。案，扛，蔡琪本、殿本作"杠"。

[12]【今注】案，王先謙《漢書補注》指出，《史記》作"秦軍夾壁，破魏二軍"，疑文有訛誤。又，自"與諸將約"至此，《史記》叙於次年（秦二世三年）。

秦三年十月，齊將田都畔田榮，[1]將兵助項羽救趙。沛公攻破東郡尉於成武。[2]十一月，項羽殺宋義，并其兵，渡河，自立爲上將軍，諸將黥布等皆屬。[3]十二月，沛公引兵至栗，[4]遇剛武侯，[5]奪其軍四千餘人，并之，與魏將皇欣、武滿軍合[6]攻秦軍，破之。[7]故齊王建孫田安[8]下濟北，從項羽救趙。[9]羽大破秦軍鉅鹿下，虜王離，走章邯。[10]

[1]【今注】田都：田榮屬下將軍，隨項羽救趙並入關滅秦，被項羽封爲齊王。未幾爲田榮所擊敗，奔楚。

[2]【顏注】孟康曰：尉，郡都尉也。師古曰：本謂之郡尉，至景帝時乃改曰都尉。【今注】破東郡尉：東郡，治濮陽縣（今河南濮陽市西南）。《史記》卷八《高祖本紀》裴駰《集解》引徐廣說云："表云三年十月，攻破東郡尉及王離軍於成武南。" 成武：古縣名。治所在今山東成武縣。 案，十月之紀事，《史記·高祖本紀》皆不載，此爲《漢書》據《秦楚之際月表》增補。

[3]【今注】案，自"項羽殺宋義"至此，《史記·高祖本紀》以追敘形式記載於後文章邯降項羽一事之後。十一月，《史記·高祖本紀》無此時間，爲《漢書》所增補。黥布，即英布，初爲刑徒，後率刑徒逃亡，秦末聯絡番君吳芮共起兵，乃歸項梁，後復隨項羽入關，多以少敗衆，獲封九江王。楚漢相爭時降漢，獲封淮南王。在韓信、彭越被殺後，英布懼，乃反，戰敗被殺。傳見本書卷三四。

[4]【顏注】韋昭曰：沛郡縣（沛郡縣，蔡琪本、大德本、殿本作"栗，沛郡縣名也"）。【今注】十二月：《史記·高祖本紀》無此句，爲《漢書》所補。 沛公引兵至栗：栗，縣名。治所在今河南夏邑縣。王先謙《漢書補注》指出，《史記》云"彭越助攻昌邑，不利，乃還至栗"。此處云先至栗，後文又叙彭越助攻昌邑。與《史記》先後不同。梁玉繩《史記志疑》卷六指出，《史記·秦楚之際月表》即載劉邦十二月至栗，與皇欣、武滿等合距秦軍，次年二月得彭越軍。梁氏認爲當以《月表》爲是。案，《漢書》叙事多以時間爲經，此當爲班固據《月表》特意做的改寫，

將至栗之戰事及剛武侯等事叙於此，而叙彭越事於後。

[5]【顏注】應劭曰：楚懷王將也。《功臣表》“棘蒲剛侯陳武”。武一姓柴。“剛武侯”，宜爲“剛侯武”，魏將也。孟康曰：《功臣表》柴武“以將軍起薛，至霸上，入漢中”，非懷王將，又非魏將也。例未有稱謚者。師古曰：史失其名姓，唯識其爵號，不知誰也。不當改“剛武侯”爲“剛侯武”。應氏以爲“懷王將”，又云“魏將”，無所據矣。【今注】案，王先謙《漢書補注》指出，裴駰《史記集解》與顏注有異，將“《功臣表》棘蒲”云云列在孟康名下，“《功臣表》柴武”云云列在臣瓚説，與此不同。

[6]【今注】案，《漢書考證》齊召南指出，《功臣表》樂平侯衛無擇“以隊卒從高祖起沛，屬皇訢”。齊氏認爲，“皇訢”當即此皇欣。武滿，《史記》作“武蒲”，“蒲”“滿”字形相近，未知孰是。

[7]【今注】破之：王先謙《漢書補注》指出，“合皇欣等軍”後，《史記·高祖本紀》無“攻秦軍，破之”的記載。

[8]【顏注】師古曰：建，齊襄王子也，立四十四年，爲秦兵所擊，以兵降秦。秦虜之，遷建於河內，遂滅齊。【今注】田安：齊國末代國王田建之孫，早年經歷不詳，起兵隨項羽入關，獲封濟北王。原齊相田榮不服，於漢元年（前206）五月擊殺田安。據本書卷九八《元后傳》記載，王莽即爲田安後裔。

[9]【今注】案，《史記·高祖本紀》此處亦不載田安從項羽事，爲《漢書》所補。

[10]【顏注】師古曰：章邯被破而走。【今注】案，此事《史記·高祖本紀》亦追述於後文章邯降項羽事後，然具體文字全異。

二月，沛公從碭北攻昌邑，[1]遇彭越。[2]越助攻昌邑，未下。[3]沛公西過高陽，[4]酈食其爲里監門，[5]曰：

"諸將過此者多，吾視沛公大度。"[6]乃求見沛公。沛公方踞牀，[7]使兩女子洗。[8]酈生不拜，長揖曰：[9]"足下必欲誅無道秦，不宜踞見長者。"於是沛公起，攝衣謝之，延上坐。食其説沛公襲陳留。[10]沛公以爲廣野君，以其弟商爲將，將陳留兵。[11]三月，攻開封，未拔。[12]西與秦將楊熊會戰白馬，[13]又戰曲遇東，[14]大破之。楊熊走之滎陽，[15]二世使使斬之以徇。[16]四月，南攻潁川，[17]屠之。因張良遂略韓地。[18]

[1]【今注】從碭北：據前文，在項梁死後"沛公軍碭"，然則碭地當爲劉邦之大本營。據此，有觀點認爲，劉邦西征實爲兩次，劉邦在二世二年（前208）年底出征，後還軍於碭，至此復二次出征（參見張文華《劉邦西征、項羽救趙行軍路綫辨析——兼釋〈史記·高祖本紀〉記事之疑》，《渭南師範學院學報》2014年第14期）。　昌邑：縣名。屬山陽郡，治所在今山東巨野縣南。案，《史記》卷八《高祖本紀》載劉邦兩攻昌邑。第一次是其西征之初，與彭越攻昌邑未下。此次則是與皇欣等攻昌邑未下。《漢書》根據《史記·秦楚之際月表》，合兩事爲一事。

[2]【今注】彭越：秦末起義首領。楚漢相争期間屢屢騷擾項羽後方，助劉邦建立漢朝，獲封梁王，後以謀反罪名被殺。傳見本書卷三四。

[3]【今注】案，如前文注釋所言，《史記·高祖本紀》叙此事在劉邦西征之初，遇剛武侯之前。

[4]【顔注】文穎曰：聚邑名，屬陳留圉。臣瓚曰：《陳留傳》，在雍丘西南。【今注】高陽：古鄉聚名。故地在今河南杞縣西南。

[5]【顔注】服虔曰：音歷異基。蘇林曰：監門，門卒也。

【今注】酈食其：劉邦手下著名辯士。傳見本書卷四三。　里監門：《公羊傳》宣公十五年何休注云：“在邑曰里。一里八十户，八家共一巷。中里爲校室，選其耆老有高德者，名曰父老；其有辯護伉健者爲里正……田作之時春，父老及里正旦開門坐塾上，晏出後時者不得出，暮不持樵者不得入。”沈欽韓《漢書疏證》據此指出，監門乃主啓閉里門及監視，當亦有卒進行灑掃。監門非卒。《史記》卷六《秦始皇本紀》秦二世有云“監門之養，不觳於此”。

[6]【今注】大度：王先謙《漢書補注》指出，“大度”，《史記》作“大人長者”。

[7]【今注】案，牀，大德本、殿本作“牀”。

[8]【顔注】師古曰：踞，反企也。洗，洗足也。踞，音據。洗，音先典反。

[9]【顔注】師古曰：長揖者，手自上而極下。

[10]【顔注】臣瓚曰：輕行無鐘鼓曰襲。【今注】食其説沛公襲陳留：陳留，縣名。治所在今河南開封市東南陳留鎮。王先謙《漢書補注》指出，《史記》此處有“得秦積粟”四字。王氏又認爲陳留爲郡名，然此説當誤。本卷所載攻打某地一般指某縣、某鄉，因一郡地域太大，太過泛泛，而一縣則對應着具體一城。又，此段記載與本書卷四三《酈食其傳》及《史記》卷九七《酈生陸賈列傳》内容相合。而《史記·酈生陸賈列傳》正文之後，又附載了一段關於酈生的記載，與正文酈食其事有一定差異。據此段記載，酈食其入説陳留令未成，乃“夜半時斬陳留令首”，劉邦以陳留令之首級示守軍，乃得下陳留。明人茅坤認爲這段記載爲《酈生列傳》的“未定稿”。清人王鳴盛、趙翼則認爲此記載亦爲褚少孫所補。日本學者瀧川資言則認爲此記載是《楚漢春秋》中的一節。（參見李真瑜《〈史記〉與〈楚漢春秋〉》，《人文雜志》1986年第6期）

[11]【今注】商：酈商。傳見本書卷四一。其本傳云“陳勝起，商聚少年得數千人。沛公略地六月餘，商以所將四千人屬沛公

於岐"。然則酈商手下本已有數千人，非止僅將陳留降兵而已。

[12]【顏注】師古曰：開封，縣名，屬滎陽（案，《漢書考證》齊召南指出，漢時開封縣屬河南郡，滎陽郡至晉始置）。【今注】三月：此句《史記·高祖本紀》無，爲《漢書》所補。　開封：縣名。治所在今河南開封市南。

[13]【顏注】師古曰：白馬，亦縣名，屬東郡。【今注】西與秦將楊熊會戰白馬：白馬，縣名。治所在今河南滑縣舊滑縣城東。然白馬縣位於開封東北方向，不當言"西"。錢穆《史記地名考》認爲，東郡白馬似與上下文不合，他認爲這是平陰津被誤會成白馬津所致。白馬津，古津渡名。在今河南滑縣東北古黃河南岸。古爲兵家必爭之地，後黃河南徙，乃廢。平陰津之解見後文漢二年注釋。又有觀點認爲，此方向既誤，而其他將領之傳又皆祇記載與楊熊戰曲遇，不載戰於白馬，則此記載當爲衍誤。當時應是劉邦由開封西進至曲遇，大敗楊熊，並無白馬之戰事。　（參見葉永新《〈史記·高祖本紀〉志疑一則》，《晉陽學刊》2007 年第 4 期）

[14]【顏注】文穎曰：地名也。蘇林曰：曲，音齲。遇，音顒。師古曰：齲，音丘羽反。【今注】曲遇：聚落名。故地在今河南中牟縣東。

[15]【顏注】師古曰：西走也。【今注】滎陽：縣名。屬河南郡。治所在今河南滎陽市東北。

[16]【顏注】師古曰：徇，行示也。《司馬法》曰"斬以徇"，言使人將行徧示衆士以爲戒。

[17]【今注】四月：此句《史記·高祖本紀》無，爲《漢書》所補。　潁川：王先謙《漢書補注》指出，根據《史記》，此處當作"潁陽"，是爲潁川之一縣。潁陽，縣名。治所在今河南許昌市建安區。

[18]【顏注】文穎曰：河南新鄭南至潁川南北，皆韓地也。以良累世相韓，故因之。【今注】因張良遂略韓地：王先謙《漢書

補注》指出，《史記》"地"下有"轅轅"二字。今案，劉邦借張良降項梁，立楚懷王後，張良説項梁爲韓國立後。項梁封韓成爲韓王，而以張良爲韓司徒，以千餘人西略韓地，然一直未能打開局面。至此時，乃復遇劉邦。劉邦令韓王成留守陽翟，而使張良隨軍。

　　時趙別將司馬卬[1]方欲渡河入關，沛公乃北攻平陰，[2]絶河津。[3]南，戰雒陽東，[4]軍不利，從轅轅[5]至陽城，[6]收軍中馬騎。

　　[1]【顏注】師古曰：卬，音五剛反。【今注】司馬卬：趙將，後被項羽封爲殷王。劉邦東征時，司馬卬爲漢軍虜至彭城，在項羽襲彭城之際，死於亂軍之中。據《史記》卷一三〇《太史公自序》，司馬卬是司馬遷同族遠親。
　　[2]【顏注】孟康曰：縣名也，屬河南，魏文帝改曰河陰。【今注】平陰：縣名。治所在今河南孟津縣東北。
　　[3]【今注】絶河津：王先謙《漢書補注》引劉台拱説，認爲此與後文魏豹"絶河津"義同。欲先定關中，故距卬使不得渡。顏注有誤。
　　[4]【今注】雒陽：即洛陽。縣名。治所在今河南洛陽市東北。
　　[5]【顏注】臣瓚曰：險道名也，在緱氏東南。師古曰：直渡曰絶。轅，音環。【今注】從轅轅：《史記》卷八《高祖本紀》無此三字。轅轅，古山名。在今河南偃師市東南。
　　[6]【今注】陽城：縣名。治所在今河南登封市東南告成鎮。

　　六月，[1]與南陽守齮戰犨東，[2]破之。[3]略南陽郡，南陽守走，保城守宛。[4]沛公引兵過宛西。[5]張良諫曰："沛公雖欲急入關，秦兵尚衆，距險。[6]今不下宛，宛從後擊，彊秦在前，此危道也。"於是沛公乃夜引軍從他道還，偃旗幟，[7]遲明，圍宛城三帀。[8]南陽守欲自剄，[9]其舍人陳恢曰：[10]"死未晚也。"乃踰城見沛公，曰："臣聞足下約，先入咸陽者王之。今足下留守宛。宛郡縣連城數十，[11]其吏民自以爲降必死，故皆堅守乘城。[12]今足下盡日止攻，士死傷者必多；引兵去，[13]宛必隨足下。前則失咸陽之約，[14]後有彊宛之患。爲足下計，莫若約降，[15]封其守，因使止守，[16]引其甲卒與之西。諸城未下者，聞聲爭開門而待足下，足下通行無所累。"[17]沛公曰："善。"

　　[1]【今注】六月：此句《史記》卷八《高祖本紀》無，爲《漢書》所補。

　　[2]【顏注】師古曰：犨，縣名也。䶈，音蟻。犨，音昌由反。【今注】南陽：郡名。治宛縣（今河南南陽市宛城區）。　案，錢大昭《漢書辨疑》指出，"䶈"，荀悅《漢紀》作"呂䶈"。犨：縣名。治所在今河南魯山縣東南。

　　[3]【今注】破之：蔡琪本、大德本、殿本作"大破之"。王念孫《讀書雜志·漢書第一》指出，《史記》亦無"大"字，他認爲"大"字係後人所加。

　　[4]【顏注】師古曰：宛，南陽之縣也，音於元反。【今注】宛：縣名。治所在今河南南陽市宛城區。

　　[5]【顏注】師古曰：未拔宛城而兵過宛城西出。【今注】過宛西：《漢書考正》宋祁指出，當時有版本作"過而西"。陽夏公指出，當作"而"，是故顏師古纔有此詳細解釋。王先謙《漢書補注》指出，《史記》作"過而西"。

[6]【顏注】師古曰：依險阻而自固以距敵。

[7]【今注】案，偃旗幟，《史記·高祖本紀》作“更旗幟”。

[8]【顏注】服虔曰：欲天疾明也。文穎曰：遲，未也。天未明之頃已圍其城矣。晉灼曰：文說是也。師古曰：文、晉二家得其大意耳。此言圍城事畢，然後天明，明遲於事，故曰遲明。遲爲去聲，音丈二反。《漢書》諸言遲某事者，義皆類此。《史記》“遲”字作“遝”，亦徐緩之意也，音黎。【今注】圍宛城三帀：《史記·高祖本紀》司馬貞《索隱》引《楚漢春秋》云：“上南攻宛，匿旌旗，人銜枚，馬束舌，雞未鳴，圍宛城三帀。”

[9]【顏注】鄭氏曰：劓，音姑鼎反。以刀割頸爲劓。

[10]【顏注】文穎曰：主厩內小吏，官名也。蘇林曰：藺相如爲宦者令舍人。韓信爲侯，亦有舍人。師古曰：舍人，親近左右之通稱也，後遂以爲私屬官號（私，蔡琪本、大德本、殿本作“司”）。恢，音口迴反（迴，蔡琪本、大德本、殿本作“回”）。

[11]【今注】案，宛郡縣連城數十，《史記·高祖本紀》此句作“宛，大郡之都也，連城數十，人民眾，積蓄多”。

[12]【顏注】師古曰：乘，登也。謂上城而守也。《春秋左氏傳》曰“授兵登陴”。

[13]【今注】案，蔡琪本、大德本、殿本“去”後有“宛”字。

[14]【今注】案，前則，大德本、殿本作“足下前則”。

[15]【顏注】師古曰：共爲要約，許其降也。

[16]【顏注】師古曰：封其郡守爲侯，即令守其郡。

[17]【顏注】師古曰：絫，音力瑞反。

　　七月，[1]南陽守齮降，封爲殷侯，封陳恢千戶。[2]引兵西，無不下者。至丹水，[3]高武侯鰓、襄侯王陵降。[4]還攻胡陽，[5]遇番君別將梅鋗，[6]與偕攻析、酈，[7]皆降。所過毋得鹵掠，[8]秦民喜。[9]遣魏人甯昌

使秦。[10]是月章邯舉軍降項羽，羽以爲雍王。[11]瑕丘
申陽下河南。[12]

［1］【今注】七月：此時間《史記》卷八《高祖本紀》不載，
爲《漢書》所補。

［2］【今注】千户：王先謙《漢書補注》引李廣芸説，指出荀
悦《漢紀》作“千户侯”。李氏認爲，此封陳恢千户，猶項羽封陳
餘在南皮而環二縣，不必爲侯。《漢紀》之“侯”字當衍。

［3］【今注】丹水：縣名。治所在今河南淅川縣西。

［4］【顏注】蘇林曰：鰓，音魚鰓之鰓。晉灼曰：《功臣表》
戚鰓也。王陵，安國侯王陵也。韋昭曰：漢封王陵爲安國侯，初
起兵時在南陽。南陽有穰縣，疑“襄”當爲“穰”；而無“禾”，
字省耳。臣瓚曰：時韓成封穰侯，江夏有襄，是陵所封也。師古
曰：戚鰓初從即爲郎，以都尉守蘄城，非至丹水乃降也。此自一
人耳，不知其姓。王陵亦非安國侯者。晉説非也。韋氏改“襄”
爲“穰”者，蓋亦穿鑿也。【今注】鰓：顏注諸説有爭議，未知是
否爲戚鰓。戚鰓後封臨轅侯，任中尉之職。　王陵：何焯《義門讀
書記》卷一五指出，下文云“因王陵兵，從南陽迎太公、呂后於
沛”，亦出武關之道。又本書《高惠高后文功臣表》云“以自聚黨
定南陽，漢王還擊項籍，以兵屬從”。然則此王陵即安國侯王陵，
非别一人。襄侯則初起所假封爵。王先謙《漢書補注》引全祖望指
出，王陵聚衆定南陽，本傳亦有之。《張蒼傳》陵救蒼之死於南陽。
可見安國侯即襄侯，“襄”當作“穰”，爲南陽地，其地不接江夏。
韓成之封在漢元年（前206），與此時王陵稱穰侯無涉。今案，安
國侯王陵傳見本書卷四〇，其傳有云“居南陽，不肯從沛公。及漢
王之還擊項籍，陵乃以兵屬漢”。與此王陵之事迹不同，故學者有
如上爭論，未知孰是。　降：《史記·高祖本紀》此處作“降西
陵”。西陵，縣名。治所在今湖北武漢市新洲區西。

[5]【今注】胡陽：縣名。治所在今河南唐河縣西南湖陽鎮。

[6]【顏注】蘇林曰：番，音婆，豫章番陽縣。韋昭曰：吳芮初爲番令，故號曰番君。鄱，音呼玄反。【今注】番君：即吳芮。本爲秦朝番陽令，故號番君。秦末與英布等起兵，至此獲封衡陽王。漢五年劉邦滅項羽，徙封吳芮爲長沙王，同年病死。

[7]【顏注】蘇林曰：酈，音躑躅之躑。如淳曰：音持益反。師古曰：析、酈，二縣名。蘇、如兩音並同耳。析縣，今内鄉。酈，即菊潭縣也。【今注】析：縣名。治所在今河南西峽縣。酈：縣名。治所在今河南南陽市西北。

[8]【顏注】應劭曰："鹵"與"虜"同。師古曰：毋，止之辭也，音與"無"同。他皆類此。掠，音力向反（力向，蔡琪本作"力泊"，殿本作"力勺"），謂略奪也。

[9]【今注】案，由"所過"至此，《史記·高祖本紀》敘於後文藍田之戰時。

[10]【今注】案，王先謙《漢書補注》指出，《史記》此處有"使者未來"四字。

[11]【今注】羽以爲雍王：《史記·高祖本紀》此處無此句，當是《漢書》據《史記》卷七《項羽本紀》所補。

[12]【顏注】服虔曰：瑕丘，縣名。申，姓。陽，名也。文穎曰：姓瑕丘，字申陽。臣瓚曰：《項羽傳》"瑕丘公申陽"，是瑕丘縣公也。師古曰：文説非也。此申陽即項羽所封河南王者耳，何云"姓瑕丘"乎！【今注】瑕丘：縣名。治所在今山東兗州市東北。　申陽：本爲張耳嬖臣，後被項羽封爲河南王，劉邦出關東征時歸降漢軍。　案，此句《史記·高祖本紀》本無，爲《漢書》所補。

　　八月，沛公攻武關，[1]入秦。秦相趙高恐，[2]乃殺二世，使人來，欲約分王關中，[3]沛公不許。[4]

[1]【顏注】應劭曰：武關，秦南關，通南陽。文穎曰：武關在析西百七十里。【今注】武關：在今陝西商南縣西南。案，據陳蘇鎮推算，劉邦入武關時的兵力約三萬人（參見陳蘇鎮《〈春秋〉與"漢道"——兩漢政治與政治文化研究》第一章《西漢再建帝業的道路——儒術興起的歷史背景》，中華書局2011年版）。

[2]【今注】秦相趙高恐：《史記》卷六《秦始皇本紀》云"高恐二世怒，誅及其身"。然則趙高之殺二世，主要是懼於二世嗜殺，其次則當是因劉邦所派使者甯昌之威逼利誘。與"指鹿爲馬"一事中顯示的篡位野心無關，至於《史記》卷八七《李斯列傳》所載其篡位之行爲既與本紀記載相悖，亦不合情理，難以相信——在劉邦已破武關的情況下，此岌岌可危的皇位實已無吸引力可言。至於趙高觸怒二世的原因，除了鎮壓起義軍不利外，呂思勉推測還可能與二者策略分歧有關，認爲趙高有妥協而保關中之議，而爲二世所不容。從其後趙高試圖分王關中的情況來看，此推測有一定可能，然無確據。至於二世被殺的具體時間，當爲八月己亥日，今本《史記·秦始皇本紀》將此記爲"指鹿爲馬"的時間，當是竄亂所致。（參見呂思勉《秦漢史》，上海古籍出版社2005年版，第35頁；安子毓《〈史記〉所載秦二世史事辨疑》，載《形象史學研究（2015/上半年）》，人民出版社2015年版；安子毓《秦二世"望夷之禍"時間考辨》，《中國史研究》2016年第1期）

[3]【顏注】師古曰：自與沛公中分關中之地。

[4]【今注】沛公不許：《史記》卷八《高祖本紀》作"沛公以爲詐"。之前劉邦派甯昌出使時，當有妥協和談之意，然此時章邯軍既已投降項羽，劉邦態度遂乃強硬，不再答應趙高此要求。

九月，趙高立二世兄子子嬰爲秦王。[1]子嬰誅滅趙高，遣將將兵距嶢關。[2]沛公欲擊之，張良曰："秦兵尚彊，未可輕。願先遣人益張旗幟於山上爲疑兵，[3]使酈食其、陸賈往説秦將,[4]啗以利。"[5]秦將果欲連和,沛公欲許之。張良曰:"此獨其將欲叛,恐其士卒不從,不如因其怠懈,擊之。"沛公引兵繞嶢關,踰蕢山,[6]擊秦軍,大破之藍田南。[7]遂至藍田,又戰其北,秦兵大敗。[8]

[1]【今注】二世兄子子嬰:關於子嬰的身份,有二世兄子、二世兄、始皇弟等多種説法,而以"二世兄子"一説最爲流行。然《史記》卷六《秦始皇本紀》載其在殺趙高之前,曾與其二子進行過謀劃。依年齒算來,所謂"二世兄子"一説似難成立(參見王雲度《秦王子嬰非二世兄子辨》,《徐州師範學院學報》1981年第1期)。然則子嬰似當爲二世兄或始皇弟,若果爲"二世兄子",則其當爲二世族兄之子,絕非始皇親孫。

[2]【顏注】應劭曰:嶢,音堯。嶢山之關。李奇曰:在上洛北,藍田南,武關之西。【今注】嶢關:又名藍田關。在今陝西藍田縣東南。

[3]【顏注】師古曰:益,多也。多張旗幟,過其人數,令敵疑有多兵。

[4]【今注】陸賈:劉邦手下著名辯士。出使南越説服趙佗。呂后主政時促成周勃與陳平聯盟,並在呂后死後參與立文帝。因呂后時南越復反,故文帝繼位後陸賈復使南越,復使趙佗稱臣。傳見本書卷四三。

[5]【顏注】師古曰:啗者,本謂食啗耳,音徒敢反。以食餧人,令其啗食,音則改變爲徒濫反。今言以利誘之,取食爲譬。他皆類此。【今注】案,王先謙《漢書補注》指出,《史記》所載爲用張良計,説秦將,襲破武關,無破嶢關事。此班氏據他書所增。梁玉繩《史記志疑》卷六指出,《史記·秦楚之際月表》、《史記》卷五五《留侯世家》及《漢書》卷四○《張良傳》所載與此

略同。《史記》卷八《高祖本紀》所載，計謀與《漢書》破嶢關事同，然地點移至武關，梁氏認爲《史記》之誤。又此及《史記·高祖本紀》皆載陸賈參與游説，然《史記·留侯世家》、《史記》卷九七《酈生陸賈列傳》、《漢書·張良傳》、《漢書》卷四三《陸賈傳》及荀悦《漢紀》皆不載陸賈參與此事，故梁氏懷疑"陸賈"二字爲訛。

[6]【顔注】鄭氏曰：蕢，音匱。蘇林曰：蕢，音蒯。師古曰：蘇音是也，丘怪反。【今注】蕢（kuì）山：山名。在今陝西藍田縣南。

[7]【今注】藍田：縣名。屬京兆尹，治所在今陝西藍田縣西灞河西岸。

[8]【今注】案，由"八月"句至此，與《史記·高祖本紀》所載差異較大。《高祖本紀》此段文字云："及趙高已殺二世，使人來，欲約分王關中。沛公以爲詐，乃用張良計，使酈生、陸賈往説秦將，啗以利，因襲攻武關，破之。又與秦軍戰於藍田南，益張疑兵旗幟，諸所過毋得掠鹵，秦人憙，秦軍解，因大破之。又戰其北，大破之。乘勝，遂破之。"然則據《史記》，是趙高先殺二世約和，之後劉邦用張良計破武關，再破秦軍於藍田南，再破秦軍於藍田北。而據《漢書》，則是在劉邦破武關後，趙高殺二世約和被拒。子嬰殺趙高，派人守嶢關。劉邦用張良計於藍田南破嶢關軍，再破秦軍於藍田北。《漢書》所載破嶢關之細節當據《史記·留侯世家》所補。

　　元年冬十月，[1]五星聚于東井。[2]沛公至霸上。[3]秦王子嬰素車白馬，係頸以組，[4]封皇帝璽符節，[5]降枳道旁。[6]諸將或言誅秦王，[7]沛公曰："始懷王遣我，固以能寬容；且人已服降，殺之不祥。"[8]乃以屬吏。[9]遂西入咸陽，欲止宮休舍，[10]樊噲、張良諫，乃

封秦重寶財物府庫，^[11]還軍霸上。蕭何盡收秦丞相府圖籍文書。^[12]

[1]【顔注】如淳曰：《張倉傳》云（倉，殿本作"蒼"）："以高祖十月至霸上，故因秦以十月爲歲首。"

[2]【顔注】應劭曰：東井，秦之分野。五星所在，其下當有聖人以義取天下。占見《天文志》。【今注】五星聚于東井：一種天象，本書《天文志》中明確説"此高皇帝受命之符"。五星，指金、木、水、火、土五大行星。東井，即二十八宿中的井宿，屬於南方朱雀七宿之一。因西方白虎七宿中的參宿内有玉井星宿，故稱井宿爲東井，以示區分。此句意指五大行星皆運行至井宿的位置。關於此事之記載，本書《天文志》亦記此事在十月。本書卷三二《張耳陳餘傳》，《史記·天官書》、卷八九《張耳陳餘列傳》稱漢興時有此天象，然未載具體時間。《史記》卷八《高祖本紀》無此句。事實上，古代學者已發現此記載並不確切。最早的質疑似見於《魏書》卷四八《高允傳》所載高允説，指出漢元年（前206）冬十月，水星和金星"附日而行"，太陽與東井相距遼遠，太陽西落，井宿始東升，水、金二星絶對運行不到井宿中，五星至少缺二，並不能形成五星聚於東井，這種説法是史官欲神其事，並不符合事理。高允此説符合基本天文原理，堪爲鐵證。《漢書考正》劉攽亦指出水星不能遠日，十月時不得在東井，其理與高允略同而較疏。《資治通鑑考異》卷一從高允説，於漢元年冬十月並不載此事。《漢書考正》劉攽、《漢書考證》齊召南亦略同此説。王念孫《讀書雜志·漢書第五》據王引之説，亦認爲十月五星聚東井，其事並不存在。對於此誤之原因，《高允傳》載崔浩推測五星聚於東井的時間當提前三個月，即在秦二世三年（前207）七月。《漢書考正》劉攽、顧炎武《日知錄》卷四、周壽昌《漢書注校補》及其所引顧棟高説、王先謙《漢書補注》皆認爲秦以夏曆十月爲正月，則秦

曆十月即爲夏曆七月，此處是將秦曆十月“五星聚東井”和夏曆十月劉邦至霸上相混淆。事實上，秦及漢初用顓頊曆，以夏曆十月爲歲首，各月排列仍依夏曆。所以秦曆十月在夏曆仍爲十月，不是七月，劉攽等人之説誤。對於此星象的解釋，學界主要有三種説法。其一，秦二世三年七月，水、火、土、木四星與井宿相距不遠，金星略遠，隔了兩個星次。鄭慧生《校勘雜志》（河南大學出版社2007年版，第63—68頁）持此説。其二，漢元年七月節（立秋），五星在凌晨出現在太陽之東，其中木星與土星在井宿内，其餘三星亦朝向木星，可約略視作“聚於東井”。陳遵嬀《中國天文學史上》（上海人民出版社2016年版，第581頁）持此説。其三，漢二年四五月間（公元前205年5月11日至6月5日）確曾發生了類似的天象，其中，5月15日，五星全在井宿；5月29日，除金星在参宿外，其餘四星皆在井宿，且相距極近，不超過7°。黃一農《中國星占學上最吉的天象：“五星會聚”》（《社會天文學史十講》，復旦大學出版社2004年版，第64頁）持此説。馮時《中國天文考古學》（社會科學文獻出版社2001年版，第73—74頁）認爲此天象發生在五至七月，與黃説差異不大。上述三種説法中，鄭説在天象上太過牽强，五行皆在其他宿中，實難視作“五星聚於東井”。黃説更符合天象，而陳説則更近於歷史記載。據《史記·張耳陳餘列傳》記載，此説是張耳被陳餘擊敗後，甘公勸其投劉邦的説辭。而張耳投漢事在漢二年初，不及見四五月之天象。然則此天象當本指漢元年立秋日之天象，而漢二年之天象對此説當亦有加成作用。司馬遷通天文，故其雖附會此事，然僅約略記此事時間爲“漢之興”。班固對天文不甚了了（本書《律曆志》襲自劉歆，《天文志》在班固去世時尚未完成。其内容以《史記·天官書》爲基礎，爲其妹班昭與馬續先後領銜續就。其中亦有“十月五星聚於東井”的記載，可見主續書事者亦不甚通天文），又欲神其事，以致犯了將聚東井的時間記於十月的明顯錯誤。而誘使其犯此錯誤的，或當爲鄭慧生所指出的漢代隸書“十”“七”相近的問題，原始記録的“七月”

被誤爲"十月"。

[3]【顏注】應劭曰：霸上，地名，在長安東三十里，古曰滋水（滋水，大德本、殿本作"兹水"），秦穆公更名霸。師古曰：霸水上，故曰霸上，即今所謂霸頭。【今注】霸上：地名。又作"灞上""霸頭"，在今陝西西安市東。案，由"元年"至此，《史記·高祖本紀》作"漢元年十月，沛公兵遂先諸侯至霸上"。未載不合史實的"五星"之異象，但强調了其"先諸侯"，符合所謂懷王之約。

[4]【顏注】應劭曰：子嬰不敢襲帝號，但稱王耳。素車白馬，喪人之服。組者，天子韍也。係頸者（係，殿本作"繫"），言欲自殺也。師古曰：此組謂綬也，所以帶璽也。韍，音弗。【今注】係頸以組：脖子上繫着絲帶，以示服罪。組，絲帶。案，係，殿本作"繫"。

[5]【顏注】應劭曰：璽，信也，古者尊卑共之。《左傳》："襄公在楚，季武子使公冶問璽書，追而與之。"秦漢尊者以爲信，群下乃避之。師古曰：符，謂諸所合符以爲契者也。節，以毛爲之，上下相重，取象竹節，因以爲名，將命者持之以爲信。【今注】璽：印。秦代以後成爲皇帝之印的專稱。《史記·高祖本紀》司馬貞《索隱》引韋昭説云："天子印稱璽，又獨以玉。符，發兵符也。節，使者所擁也。"又引《漢官儀》云："子嬰上始皇璽，因服御之，代代傳受，號曰'漢傳國璽'也。"張守節《正義》則云："天子有六璽，皇帝行璽、皇帝之璽、皇帝信璽、天子行璽、天子之璽、天子信璽。皇帝信璽凡事皆用之，璽令施行；天子信璽以遣拜封王侯；天子之璽以發兵。皆以武都紫泥封，青囊白素裹，兩端無縫。《三秦記》云'紫泥水在今成州'。《輿地志》云'漢封詔璽用紫泥，則此水之泥也'。"　符：用金屬或竹木所製的憑證，從中間一剖爲二，使用時將二者相合，以檢驗真僞。常用於軍事用途。許慎《説文解字》云："符，信也。漢制以竹，長六寸，分而

相合。" 節：使者所持的信物，以竹爲杆，柄長八尺，上綴飾旄牛尾。《史記·高祖本紀》司馬貞《索隱》引《釋名》云："節爲號令賞罰之節也。又節毛上下相重，取象竹節。"

[6]【顏注】蘇林曰：亭名也，在長安東十三里。師古曰：枳，音軹。軹道亭在霸成觀西四里。【今注】枳道：亭名。在今陝西西安市東北。王先謙《漢書補注》指出，《史記》、荀悦《漢紀》"枳"並作"軹"。又，司馬貞《史記索隱》引《漢宫殿疏》云："枳道亭東去霸城觀四里。觀東去霸水百步。"據此，王先謙認爲，顏注中的"霸成"，當作"霸城"。

[7]【今注】或言誅秦王：王先謙《漢書補注》指出，《史記索隱》引《楚漢春秋》云"樊噲請殺之"。

[8]【今注】殺之不祥：《史記》卷七三《白起王翦列傳》載白起語云："我固當死。長平之戰，趙卒降者數十萬人，我詐而盡阬之，是足以死。"本書卷五四《李廣傳》載李廣事云："（李）蔡爲人在下中，名聲出廣下遠甚，然廣不得爵邑，官不過九卿。廣之軍吏及士卒或取封侯。廣與望氣王朔語云：'自漢擊匈奴，廣未嘗不在其中，而諸妄校尉已下，材能不及中，以軍功取侯者數十人。廣不爲後人，然終無尺寸功以得封邑者，何也？豈吾相不當侯邪？'朔曰：'將軍自念，豈嘗有恨者乎？'廣曰：'吾爲隴西守，羌嘗反，吾誘降者八百餘人，詐而同日殺之，至今恨獨此耳。'朔曰：'禍莫大於殺已降，此乃將軍所以不得侯者也。'"然則所謂殺降"不祥"之説，在戰國秦漢時期當爲廣泛流傳之觀念。

[9]【顏注】師古曰：屬，委也，音之欲反。

[10]【顏注】師古曰：舍，息也，於殿中休息也。一曰，舍，謂屋舍也。

[11]【今注】案，樊噲、張良進諫一事，見本書卷四〇《張良傳》。

[12]【今注】蕭何盡收秦丞相府圖籍文書：此句《史記·高

祖本紀》無，爲《漢書》所補。本書卷三九《蕭何傳》云：“沛公至咸陽，諸將皆争走金帛財物之府分之，何獨先入收秦丞相御史律令圖書臧之。沛公具知天下阸塞，户口多少，彊弱處，民所疾苦者，以何得秦圖書也。”可見此事爲劉邦在楚漢相争中取勝的重要因素。

十一月，^[1]召諸縣豪桀曰：“父老苦秦苛法久矣，^[2]誹謗者族，耦語者棄市。^[3]吾與諸侯約，先入關者王之，吾當王關中。與父老約法三章耳：^[4]殺人者死，傷人及盜抵罪。^[5]餘悉除去秦法。吏民皆按堵如故。^[6]凡吾所以來，爲父兄除害，非有所侵暴，毋恐。且吾所以軍霸上，待諸侯至而定要束耳。”^[7]乃使人與秦吏行至縣鄉邑，告諭之。^[8]秦民大喜，争持牛羊酒食獻享軍士。沛公讓不受，曰：“倉粟多，不欲費民。”民又益喜，唯恐沛公不爲秦王。

[1]【今注】十一月：此句《史記》卷八《高祖本紀》無，爲《漢書》所補。

[2]【顏注】師古曰：苛，細也，音何。

[3]【顏注】應劭曰：秦法禁民聚語。耦，對也。師古曰：族，謂誅及其族也。棄市者，取刑人於市，與衆棄之。【今注】耦（ǒu）：同“偶”。　棄市：刑罰名。在鬧市執行死刑，尸暴街頭，言與衆人共棄之。

[4]【今注】約法三章：荀悦《漢紀》卷二云：“沛公與秦人約法三章：殺人者死，傷人者刑，及盜抵罪。”與此記載略異。梁玉繩《史記志疑》卷六指出，漢代長期有夷三族之令，此外惠帝四年（前191）方除挾書律，吕后元年（前187）除妖言令、三族罪，

文帝元年（前179）除收帑相坐律令，二年除誹謗罪，十三年除肉刑，可見秦法並未被徹底廢除。本書《刑法志》云："其後四夷未附，兵革未息，三章之法不足以禦姦，於是相國蕭何攈摭秦法，取其宜於時者，作律九章。"可知"約法三章"更多的祇是宣傳而已，並未長期施行。現在一般認爲，正所謂漢承秦制，秦律是漢律的基礎，對漢律有着極其重要影響，但漢代皇帝亦根據情況對其進行了增減損益。（參見張繼海《"約法三章"小考》，《中國史研究》2001年第2期；張晉藩《中國法制史》第三章，中國政法大學出版社2016年版）

[5]【顏注】服虔曰：隨輕重制法也。李奇曰：傷人有曲直，盜臧有多少（案，王先謙《漢書補注》指出，裴駰《史記集解》以"李奇"作"李斐"，"臧"作"賊"，皆非），罪名不可豫定，故凡言抵罪，未知抵何罪也。師古曰：抵，至也，當也。服、李二說，意並得之，自外諸家，皆妄解釋，故不取也。抵，音丁禮反。【今注】傷人及盜抵罪：《史記·高祖本紀》裴駰《集解》引張晏云："秦法，一人犯罪，舉家及鄰伍坐之，今但當其身坐，合於《康誥》'父子兄弟罪不相及'也。"司馬貞《索隱》引韋昭云："抵，當也。謂使各當其罪。"又云："秦法有三族之刑，漢但約法三章耳，殺人者死，傷人及盜者使之抵罪，餘並不論其辜，以言省刑也。則抵訓爲至，殺人以外，唯傷人及盜使至罪名耳。"

[6]【顏注】應劭曰：按，按次第。堵，牆堵也。師古曰：言不遷動也。堵，音覩。

[7]【顏注】師古曰：要亦約。【今注】要束：王先謙《漢書補注》指出，"要"，《史記》作"約"。

[8]【顏注】師古曰：軍中遣人與秦吏相隨，徧至諸縣鄉邑而告諭也。

或説沛公曰：[1]"秦富十倍天下，地形彊。今聞章邯降項羽，羽號曰雍王，王關中。即來，沛公恐不得有此。可急使守函谷關，[2]毋内諸侯軍，稍徵關中兵以自益，距之。"沛公然其計，從之。

[1]【今注】或：某人。周壽昌《漢書注校補》指出，《藝文類聚》引《楚漢春秋》曰："沛公西入武關，居於灞。解先生説上遣將軍守函谷關，無内項王。"周氏指出，"解先生"即《張良傳》沛公所稱之"鯫生"。今案，此即"或"之所指。

[2]【顏注】文穎曰：是時關在弘農縣衡嶺，今移東，在河南穀城縣。師古曰：今桃林縣南有洪溜澗水，即古所謂函谷也。其水北流入河，夾河之岸尚有舊關餘跡焉。穀城，即新安。【今注】急使守：王先謙《漢書補注》指出，《史記》"使"下有"兵"字。　函谷關：關名。參見前文"周章西入關"之注釋。

十二月，[1]項羽果帥諸侯兵欲西入關。關門閉。聞沛公已定關中，羽大怒，使黥布等攻破函谷關，[2]遂至戲下。[3]沛公左司馬曹毋傷聞羽怒、欲攻沛公，使人言羽曰："沛公欲王關中，令子嬰相，珍寶盡有之。"[4]欲以求封。亞父范增説羽曰：[5]"沛公居山東時，[6]貪財好色；今聞其入關，珍物無所取，婦女無所幸，此其志不小。吾使人望其氣，皆爲龍，成五色，此天子氣。急擊之，勿失。"[7]於是饗士，旦日合戰。[8]是時，羽兵四十萬，號百萬；沛公兵十萬，號二十萬，[9]力不敵。會羽季父左尹項伯素善張良，[10]夜馳見張良，具告其實，欲與俱去，毋特俱死。[11]良曰："臣爲韓王送沛公，不可不告，亡去不義。"乃與項伯俱見沛公。沛公與伯約爲婚姻，曰："吾入關，秋豪無所敢取，[12]籍吏民，封府庫，待將軍。[13]所以守關者，備他盜也。日夜望將軍到，豈敢反邪！願伯明言，不敢背德。"項伯許諾，即夜復去。戒沛公曰："旦日不可不早自來謝。"項伯還，具以沛公言告羽，[14]因曰："沛公不先破關中兵，公巨能入乎？[15]且人有大功，擊之不祥，不如因善之。"羽許諾。[16]

[1]【今注】案，十二月，《史記》卷八《高祖本紀》作"十一月中"。梁玉繩《史記志疑》卷六認爲，《史記·秦楚之際月表》與《漢書·高紀》皆爲十二月，當以十二月爲是。今案，《史記·秦楚之際月表》十二月欄僅載鴻門宴及項羽殺子嬰、燒咸陽等事，其初攻函谷關時間並不明確。此二月既相連，時間接近，似亦無須糾結。

[2]【今注】使黥布等攻破函谷關：周壽昌《漢書注校補》指出，《藝文類聚》引《楚漢春秋》曰："大將亞父至關，不得入，怒曰：'沛公欲反耶！'即令家發薪一束，欲燒關門，關門乃開。"

[3]【今注】遂至戲下：《史記·高祖本紀》此句作"十二月中，遂至戲"。

[4]【今注】案，盡，殿本作"書"。

[5]【顏注】如淳曰：亞，次也。尊敬之次父，猶管仲爲仲父。

[6]【今注】山東：戰國、秦、漢時代，通稱華山或崤山以東爲山東，與"關東"含義相似。

[7]【今注】案，《史記·高祖本紀》此處不載范增諫項羽之語，僅略云"亞父勸項羽擊沛公"。此諫語爲班固據《史記》卷七《項羽本紀》所補。

[8]【顏注】師古曰：饗，謂飲食也。旦日，明旦也。

　　[9]【顏注】師古曰：兵家之法，不言實數，皆增之。

　　[10]【顏注】師古曰：伯者，其字也，名纏。【今注】左尹：
錢大昭《漢書辨疑》指出，左尹爲官名。　項伯素善張良：項伯曾
殺人，爲張良所藏匿。

　　[11]【顏注】文穎曰：特，獨也。無爲獨與沛公俱死。蘇林
曰：特，但也。師古曰：蘇說是也。但，空也。空死而無成名。

　　[12]【顏注】文穎曰：豪，秋乃成好，舉盛而言也。師古
曰：豪成之時，端極纖細，適足諭小，非言其盛。

　　[13]【顏注】師古曰：籍，謂爲簿籍。【今注】籍：登記。

　　[14]【今注】具以沛公言告羽：《史記·項羽本紀》作“具以
沛公言報項王”。梁玉繩《史記志疑》卷六云：“項伯之招子房，非
奉羽之命也，何以言報？且私良會沛，伯負漏師之重罪，尚敢告羽
乎？使羽詰曰‘公安與沛公語’，則伯將奚對？史果可盡信哉！”
郭霞《項羽入關後“弱劉”戰略疑點考證》（《中州學刊》2015 年
第 10 期）認爲，項伯此行，實爲奉項羽之命招降劉邦，並非私自
通風報信。

　　[15]【顏注】服虔曰：巨，音渠。猶未應得入也。師古曰：
服說非也。巨，讀曰詎。詎猶豈也。

　　[16]【今注】案，由“會羽季父左尹項伯素善張良”至此，
《史記·高祖本紀》僅略云：“會項伯欲活張良，夜往見良，因以文
諭項羽，項羽乃止。”此段文字當爲班固據《史記》卷七《項羽本
紀》、卷五五《留侯世家》改寫。

　　沛公旦日從百餘騎見羽鴻門，[1] 謝曰：“臣與將軍
勠力攻秦，[2] 將軍戰河北，臣戰河南，不自意先入關，
能破秦，與將軍復相見。[3] 今者有小人言，令將軍與臣
有隙。”[4] 羽曰：“此沛公左司馬曹毋傷言之。不然，籍
何以生此？”[5] 羽因留沛公飲。范增數目羽擊沛公，[6]

羽不應。范增起，出謂項莊曰："君王爲人不忍。[7]汝入以劍舞，因擊沛公，殺之；不者，汝屬且爲所虜。"莊入爲壽。[8]壽畢，曰："軍中無以爲樂，請以劍舞。"因拔劍舞。項伯亦起舞，常以身翼蔽沛公。樊噲聞事急，直入，怒甚。羽壯之，賜以酒。噲因譙讓羽。[9]有頃，沛公起如廁，招樊噲出，置車官屬，[10]獨騎，[11]樊噲、靳彊、滕公、紀成步，從閒道走軍，[12]使張良留謝羽。羽問："沛公安在?"[13]曰："聞將軍有意督過之，[14]脫身去，閒至軍，[15]故使臣獻璧。"羽受之。[16]又獻玉斗范增。增怒，撞其斗，起曰："吾屬今爲沛公虜矣!"[17]

[1]【顏注】孟康曰：在新豐東十七里，舊大道北下坂口名。【今注】鴻門：地名。在今陝西西安市臨潼區新豐周家溝。

[2]【顏注】師古曰：勠力（勠，蔡琪本、大德本、殿本作"戮"），并力也，音力竹反，又力周反。【今注】案，勠，蔡琪本、大德本、殿本作"戮"。

[3]【顏注】師古曰：意不自謂得然。

[4]【顏注】師古曰：隙，謂閒隙。言乖離不合。

[5]【今注】案，生此，蔡琪本、大德本作"至此"。

[6]【顏注】師古曰：動目以諭之。

[7]【顏注】師古曰：莊，項羽從弟。

[8]【顏注】師古曰：凡言爲壽，謂進爵於尊者，而獻無疆之壽。

[9]【顏注】師古曰：譙讓，以辭相責也。譙，音才笑反。【今注】譙讓：錢大昭《漢書辨疑》引《方言》云："譙，讓也。齊、楚、宋、衛、荊、陳之閒曰譙；自關而西，秦、晉之閒，凡言

相責讓曰譙讓。"案，樊噲入帳事詳見本書卷四一《樊噲傳》。

[10]【顏注】師古曰：置，留也。不以自隨。

[11]【今注】案，蔡琪本、大德本、殿本此處有"與"字。

[12]【顏注】晉灼曰：紀成，紀通父也。服虔曰：走，音奏。師古曰：間，空也。投空隙而行，不公顯也。走，謂趣向也。服音是矣。凡此之類，音義皆同。【今注】靳彊：初率千名騎兵從劉邦於櫟陽（一說陽夏），後以擊項羽、破鍾離眛之功獲封汾陽侯。
　滕公：即夏侯嬰，初爲沛縣廄司御、縣吏，劉邦起兵攻沛時爲内應，隨後入劉邦麾下，常爲劉邦御車。劉邦西征時獲封爲滕令，故稱滕公。漢朝建立後封汝陰侯，長期擔任九卿之一的太僕，文帝時去世。傳見本書卷四一。　紀成：劉邦初起時即任將軍，隨劉邦破秦，後又隨劉邦從漢中定三秦，戰死於好時。其子紀通因其功獲封襄平侯。案，《史記》卷七《項羽本紀》作"紀信"，未知孰是。又案，錢大昭《漢書辨疑》指出，紀成，司馬貞《史記索隱》云"《漢書》作'紀通'。通，紀成之子"，與今本不同。

[13]【顏注】師古曰：安在，何在也。他皆類此。

[14]【顏注】師古曰：督，謂視責也。【今注】督過：王先謙《漢書補注》指出，《說文》"督，視也"，《廣雅・釋詁》"過，責也"。督過，即督責。

[15]【顏注】師古曰：脫，免也。不敢謁辭，苟自免而去，間行以至軍也。脫，音他活反。

[16]【今注】案，關於鴻門宴，梁玉繩《史記志疑》卷六引董份說指出，當時出入軍營當有衛士盤問，且范增一心殺劉邦，自當予以注意乃至監視，何以劉邦等人能悄然離去，而良久不被發現？其細節頗有可疑之處。

[17]【顏注】師古曰：撞，音丈江反。【今注】案，由"沛公旦日從百餘騎見羽鴻門"至此，《史記》卷八《高祖本紀》僅略云："沛公從百餘騎，驅之鴻門，見謝項羽。項羽曰：'此沛公左司

馬曹無傷言之。不然，籍何以生此！’沛公以樊噲、張良故，得解歸。歸，立誅曹無傷。”此段鴻門宴事，當爲班固據《史記·項羽本紀》縮略改寫，而略劉邦殺曹無傷事。

　　沛公歸數日，[1]羽引兵西屠咸陽，殺秦降王子嬰，燒秦宮室，所過殘滅。[2]秦民大失望。[3]羽使人還報懷王。懷王曰：“如約。”[4]羽怨懷王不肯令與沛公俱西入關而北救趙，後天下約，乃曰：“懷王者，吾家所立耳，非有功伐，何以得專主約！[5]本定天下，諸將與籍也。”

　　[1]【今注】案，《史記》卷八《高祖本紀》無“沛公歸數日”句。
　　[2]【今注】案，殘滅，蔡琪本、大德本、殿本作“無不殘滅”。
　　[3]【今注】案，《史記·高祖本紀》此處尚有云“然恐，不敢不服耳”。
　　[4]【顏注】師古曰：謂令沛公王關中。
　　[5]【顏注】師古曰：積功曰伐。《春秋左氏傳》曰“大夫稱伐”。

　　春正月，[1]陽尊懷王爲義帝，實不用其命。[2]

　　[1]【顏注】如淳曰：以十月爲歲首，而正月更爲三時之月。服虔曰：漢正月也。師古曰：凡此諸月號，皆太初正曆之後，記事者追改之，非當時本稱也。以十月爲歲首，即謂十月爲正月。今此真正月，當時謂之四月耳。他皆類此。【今注】春正月：秦及

漢初用顓頊曆，以農曆十月爲歲首。上文顏注引文穎説云"十月，秦正月"，是認爲秦不但以十月爲歲首，亦改稱之爲正月。此處顏師古亦同文穎説，認爲秦以十月爲正月，至於《史記》《漢書》叙此時事以農曆一月爲正月，是據太初曆追改所致。清人趙翼《陔餘叢考》卷一六之《周秦改正朔不改月次辨》亦同此説。其文云："周既以建子爲正月，則秦改建亥爲正朔，亦即以亥月爲正月可知也。則《史記》《漢書》於秦及漢初紀年皆從十月起，師古謂遷等以夏正追叙前事者，信不謬也。太初改歷本史遷及洛下閎建議，故既改從夏正之後，遂以夏正追叙前事，而以秦、漢之春正月爲冬十月也。不然，則豈有一歲之首即以冬十月起數者乎？"然大多數史家皆認爲秦僅以十月爲歲首，但未改月名，仍以一月爲正月。如此條顏注引如淳説、服虔説意皆如是。《史記》卷九九《劉敬叔孫通列傳》之司馬貞《索隱》注云"小顏云'漢以十月爲正，故行朝歲之禮，史家追書十月也'。案：諸書並云十月爲歲首，不言以十月爲正月。《古今注》亦云'群臣始朝十月'也。"王先謙《漢書補注》引王引之則云："上文秦二世二年及此元年皆先言十月，次十一月，次十二月，次正月，俱謂建寅之月爲正月也。《秦曆》以十月爲歲首，《漢太初曆》以正月爲歲首，歲首雖異，而以建寅之月爲正月則同。太初元年正曆但改歲首耳，未嘗改月號也。顏云'以十月爲歲首，即謂十月爲正月'。上文'秦二年十月'，文注'秦謂十月爲正月'，誤説秦之月號；顏説本之，非也……蓋當時曆用《顓頊》，建寅之月，《顓頊曆》之正月也。《大衍曆議》引《洪範傳》云：'曆記始於顓頊，上元太始，閼蒙攝提格之歲，畢陬之月，朔旦己巳立春，七曜俱在營室五度。'案《爾雅》，月在甲曰畢，正月爲陬。畢陬之月，正月月在甲也。蔡邕《明堂月令論》引《顓頊曆術》亦曰'天元正月己巳朔旦立春，日月俱起於天廟營室五度'。其以建寅之月爲正月，明矣。秦及漢初皆用《顓頊曆》，正月安得不建寅乎！"王先謙亦同王引之説。此外，日本瀧川資言《史記會注考證》卷六引中井積德説亦云："秦唯改年始，以十月爲年首而已，其月數則用夏正。"今案，原始史料紛繁，所謂追改之說難度既大，錯誤亦當極多，不合常理。出土《睡虎地秦簡·編年紀》云："（昭王）五十六年，後九月，昭死。"顓頊曆以歲終置閏月，此處既稱"後九月"，然則當時以九月爲歲終甚明，十月自當爲歲首，並未改變月名。此外，1993 年發掘的周家臺 30 號秦墓出土了秦始皇三十四年、三十六年、三十七年以及秦二世元年的曆譜，都以當年的十月爲歲首，並未修改月名。可見，上述爭論當以司馬貞、王引之等人所言爲是，秦及漢初僅以十月爲歲首，但未改月名，仍以農曆一月爲正月。

　　[2]【今注】陽：王先謙《漢書補注》指出，"陽"與"佯"通假。《史記》即作"佯"。案，《史記》卷八《高祖本紀》載立義帝事在十二月，分封事在正月。梁玉繩《史記志疑》卷六指出，《史記·秦楚之際月表》載立義帝事在正月，分封事在二月。然則此處當爲班固據《月表》所做的改寫。

　　二月，[1] 羽自立爲西楚霸王，[2] 王梁、楚地九郡，[3] 都彭城。背約，[4] 更立沛公爲漢王，[5] 王巴、蜀、漢中四十一縣，[6] 都南鄭。[7] 三分關中，立秦三將：章邯爲雍王，[8] 都廢丘；[9] 司馬欣爲塞王，[10] 都櫟陽；[11] 董翳爲翟王，[12] 都高奴。[13] 楚將瑕丘申陽爲河南王，[14] 都洛陽。[15] 趙將司馬卬爲殷王，[16] 都朝歌。[17] 當陽君英布爲九江王，[18] 都六。[19] 懷王柱國共敖爲臨江王，[20] 都江陵。[21] 番君吳芮爲衡山王，[22] 都邾。[23] 故齊王建孫田安爲濟北王。[24] 徙魏王豹爲西魏王，[25] 都平陽。[26] 徙燕王韓廣爲遼東王。[27] 燕將臧荼爲燕王，[28] 都薊。[29] 徙齊王田市爲膠東王。[30] 齊將田都爲齊王，都臨菑。[31] 徙趙王歇爲代王。[32] 趙相張耳爲常山王。[33] 漢王怨羽之背約，欲攻之，丞相蕭何諫，乃止。[34]

[1]【今注】二月：殿本無此二字。如前注，《史記》卷八《高祖本紀》記分封事在正月。或此分封事務延續較久，始於一月，終於二月。

[2]【顏注】文穎曰：《史記·貨殖傳》曰，淮以北沛、陳、汝南、南郡爲西楚；彭城以東東海、吳、廣陵爲東楚；衡山、九江、江南豫章、長沙爲南楚。羽欲都彭城，故自稱西楚。孟康曰：舊名江陵爲南楚，吳爲東楚，彭城爲西楚。師古曰：孟說是也。【今注】西楚：項羽自封之王國，其地大致包括今山東南部、江蘇和浙江全境、安徽淮河以北及其東南部、河南東南部地區。

[3]【今注】梁：本指戰國時的諸侯國魏國，其疆域約有今陝西東南部和河南北部，兼有河北廣平縣、大名縣，山東冠縣，河南黃河以南沿河地區及陝西華陰市左右、韓城市南部一帶。魏惠王時將國都由安邑（今山西夏縣西北）遷至大梁（今河南開封市西北），故魏國又被稱爲梁國。公元前225年爲秦所滅，然其舊有統治地區仍被視作梁地。項羽的西楚國已占有梁地之東部。　楚：本指周代諸侯國楚國，春秋時其疆域東南到昭關（今安徽含山縣北），南達洞庭湖以南，西北至武關（今陝西商南縣西南），北至河南南陽。戰國時疆域進一步擴張，東北至今山東南部，東南至錢塘江以北，西南至今廣西東北角。公元前223年爲秦國所滅，然其舊有統治核心地區仍被視作楚地。　九郡：西楚九郡之所指尚有爭議，一說爲碭郡、陳郡、泗水、東海、東陽、郯郡、會稽、薛郡、東郡。

[4]【今注】背約：本書卷三一《項籍傳》稱項羽“又惡背約，恐諸侯叛之”。是故其以巴、蜀亦屬關中爲理由，封劉邦至巴、蜀，以附會此約，在名義上不擔背約之名。之所以項羽有此理由，是因秦漢時期還存在廣義的關中概念，泛指“包括巴蜀在內的‘殽函’以西的西部地區”。（參見王子今《秦漢區域地理學的“大關

中"概念》,《人文雜志》2003 年第 1 期)

[5]【今注】漢:項羽封給劉邦的王國,其地相當於今湖北十堰市、房縣以西、長江以北,陝西漢中盆地,四川岷江中下游以東地區。

[6]【今注】巴:郡名。治江州(今重慶北嘉陵江北岸)。蜀:郡名。治成都(今四川成都市)。 漢中:郡名。秦時治南鄭(今陝西漢中市),漢時移治西城(今陝西安康市西北)。 案,項羽本僅封劉邦至巴、蜀,後劉邦通過張良、項伯力請得漢中之地。參見本書卷四〇《張良傳》。

[7]【顏注】師古曰:即今之梁州南鄭縣。【今注】南鄭:縣名。治所在今陝西漢中市。

[8]【今注】雍:楚漢相爭時期王國名。轄有秦內史西部及隴西、北地兩郡,相當於今陝西旬邑縣、咸陽市、西安市鄠邑區以西,秦嶺以北,甘肅東部及寧夏南部地區。

[9]【顏注】孟康曰:縣名,今槐里是。韋昭曰:即周時犬丘(犬,蔡琪本作"大"),懿王所都,秦欲廢之,更名廢丘。【今注】廢丘:縣名。後改名槐里。治所在今陝西興平市東南。

[10]【顏注】韋昭曰:在長安東,名桃林塞。師古曰:取河、華之固爲院塞耳,非桃林也。塞,音先代反。【今注】司馬欣:早年爲秦櫟陽獄史,曾釋項梁。後以長史隨章邯鎮壓起義軍。鉅鹿之戰後司馬欣奉命到秦廷求援,爲趙高所拒,乃隨章邯降項羽,至此獲封塞王。漢元年(前206)劉邦還定三秦,司馬欣被迫降漢。劉邦彭城之敗後,司馬欣乃復降項羽。漢四年司馬欣奉命輔佐曹咎共守成皋,戰敗而死。 塞:楚漢相爭時期王國名。轄有秦內史東部,相當於今河南靈寶市以西,陝西丹江上游及西安以東渭河下游地區。

[11]【顏注】蘇林曰:櫟,音藥。師古曰:即今之櫟陽縣是其地。【今注】櫟陽:縣名。秦櫟陽故城在今陝西西安市閻良區武

屯鄉。

[12]【顏注】文穎曰：本上郡，秦所置，項羽以董翳爲王，更名爲翟。【今注】董翳：即董翳，"董"爲"董"的異體字。以都尉隨章邯鎮壓起義軍，鉅鹿之戰後，司馬欣求援失敗，董翳乃勸章邯降項羽。至此獲封翟王。漢元年劉邦還定三秦，董翳降漢。彭城之戰後，乃復降項羽。之後事迹不詳。　翟：楚漢相爭時期王國名。轄有秦上郡，相當於今陝西北部地區。

[13]【顏注】師古曰：今在廊州界。【今注】高奴：縣名。治所在今陝西延安市北。

[14]【今注】河南：楚漢相爭時期王國名。轄秦三川郡，相當於今河南中部伊、洛流域之地。王先謙《漢書補注》指出，《史記·秦楚之際月表》云"韓分爲河南"。

[15]【今注】洛陽：見前文"雒陽"條。

[16]【今注】殷：楚漢相爭時期王國名。其地相當於今河南內黃縣、滑縣、新鄉縣以西，黃河以北地區。王先謙《漢書補注》指出，《史記·秦楚之際月表》云"魏分爲殷"。

[17]【顏注】師古曰：即今之朝歌縣也。【今注】朝歌：縣名。治所在今河南淇縣。

[18]【今注】九江：楚漢相爭時的王國名，轄有九江、廬江二郡，相當於今安徽淮河以南大部與江西全境。王先謙《漢書補注》指出，《史記·秦楚之際月表》云"分楚爲四"，即西楚、衡山、臨江、九江也。

[19]【顏注】師古曰：六者，縣名，本古國，皋陶之後。【今注】六：縣名。治所在今安徽六安市。

[20]【顏注】應劭曰：柱國，上卿官也，若相國矣。共敖，其姓名也。孟康曰：本南郡，改爲臨江國。師古曰：共，音龔。【今注】柱國：官名。戰國時楚國設置。原爲保衛國都之官。柱國原爲國都之意。《戰國策·齊策三》："安邑者，魏之柱國也；晉陽

者，趙之柱國也；鄢郢者，楚之柱國也。"高誘注："柱國，都也。"後爲楚最高武官，亦稱上柱國。位僅次於令尹。　共敖：早期事迹不詳。獲封臨江王後奉項羽令與英布殺義帝，漢三年去世。漢五年垓下之戰項羽敗後漢滅其國，殺其子共尉。　臨江：楚漢相争時期王國名。轄秦南郡、長沙、黔中三郡，相當於今湖北大部、湖南全境和貴州東北部地區。

[21]【顔注】師古曰：即今之荆州江陵縣。【今注】江陵：縣名。治所在今湖北江陵縣。

[22]【今注】吴芮：見前文"番君"倏。　衡山：楚漢相争時期王國名。轄秦衡山郡，其地相當於今安徽霍山縣、懷寧縣以西，長江以北，湖北紅安縣和河南信陽市以東，淮河以南地區。

[23]【顔注】文穎曰：邾，音朱，縣名，屬江夏。【今注】邾（zhū）：縣名。治所在今湖北黄岡市北。

[24]【今注】齊王建：齊國末代國王。　濟北：楚漢相争時期王國名。轄秦濟北郡，相當於本書《地理志》泰山、濟南、平原三郡及勃海郡大河以南之地。王先謙《漢書補注》指出，濟北、遼東、膠東、代、常山，以上數國建都於何地，此處皆未載。《史記·秦楚之際月表》云"分齊爲三"，濟北王都博陽。王氏認爲，此博陽即博縣。今案，博縣，縣名。治所在今山東泰安市東南。案，《史記·高祖本紀》此處不載田安封王事。

[25]【今注】西魏：楚漢相争時期王國名。其地相當於今山西南部地區。

[26]【今注】平陽：縣名。治所在今山西臨汾市西南。案，《史記·高祖本紀》此處不載魏豹封王事。今案，《史記》詳叙此分封事主要在卷七《項羽本紀》，在《高祖本紀》爲略叙，其疏略蓋因此故。

[27]【今注】遼東：楚漢相争時期王國名，其地相當於今遼寧大部、河北東北部和内蒙古赤峰市以南地區。王先謙《漢書補

注》指出，《史記·秦楚之際月表》"燕分爲遼東，都無終"。今案，無終，縣名。治所在今天津市薊州區。

［28］【顏注】鄭氏曰：荼，音荼毒之荼。如淳曰：音舒。師古曰：鄭音是也。音大胡反。【今注】臧荼：原爲燕國將領。秦末農民起義後，隨從項羽入關。項羽封王，改封原燕王韓廣爲遼東王，而以荼爲燕王。不久攻殺韓廣，併其地。漢五年與韓信等共上書尊劉邦爲帝，同年以謀反罪被劉邦擊殺。其孫女臧兒爲漢武帝外祖母。

［29］【顏注】師古曰：薊，即幽州薊縣。【今注】薊：縣名。治所在今北京市西南。案，《史記·高祖本紀》此處叙臧荼殺韓廣事，《漢書》叙於後。

［30］【今注】膠東：諸侯王國名。治即墨（今山東平度市東南）。

［31］【顏注】師古曰：今在青州。【今注】臨菑：縣名。治所在今山東淄博市東北。案，《史記·高祖本紀》此處不載封田都及徙田市事。

［32］【今注】代：楚漢相爭時期王國名。其地相當於今河北西北部，山西中部和北部，内蒙古托克托縣和土默特左旗以東、陰山以南地區。王先謙《漢書補注》指出，關於代國都城，《史記·秦楚之際月表》云"分趙爲代，都代"。今案，代，縣名。治所在今河北蔚縣東北。

［33］【今注】常山：楚漢相爭時期王國名。其地相當於今河北南部及山東平原、高唐二縣。王先謙《漢書補注》指出，《史記·秦楚之際月表》云"都襄國"。今案，襄國，縣名。治所在今河北邢臺市。　案，《史記·高祖本紀》叙封張耳趙王及遷趙王歇一事在封司馬卬、英布兩事之間。

［34］【顏注】服虔曰：稱丞相者，録事追言之。【今注】案，由"漢王怨羽之背約"至此，《史記·高祖本紀》不載。此事似亦

不見於《史記》其他篇章，其細節獨載於本書卷三九《蕭何傳》。蕭何對比雙方實力，建議劉邦先忍氣赴漢中，再圖還定三秦之計。又，《史記·高祖本紀》此處尚載項羽封陳餘、梅鋗事："封成安君陳餘河閒三縣，居南皮。封梅鋗十萬戶。"《漢書》當是爲體例統一，僅書封王爵事。然賤封陳餘一事對其後時局影響頗大，不叙此事對理解後文有較大影響。

夏四月，諸侯罷戲下，各就國。[1]羽使卒三萬人從漢王，楚子、諸侯人之慕從者數萬人，[2]從杜南入蝕中。[3]張良辭歸韓，漢王送至褒中，[4]因說漢王燒絕棧道，[5]以備諸侯盜兵，[6]亦視項羽無東意。[7]

[1]【顏注】師古曰：戲，謂軍之旌麾也，音許宜反，亦讀曰麾。先是諸侯從項羽入關者，各帥其軍，聽命於羽；今既受封爵，各使就國，故總言"罷戲下"也。一說云，時從項羽在戲水之上，故言"罷戲下"。此說非也。項羽見高祖於鴻門，已過戲矣；又入秦燒秦宮室，不復在戲也。《漢書》通以"戲"爲"麾"字，義見《竇田灌韓傳》。【今注】戲下：《史記》卷八《高祖本紀》張守節《正義》注云"戲音麾，許慎注《淮南子》云：'戲，大旗也。'"《史記》卷七《項羽本紀》司馬貞《索隱》注則云："戲音義，水名也。言'下'者，如許下、洛下然也。按：上文云項羽入至戲西鴻門，沛公還軍霸上，是羽初停軍於戲水之下。後雖引兵西屠咸陽，燒秦宮室，則亦還戲下。今言'諸侯罷戲下'，是各受封邑號令訖，自戲下各就國。何須假借文字，以爲旌麾之下乎？顏師古、劉伯莊之說皆非。"

[2]【顏注】文穎曰：楚子，猶言楚人也。諸侯人，猶諸侯國人。【今注】楚子：王念孫《讀書雜志·漢書第一》指出，《史記》作"楚與諸侯之慕從者數萬人"。王氏認爲，"子"當爲"予"

字之誤。"予"通"與"。

[3]【顔注】李奇曰：蝕，音力，在杜南。如淳曰：蝕，入漢中道川谷名。【今注】從杜南入蝕中：《漢書考證》引程大昌《雍録》云"以地望求之，關中南面背礙南山，其有微徑可達漢中者惟子午谷，在長安正南，其次向西則駱谷"。據此，考證認爲，此蝕中若非駱谷，即是子午谷。王先謙《漢書補注》引《讀史方輿紀要》云："子午谷，或曰即古蝕中。"今案，杜，縣名。屬京兆尹，治所在今陝西西安市東南。蝕中當爲劉邦入川之道路。關於劉邦赴漢中的路綫，學界尚有一定爭論。蜀道穿越秦嶺至漢中的綫路主要有所謂"四道"，即故道、褒斜道、儻駱道、子午道。除此之外，還有所謂陳倉古道（一説即故道）。相關爭論主要集中在子午道與褒斜道之間。褒斜道支持者以本書卷四〇《張良傳》"漢王之國，良送至褒中"一句爲據，並有觀點認爲子午道在漢初尚未開通。子午道支持者則以"從杜南入蝕中"爲據，認爲由杜縣向南所對正爲子午谷，並有觀點認爲褒斜道在漢初已壅塞。由於位於漢中的東漢摩崖石刻《石門頌》有云"高祖受命，興於漢中。道由子午，出散入秦"，故子午道説是目前較爲主流的觀點。（參見辛德勇《論劉邦進出漢中的地理意義及其行軍路綫》，《傳統文化與現代化》1997年第4期；晏波《劉邦赴漢中所過棧道新解》，《史林》2010年第2期；王子今《秦嶺"四道"與劉邦"興於漢中"》，《石家莊學院學報》2016年第5期；孫啓祥《漢王劉邦就國南鄭時"燒絶棧道"考辨》，《成都大學學報》2018年第6期）

[4]【顔注】師古曰：即今梁州之襃縣也，舊曰襃中，言居襃谷之中。隨室諱"忠"（隨，蔡琪本、殿本皆作"隋"），改爲"襃内"。【今注】案，此句誤。當時本爲張良送劉邦後辭歸韓，與此句意相反。本書《張良傳》云："漢王之國，良送至襃中，遣良歸韓。"

[5]【顔注】師古曰：棧即閣也。今謂之閣道。【今注】案，

由"張良辭歸韓"至此,《史記·高祖本紀》僅略云"去輒燒絶棧道"。此段文字當係班固據《史記》卷五五《留侯世家》所改寫。然如前文所叙,此段文字存在錯誤,未知是改寫致誤,還是後來傳寫時發生的訛誤。

[6]【今注】以備諸侯盗兵:諸侯就國後,除三秦王之外絶大部分諸侯皆遠離漢中,所謂"諸侯盗兵"似不知所謂。有觀點認爲,項羽分封在二月,諸侯就國却晚在四月。之所以如此,是項羽在糾集諸侯以逼迫、確保劉邦赴漢中,此所謂"備諸侯盗兵"即是當時情況的體現。劉邦赴漢中當在諸侯罷兵就國之前。(參見郭霞《項羽入關俊"弱劉"戰略疑點考證》,《中州學刊》2015 年第 10 期)

[7]【顔注】如淳曰:視,音示。師古曰:言令羽知漢王更無東出之意也。《漢書》多以"視"爲"示",古通用字。

漢王既至南鄭,諸將及士卒皆歌謳思東歸,[1]多道亡還者。[2]韓信爲治粟都尉,[3]亦亡去,蕭何追還之,因薦於漢王,曰:"必欲争天下,非信無可與計事者。"於是漢王齊戒設壇場,[4]拜信爲大將軍,問以計策。[5]信對曰:"項羽背約而王君王於南鄭,[6]是遷也。[7]吏卒皆山東之人,日夜企而望歸,[8]及其鋒而用之,可以有大功。天下已定,民皆自寧,不可復用。[9]不如決策東向。"[10]因陳羽可圖、[11]三秦易并之計。[12]漢王大説,[13]遂聽信策,部署諸將。[14]留蕭何收巴蜀租,給軍糧食。[15]

[1]【顔注】師古曰:謳,齊歌也,謂齊聲而歌,或曰齊地之歌。謳,音一侯反。【今注】歌謳思東歸:王先謙《漢書補注》

指出，《宋書·樂志》載漢鐃歌十八曲，其一《巫山高》云：“巫山高，高以大；淮水深，難以逝。我欲東歸，害梁不爲？我集無高曳，水何梁湯湯回回。臨水遠望，泣下沾衣。遠道之人心思歸，謂之何？”王氏認爲，此歌或即爲將士所作。所謂“淮水深”，是知其家在淮上。

［2］【顏注】師古曰：未至南鄭，在道即亡歸。

［3］【今注】治粟都尉：官名。管理糧餉的軍官。

［4］【顏注】師古曰：齊，讀曰齎。築也而高曰壇（築也，蔡琪本、大德本、殿本作“築土”），除地爲場。【今注】壇場：指拜將的高臺和場地。

［5］【今注】信：韓信。秦末漢初著名軍事家，助劉邦建漢的漢初三傑之一，先後獲封齊王、楚王，後降封爲淮陰侯，最終以謀反罪被殺。傳見本書卷三四。　案，由“韓信爲治粟都尉”至此，其事詳見於《史記》卷九二《淮陰侯列傳》及本書卷三四《韓信傳》，然《史記》卷八《高祖本紀》不載此事。查諸後文，當是班固誤以爲向劉邦進言者爲淮陰侯韓信，乃於此補入韓信事。參見後文注釋。

［6］【顏注】師古曰：上“王”音于放反。【今注】信對曰：漢初有兩韓信，一爲淮陰侯韓信，一爲韓王信。《漢書考證》齊召南指出：此段語，《史記》但云“韓信”，其上亦無“拜大將軍”明文。《韓王信傳》記載爲韓王信之語，且一字不易，可見此策本出於韓王信。《漢書·韓王信傳》直用《史記》，然此處以爲淮陰侯語，自相矛盾。今案，爲蕭何追還，拜大將軍，“陳羽可圖、三秦易并之計”的是淮陰侯韓信，而獻“決策東向”對策者實爲韓王信，班固混而爲一。韓王信本爲韓國宗室，初隨張良，復隨劉邦入漢中。項羽殺韓王成，立鄭昌爲韓王。劉邦東征擊破鄭昌，以信爲韓王，故稱韓王信。漢六年（前201），劉邦徙之於太原郡守邊，都馬邑。匈奴攻馬邑，信乃降。漢十一年隨匈奴進兵參合，被殺。

其子頹當降漢爲弓高侯，頹當後裔嫣、説、增等在武、昭、宣三朝皆爲顯宦。傳見本書卷三三。

[7]【顏注】如淳曰：秦法，有罪遷徙之於蜀漢。

[8]【顏注】師古曰：企，謂舉足而竦身。

[9]【顏注】師古曰：寧，安也，各安其處。

[10]【今注】案，《史記·高祖本紀》載韓王信諫語結尾尚有“爭權天下”一句。

[11]【顏注】師古曰：圖，謂謀而取之。

[12]【顏注】應劭曰：章邯爲雍王，司馬欣爲塞王，董翳爲翟王，分工秦地，故曰三秦。【今注】三秦：秦亡後，項羽三分秦故地關中，封秦降將章邯爲雍王，領有今陝西中部咸陽市以西和甘肅東部之地；司馬欣爲塞王，領有今陝西咸陽市以東地區；董翳爲翟王，領有今陝西北部地區。合稱三秦。

[13]【顏注】師古曰：説，讀曰悦。

[14]【顏注】師古曰：分部而署置。

[15]【今注】案，由“因陳羽可圖”至此，亦爲《史記·高祖本紀》所無。班固增此文字，亦因其混淆淮陰侯與韓王信所致。又，《高祖本紀》於韓王信之策後，叙項羽遷殺義帝一事。《漢書·高紀》不載遷義帝事，僅載殺義帝事於後文漢二年冬十月。

　　五月，[1]漢王引兵從故道[2]出，襲雍。雍王邯迎擊漢陳倉，[3]雍兵敗，還走；戰好畤，[4]又大敗，走廢丘。漢王遂定雍地。東如咸陽。引兵圍雍王廢丘，[5]而遣諸將略地。[6]

　　[1]【今注】五月：《史記》卷八《高祖本紀》作“八月”。梁玉繩《史記志疑》卷六指出，《史記》之《秦楚之際月表》、卷九二《淮陰侯列傳》皆作“八月”，《漢興以來將相名臣年表》作

"秋"。《漢書·異姓諸侯王表》載漢軍戰事在七月。梁氏認爲,漢中至關中路途遥遠,漢軍亦需修整,《漢書·高紀》之"五月"必誤。"七月"或是漢兵出軍之始,至"八月"而至雍開戰。

　　[2]【顏注】孟康曰:縣名,屬武都。【今注】故道:北起陳倉(今陝西寶雞市),越秦嶺到漢中的一條古道。學界相關研究可參考孫啓祥《20世紀下半葉以來蜀道歷史地理研究綜述》(《陝西理工學院學報》2014年第3期)。

　　[3]【今注】陳倉:縣名。治所在今陝西寶雞市東。

　　[4]【顏注】孟康曰:時,音止,神靈之所止也。好時,縣名,屬右扶風。師古曰:即今雍州好時縣。【今注】好時:縣名。秦置,屬内史,西漢屬右扶風。治所在今陝西乾縣東好時村。

　　[5]【今注】圍雍王:《史記·高祖本紀》司馬貞《索隱》指出,根據荀悦《漢紀》,是令樊噲圍之。

　　[6]【今注】略地:王先謙《漢書補注》指出,《史記》作"略定隴西、北地、上郡"。案,由"漢王引兵"至此,爲劉邦定三秦事。因《史記·高祖本紀》繫劉邦定三秦事於八月,故叙劉邦回定三秦一事於下文項羽"北擊齊"一句之後。

　　田榮聞羽徙齊王市於膠東而立田都爲齊王,大怒,以齊兵迎擊田都。都走降楚。[1]

　　[1]【今注】都走降楚:王先謙《漢書補注》指出,《史記》卷八《高祖本紀》云"殺田都"。然卷七《項羽本紀》云"田都走楚",卷九四《田儋列傳》云"田都亡走楚",《秦楚之際月表》亦云"都降楚"。可見書"殺"爲誤,故班氏改正。

　　六月,田榮殺田市,自立爲齊王。[1]時彭越在鉅野,[2]衆萬餘人,無所屬。榮與越將軍印,因令反梁地。越擊殺濟北王安，榮遂并三齊之地。[3] 燕王韓廣亦不肯徙遼東。秋八月，臧荼殺韓廣，并其地。[4] 塞王欣、翟王翳皆降漢。[5]

[1]【今注】田榮殺田市：田市懼項羽，欲逃奔膠東就國，以致激怒田榮，爲其所追殺。

[2]【顏注】師古曰：鉅野，澤名，因以爲縣，今屬鄆州。【今注】鉅野：縣名。治所在今山東巨野縣東北。

[3]【顏注】服虔曰：齊與濟北、膠東。【今注】案，由“田榮聞羽”至此，所敘事亦見於《史記》卷八《高祖本紀》，然文字差異較大。此段文字當爲班固綜合《史記》卷七《項羽本紀》、卷九〇《魏豹彭越列傳》所改寫。然班固改寫後，此段語義與《史記》原文亦發生了歧異。《史記·項羽本紀》云：“榮因自立爲齊王，而西擊殺濟北王田安，并王三齊。榮與彭越將軍印，令反梁地。”然則按《項羽本紀》，擊殺田安者實當爲田榮，與此不同。梁玉繩《史記志疑》卷六指出，《史記》之《秦楚之際月表》、卷九四《田儋列傳》，《漢書》之《異姓諸侯王表》、卷三三《田儋傳》皆與《史記·田儋列傳》同，稱擊殺田安者爲田榮，唯《漢書·高紀》稱彭越殺田安。梁氏又云，時彭越降田榮，似可釋爲田榮令彭越殺田安，然彭越本傳不記此事又難以解釋。今案，綜合梁氏所論，彭越似不當涉殺田安一事。《史記·項羽本紀》此句作“還攻殺濟北王安”，“越”字或爲“還”字之誤。又案，《史記·高祖本紀》在田榮委命彭越一事後，又敘蕭公角擊彭越事，《漢書·高紀》記於項羽任韓王事後。又敘田榮任陳餘事，《高紀》敘於漢二年（前205）十月。

[4]【今注】案，由“燕王韓廣”至此，《史記·高祖本紀》敘於前文分封時，但未載時間。

[5]【今注】案，欣、翳降漢事，《史記·高祖本紀》載於漢

二年初。

初，項梁立韓後公子成爲韓王，張良爲韓司徒。羽以良從漢王，韓王成又無功，故不遣就國，與俱至彭城，殺之。及聞漢王并關中，而齊、梁畔之，[1]羽大怒，乃以故吳令鄭昌爲韓王，[2]距漢。[3]令蕭公角擊彭越，[4]越敗角兵。時張良徇韓地，[5]遺羽書曰："漢欲得關中，如約即止，不敢復東。"羽以故無西意，而北擊齊。[6]

[1]【今注】齊梁畔之：《史記》卷七《項羽本紀》作"齊、趙叛之"。梁玉繩《史記志疑》卷六指出，趙之叛當指陳餘逐張耳迎趙歇一事，然其事在漢二年（前205），此時尚未發生。《項羽本紀》後文尚有張良將齊、梁反書遺項羽一事，亦可證之。綜上，梁氏認爲當從《漢書》，作"齊、梁畔之"。

[2]【今注】鄭昌：本書卷三三《韓王信傳》云"令故籍游吳時令鄭昌爲韓王"。然則鄭昌當與項羽有舊交。

[3]【今注】案，由"初"至此，《史記》卷八《高祖本紀》無。當爲班固據《史記》卷七《項羽本紀》、卷九三《韓信盧綰列傳》改寫而成。

[4]【顏注】蘇林曰：蕭公，官號也。孟康曰：蕭令也。時令皆稱公。師古曰：孟説是也。

[5]【顏注】蘇林曰：徇，音巡，撫其民人也。孟康曰：徇，略也。師古曰：孟説是（蔡琪本、大德本、殿本句尾有"也"字）。音辭峻反。【今注】張良徇韓地：《史記·項羽本紀》作"漢使張良徇韓"。然《史記》卷五五《留侯世家》叙此策在韓王成被殺之前，張良此時尚與韓王成同隨項羽。至韓王成死後，張良方

“間行歸漢王”。二處記載未知孰是。班固當是據《留侯世家》的
記載删“漢使”二字。

[6]【今注】案，由“令蕭公角擊彭越”至此，《史記·高祖
本紀》無。當爲班固據《史記·項羽本紀》縮略改寫而成。

九月，漢王遣將軍薛歐、王吸出武關，[1]因王陵
兵，[2]從南陽迎太公、吕后於沛。[3]羽聞之，發兵距之
陽夏，[4]不得前。[5]

[1]【顏注】師古曰：歐，音烏垢反。吸，音翕。【今注】薛
歐：《史記》卷八《高祖本紀》司馬貞《索隱》云：“按表，歐以
舍人從，爲將軍，封廣平侯也。”　王吸：《史記·高祖本紀》《索
隱》云：“按《表》，吸以中涓從，爲將軍，封清陽侯。”

[2]【顏注】如淳曰：王陵亦聚黨數千人，居南陽。【今注】
王陵：本爲沛地豪傑，劉邦早年亦曾“兄事”王陵。因而王陵長期
不願屈居劉邦之下，歸附時間較晚。後獲封安國侯，至惠帝時，任
右丞相，吕后時轉任太傅。傳見本書卷四〇。關於王陵去世時間，
本書《王陵傳》叙其在吕后稱制後，遷爲太傅，杜門不朝請，“十
年而薨”。《史記》卷五六《陳丞相世家》則作“七年而卒”。曾維
華指出，《史記·高祖功臣侯者年表》與《漢書·高惠高后文功臣
表》皆爲“七年”，當以之爲準。曾氏進一步指出，出現這一歧異
當是因爲秦漢隸書中“七”與“十”極其相似所致。（參見曾維華
《王陵卒年考》，《中國史研究》1994 年第 1 期）

[3]【今注】從南陽：《史記·高祖本紀》裴駰《集解》引如
淳云：“王陵亦聚黨數千人，居南陽。”張守節《正義》引《括地
志》云：“王陵故城在商州上洛縣南三十一里。《荆州記》云昔漢高
祖入秦，王陵起兵丹水以應之，此城王陵所築，因名。”

[4]【顏注】鄭氏曰：音假借之假。師古曰：即今亳州陽夏

縣。【今注】陽夏：縣名。治所在今河南太康縣。

[5]【今注】案，《史記·高祖本紀》叙立鄭昌爲韓王一事於此。

二年冬十月，項羽使九江王布殺義帝於郴。[1]陳餘亦怨羽獨不王己，從田榮藉助兵，[2]以擊常山王張耳。耳敗走，降漢，漢王厚遇之。陳餘迎代王歇還趙，歇立餘爲代王。[3]張良自韓閒行歸漢，漢王以爲成信侯。[4]

[1]【顏注】文穎曰：郴，縣名，屬桂陽。如淳曰：郴，音綝。師古曰：説者或以爲《史記》本紀及《漢注》云衡山、臨江王殺之江中，謂《漢書》言黥布殺之爲錯。然今據《史記·黥布傳》“四月，陰令九江王等行擊義帝。其八月，布使將追殺之郴”，又與《漢書》項羽、英布傳相合。是則衡山、臨江與布同受羽命，而殺之者布也，非班氏之錯。“郴”“綝”二字，並音丑林反。【今注】郴：縣名。治所在今湖南郴州市。　案，關於義帝被殺時間，梁玉繩《史記志疑》卷六指出，《史記》卷七《項羽本紀》、卷八《高祖本紀》記在漢元年（前206）四月，卷九一《黥布列傳》記在漢元年八月，《秦楚之際月表》與《漢書》卷一《高紀》皆在漢二年十月。梁氏猜測以元年四月爲是。

[2]【顏注】師古曰：藉，借也。　【今注】從田榮藉助兵：《史記·高祖本紀》叙陳餘借兵攻張耳事在元年，《漢書》記之在二年十月，所據當爲《史記·秦楚之際月表》。梁玉繩《史記志疑》卷六認爲，《史記·高祖本紀》當是就田榮之反連及而叙陳餘借兵之事，時間當以《月表》爲準。

[3]【今注】案，“項羽使九江王”至此，除漢王厚遇張耳一事記於是年正月外，其餘諸事《史記·高祖本紀》皆叙於前一年。

[4]【今注】案，此句《史記·高祖本紀》所無，當爲班固據《史記》卷五五《留侯世家》增補。

漢王如陝，[1]鎮撫關外父老。[2]河南王申陽降，置河南郡。[3]使韓太尉韓信擊韓，韓王鄭昌降。[4]

[1]【顏注】師古曰：陝，今陝州陝縣也，音式冉反。【今注】陝：縣名。治所在今河南三門峽市西。

[2]【顏注】師古曰：鎮，安也。撫，慰也。【今注】案，由上文"張良自韓"至此，《史記》卷八《高祖本紀》僅作"漢王東略地"，其餘相關內容則叙於二年（前205）正月虜章平一事之後。梁玉繩《史記志疑》卷六認爲，《史記》誤。

[3]【今注】申陽降：王先謙《漢書補注》指出，《史記·秦楚之際月表》記此事在十一月。　河南：郡名。即秦三川郡，治洛陽（今河南洛陽市東北）。案，《史記·高祖本紀》在此句之前尚叙塞王欣、翟王翳降事，本書叙於漢元年八月。

[4]【今注】案，《史記·高祖本紀》叙擊破鄭昌事後，綜合叙述了劉邦滅諸國後所新置的郡："於是置隴西、北地、上郡、渭南、河上、中地郡；關外置河南郡。"

十一月，立韓太尉信爲韓王。漢王還歸，都櫟陽，使諸將略地，拔隴西。[1]以萬人若一郡降者，封萬户。[2]繕治河上塞。[3]故秦苑囿園池，令民得田之。[4]

[1]【今注】隴西：郡名。治狄道縣（今甘肅臨洮縣）。王先謙《漢書補注》指出，時隴西屬雍國。案，由"漢王還歸"至此，《史記》卷八《高祖本紀》無，爲《漢書》所補。

[2]【顏注】師古曰：若者，豫及之辭。言以萬人或以一郡降者，皆封萬戶。

[3]【顏注】晉灼曰：《鼂錯傳》："秦北攻胡，築河上塞。"師古曰：繕，補也。【今注】河上塞：《漢書考證》齊召南指出，河上塞，當即河上郡之北境，與匈奴邊界處，並非秦時蒙恬取河南地，因河爲塞者。據《匈奴傳》，自諸侯叛秦後，匈奴乃稍度河，南與中國界於故塞。河上郡，前即塞王國，後爲三輔之一的馮翊。此時初得此地，故復繕治障塞。晉灼注以遠在朔方、五原的蒙恬所築河上塞爲解，誤。

[4]【顏注】師古曰：養鳥獸曰苑，苑有垣曰囿，所以種植謂之園。田，謂耕作也。囿，音宥。【今注】令民得田之：何焯《義門讀書記》卷一五指出，此政策既改變了秦朝暴政，且補足了關中食糧。

春正月，羽擊田榮城陽，榮敗走平原，平原民殺之。[1]齊皆降楚，楚焚其城郭，齊人復畔之。[2]諸將拔北地，[3]虜雍王弟章平。赦罪人。[4]二月癸未，[5]令民除秦社稷，[6]立漢社稷。施恩德，賜民爵。[7]蜀漢民給軍事勞苦，復勿租稅二歲。[8]關中卒從軍者，復家一歲。舉民年五十以上，有脩行，能帥衆爲善，置以爲三老，[9]鄉一人。擇鄉三老一人爲縣三老，與縣令、丞、尉以事相教，[10]復勿繇戍。[11]以十月賜酒肉。[12]

[1]【今注】平原：縣名。治所在今山東平原縣西南。

[2]【今注】案，由"羽擊田榮城陽"至此，《史記》卷八《高祖本紀》追敘於後文田橫立田廣事前；卷七《項羽本紀》敘此事較詳，但其時間記載爲是年冬，梁玉繩《史記志疑》卷六認爲當

以"舂"爲是，但未説明理由。

[3]【今注】案，此句《史記·高祖本紀》無，爲《漢書》所補。北地，郡名。治義渠（今甘肅寧縣西北）。

[4]【今注】案，《史記·高祖本紀》於此叙劉邦至陝及張耳來見事。

[5]【今注】癸未：《史記·高祖本紀》無，爲《漢書》所補。

[6]【今注】社稷：古代君主祭祀土地神（社）和穀神（稷），後以社稷代指國家。

[7]【顏注】臣瓚曰：爵者，祿位。民賜爵，有罪得以減也。

[8]【顏注】師古曰：復者，除其賦役也，音方目反。其下並同。

[9]【今注】三老：先秦以來掌教化之鄉官。《史記·高祖本紀》張守節《正義》引《百官公卿表》，指出依秦制"十里一亭，亭有長。十亭一鄉，鄉有三老，三老掌教化"。沈欽韓《漢書疏證》引《倉頡碑陰》云"衙縣三老上官鳳，衙鄉三老時勤"，指出有縣三老、鄉三老。沈氏又據《後漢書》卷七六《王景傳》，指出東漢還有郡三老。

[10]【今注】丞：官名。此指縣丞。秦漢縣級行政機構佐官之一。位僅次於縣令（長），秩四百石至二百石，由中央任命，員額多爲一人。職掌文書及倉、獄事宜，佐助令（長）。 尉：官名。此指縣尉。秦漢縣府佐官，職主盜賊，有單獨治所。關於秦縣令、丞、尉的具體職責，可參見沈剛《秦縣令、丞、尉問題發微》（載《出土文獻研究》第 17 輯，中西書局 2018 年版）。

[11]【顏注】師古曰：縣，讀曰傜。

[12]【今注】案，由"施恩德"至此，不見於《史記·高祖本紀》，當爲班固據其他材料所增補。梁玉繩《史記志疑》卷六引劉辰翁説指出，這些是戰時設計制度、收拾人心的重要措施，《史記》未載，是爲失誤之處。

三月，漢王自臨晉渡河，[1]魏王豹降，將兵從。下河內，虜殷王印，置河內郡。至脩武，[2]陳平亡楚來降。[3]漢王與語，說之，[4]使參乘，[5]監諸將。[6]南渡平陰津，[7]至洛陽，新城三老董公遮說漢王曰：[8]"臣聞'順德者昌，逆德者亡；兵出無名，事故不成'。[9]故曰'明其爲賊，敵乃可服'。[10]項羽爲無道，放殺其主，[11]天下之賊也。夫仁不以勇，義不以力，[12]三軍之衆爲之素服，以告之諸侯，爲此東伐，[13]四海之內莫不仰德。此三王之舉也。"[14]漢王曰："善。非夫子無所聞。"[15]於是漢王爲義帝發喪，袒而大哭，[16]哀臨三日。[17]發使告諸侯曰："天下共立義帝，北面事之。今項羽放殺義帝江南，大逆無道。寡人親爲發喪，兵皆縞素。[18]悉發關中兵，收三河士，[19]南浮江、漢以下，[20]願從諸侯王[21]擊楚之殺義帝者。"

[1]【顏注】師古曰：舊縣名。其地居河之西濱，東臨晉境，本列國時秦所名也，即今之同州朝邑縣界也。【今注】臨晉：縣名。治所在今陝西大荔縣朝邑鎮。本大荔戎之地，秦厲公十六年（前461）伐大荔戎，取其王城。戰國時一度屬魏國，後復歸秦，更名爲臨晉。秦封泥有"臨晉丞印"，秦始皇帝陵北魚池遺址出土秦陶文"臨晉繆"，皆爲秦設縣佐證。

[2]【今注】河內：郡名。治懷縣（今河南武陟縣西南）。脩武：縣名。治所在今河南獲嘉縣。

[3]【今注】陳平：劉邦手下的重要謀士。傳見本書卷四〇。亡楚來降：秦末農民起義開始後，陳平初從魏王咎，後投項羽。劉邦出關東征時，殷王司馬印反楚，項羽令陳平率魏王咎客擊降殷王印而受賞賜。未幾，殷王司馬印復爲劉邦擊降。項羽怒，陳平懼

誅，乃間行降漢。

[4]【顏注】師古曰：説，讀曰悦。

[5]【今注】參乘：古代乘車時，尊者居左，御者居中，隨從之人居車之右，稱作"參乘"，又作"車右""陪乘"。也作"驂乘"。

[6]【今注】案，由"至脩武"至此，《史記》卷八《高祖本紀》無，當是班固據《史記》卷五六《陳丞相世家》改寫增補。

[7]【顏注】蘇林曰：在河陰。【今注】平陰津：古津渡名。在今河南孟津縣東北，黃河重要渡口之

[8]【今注】新城三老董公：錢大昭《漢書辨疑》認爲，此與本書卷六三《武五子傳》"壺關三老茂"皆爲縣三老。梁玉繩《史記志疑》卷六則認爲，新城爲鄉，至惠帝四年（前191）方改爲縣。董公當爲鄉三老。王先謙《漢書補注》指出，張守節《史記正義》注引《楚漢春秋》云："董公八十二，遂封爲成侯。"董公，蔡琪本、殿本作"董公"。

[9]【顏注】蘇林曰：名者，伐有罪。

[10]【顏注】應劭曰：爲，音無爲之爲。布告天下，言項羽殺義帝，明其爲賊亂，舉兵征之，乃可服也。鄭氏曰：爲，音人相爲之爲。師古曰：應説是也。

[11]【顏注】師古曰：殺，讀曰弒（讀曰，蔡琪本作"亦曰"）。諸弒君者，其例皆同。

[12]【顏注】李奇曰：彼有仁，我不能以勇服；彼有義，我能以力服（能，蔡琪本、大德本、殿本作"不能"，當以"不能"爲是）。文穎曰：以，用也。己有仁，天下歸之，可不用勇而天下自服；己有義，天下奉之，可不用力而天下自定。師古曰：爲義帝發喪，此爲行仁義，不用勇力。文説是也。

[13]【顏注】師古曰：爲，並音于僞反。

[14]【顏注】師古曰：三王，夏、殷、周也。言以德義取天

下，則可比蹤於三王。

[15]【今注】案，由"臣聞順德者昌"至此，爲董公與劉邦對話的詳細內容，然《史記·高祖本紀》無載，僅略云"以義帝死故"。此段文字當爲班固據其他史料所補。

[16]【顏注】如淳曰：袒，亦如禮袒踊也。師古曰：袒，謂脫衣之袖也，音徒旱反。【今注】爲義帝發喪：至此時，義帝已死近半年。

[17]【顏注】師古曰：衆哭曰臨，音力禁反。

[18]【顏注】師古曰：縞，白素也，音工老反。

[19]【顏注】韋昭曰：河南、河東、河内也。【今注】三河：指河南、河東、河内三郡，相當於今河南北部、中部及山西西南部地區。

[20]【今注】案，關於此句所體現的漢軍進軍路綫，《史記·高祖本紀》張守節《正義》云："南收三河士，發關内兵，從雍州入子午道，至漢中，歷漢水而下，從是東行，至徐州，擊楚。"《資治通鑑》卷九《漢紀》太祖高皇帝二年胡三省注指出，此句意爲發三河士兵攻其北，而又南浮江、漢，下兵以夾攻之。全祖望《經史問答》卷九同意胡三省説而補充之，指出《水經注》記載高祖二年（前205）時，置長沙、黔中二郡。全氏指出，長沙乃義帝都，黔中則項羽南境，爲項羽勢力較薄弱之處，故南下之軍自漢中出，乘虛先定長沙、黔中二郡而有之，此即所謂"南浮江、漢"。

[21]【顏注】服虔曰：漢名王爲諸侯王。師古曰：服說非也。當時漢未有此稱號，直言諸侯及王耳。自謙言隨諸侯王之後也。

夏四月，[1]田榮弟橫收得數萬人，立榮子廣爲齊王。[2]羽雖聞漢東，既擊齊，欲遂破之而後擊漢，漢王以故得劫五諸侯兵，[3]東伐楚。到外黃，彭越將三萬人歸漢。漢王拜越爲魏相國,[4]令定梁地。[5]漢王遂入彭城,收羽美人貨賂,置酒高會。[6]羽聞之,令其將擊齊,而自以精兵三萬人從魯出胡陵,[7]至蕭,晨擊漢軍,[8]大戰彭城、靈壁東[9]睢水上,[10]大破漢軍,多殺士卒,睢水爲之不流。[11]圍漢王三币。大風從西北起,折木發屋,揚砂石,晝晦,[12]楚軍大亂,而漢王得與數十騎遁去。過沛,使人求室家,室家亦已亡,不相得。漢王道逢孝惠、魯元,載行,楚騎迫漢王,漢王急,推墮二子。[13]滕公下收載,遂得脱。[14]審食其從太公、呂后間行,反遇楚軍,[15]羽常置軍中以爲質。[16]諸侯見漢敗,皆亡去。塞王欣、翟王翳降楚,殷王卬死。[17]

[1]【今注】夏四月:此時間《史記》卷八《高祖本紀》無,爲《漢書》所補。《高祖本紀》於此追叙項羽擊殺田榮事。

[2]【今注】案,《史記·高祖本紀》此處有"齊王反楚城陽"一句。

[3]【顔注】應劭曰:雍、翟、塞、殷、韓也。如淳曰:塞、翟、魏、殷、河南也。韋昭曰:塞、翟、韓、殷、魏也。雍時已敗。師古曰:諸家之説皆非也。張良遺羽書云"漢欲得關中,如約即止,不敢復東"。東,謂出關之東。今羽聞漢東之時,漢固已得三秦矣。五諸侯者,謂常山、河南、韓、魏、殷也。此年十月,常山王張耳降,河南王申陽降,韓王鄭昌降。三月,魏王豹降,虜殷王卬。皆在漢東之後。故知謂此爲五諸侯。時雖未得常山之地,據《功臣表》云"張耳棄國,與大臣歸漢",則亦有士卒也。又《叔孫通傳》云"二年,漢王從五諸侯入彭城",爾時雍王猶在廢丘被圍,即非五諸侯之數也。尋此,紀文昭然可曉。前賢注

釋，並失指趣。【今注】五諸侯：關於"五諸侯"問題，歷代爭論不休。除應劭、如淳、韋昭、顔師古外，徐廣、司馬貞、張守節、顧胤、劉攽、吳仁傑、董教增、全祖望、趙翼、汪中、周壽昌、王先謙、吳汝綸、吕思勉、朱希祖等皆各有説。綜括各家説法，除顔注所提及的雍、翟、塞、殷、韓、魏、河南、常山諸國之外，還有趙（陳餘）、齊、燕、衡山亦被一些學者列入"五諸侯"之列。參見王先謙《漢書補注》、朱希祖《〈史記〉漢王'劫五諸侯兵'考》（《齊魯學報》1941年第2期）、王綺思《彭城之戰劉邦所率"五諸侯"考》（《文教資料》2016年第36期）。案，劫五諸侯事，《史記》卷七《項羽本紀》記載在是年春，與此"夏四月"的記載不同。梁玉繩《史記志疑》卷六認爲，當以"夏四月"爲是，然未説明理由。今案，此二時間相鄰，無須太過拘泥，或是在春末起兵，夏四月至楚。

［4］【今注】案，魏相國，蔡琪本無"魏"字。

［5］【今注】案，由"東伐楚"至此，《史記·高祖本紀》無，當爲班固據《史記》卷九〇《魏豹彭越列傳》改寫增補。

［6］【顔注】服虔曰：大會也。

［7］【今注】魯：縣名。治所在今山東曲阜市魯故城。案，有學者通過實地考察，認爲項羽係穿越魯中山地，繞過劉邦防綫奇襲彭城，從而取得了彭城之戰的勝利（參見李開元《項羽攻齊和奇襲彭城的路綫——兼論楚軍彭城大勝的原因》，載《秦漢研究》第9輯，陝西人民出版社2015年版）。

［8］【今注】案，由"漢王遂入彭城"至此，《史記·高祖本紀》僅略云"遂入彭城。項羽聞之，乃引兵去齊，從魯出胡陵，至蕭"。《漢書》此段文字當爲班固據《史記·項羽本紀》所改寫。然《項羽本紀》原文叙項羽開始安排回援在劉邦入彭城之前，與此略有差異。

［9］【顔注】孟康曰：故小縣，在彭城南。【今注】靈壁：地

名。在今安徽濉溪縣西北。

[10]【顔注】師古曰：睢，音雖。【今注】睢水：古代鴻溝水系的支流，從大梁東鴻溝分出，流經彭城入泗水。

[11]【顔注】師古曰：殺人既多，填於睢水。

[12]【顔注】師古曰：晦，暗也。

[13]【今注】案，壿，蔡琪本、大德本、殿本作“墮”。

[14]【顔注】鄭氏曰：滕公，夏侯嬰也。師古曰：脫，音他活反。

[15]【顔注】師古曰：此審食其及武帝時趙食其，讀皆與酈食其同，音異基。而近代學者，酈則爲異基，審則爲食基，趙則食其，非也。同是人名，更無別義，就中舛駁，何所據依！且荀悦《漢紀》三者並爲“異基”字，斷可知矣。太公、吕后避楚軍（避，大德本、殿本作“本避”），乃反與之相遇（與之相遇，殿本作“與之遇”），而見拘執。【今注】審食其：沛縣（今江蘇沛縣）人。初爲劉邦舍人，曾與吕后一同被項羽俘獲，爲吕后寵信。漢高祖時封辟陽侯，高后時爲左丞相。漢文帝時，爲淮南王劉長所殺。

[16]【今注】案，由“圍漢王三帀”至此，《史記·高祖本紀》基本略去，僅云“乃取漢王父母妻子於沛，置之軍中以爲質”。此段文字當爲班固據《史記·項羽本紀》改寫。

[17]【今注】案，由“諸侯見漢敗”至此，《史記·高祖本紀》云“當是時，諸侯見楚彊漢敗，還皆去漢復爲楚。塞王欣亡入楚”，不如《漢書》詳細。

吕兄周吕侯[1]將兵居下邑，[2]漢王從之。[3]稍收士卒，軍碭。

[1]【顔注】蘇林曰：以姓名侯也。晉灼曰：《外戚表》周吕

令武侯澤也。吕，縣名，封於吕以爲國。師古曰：周吕，封名。令武，其謚也。蘇云"以姓名侯"，非也。【今注】吕兄：蔡琪本、大德本、殿本作"吕后兄"。梁玉繩《史記志疑》卷六指出，《水經注》載接應劉邦者爲吕后弟，然誤書其名爲"周"，其記載當誤。　周吕侯：吕澤，吕后長兄。

[2]【顏注】師古曰：縣名也。

[3]【今注】案，從之，蔡琪本、大德本、殿本作"往從之"。

漢王西過梁地，至虞，[1] 謂謁者隨何曰：[2] "公能說九江王布，使舉兵畔楚，項王必留擊之。得留數月，吾取天下必矣。"隨何往說布，果使畔楚。

[1]【顏注】師古曰：即今宋州虞城縣。【今注】虞：縣名。治所在今河南虞城縣北。

[2]【今注】謁者：職官名。春秋戰國已有，秦、漢承之。西漢時掌賓贊受事，郎中令（光禄勳）屬官，員七十人，秩比六百石。　隨何：劉邦帳下著名辯士，以勸降英布之功被封爲護軍中尉。其事主要見於本書卷三四《英布傳》。

五月，漢王屯滎陽，蕭何發關中老弱未傅者悉詣軍。[1] 韓信亦收兵與漢王會，[2] 兵復大振。與楚戰滎陽南京、索間，破之。[3] 築甬道，屬河，[4] 以取敖倉粟。[5] 魏王豹謁歸視親疾。[6] 至則絶河津，反爲楚。[7]

[1]【顏注】服虔曰：傅，音附。孟康曰：古者二十而傅，三年耕有一年儲，故二十三而後役之。如淳曰：律，年二十三，傅之疇官，各從其父疇學之，高不滿六尺二寸以下爲罷癃。《漢儀

注》云“民年二十三爲正，一歲爲衛士，一歲爲材官、騎士，習射御騎馳戰陳”，又曰“年五十六衰老，乃得免爲庶民，就田里”。今老弱未嘗傅者皆發之。未二十三爲弱，過五十六爲老。師古曰：傅，著也。言著名籍，給公家徭役也。服音是。

〔2〕【今注】韓信亦收兵與漢王會：本書卷三四《韓信傳》云：“信復發兵與漢王會滎陽，復擊破楚京、索間，以故楚兵不能西。”然《史記》卷九二《淮陰侯列傳》則作“信復收兵”。是知韓信亦當參與彭城之役，敗後收散卒而與劉邦相會，擊破楚軍，形成楚漢在滎陽、成皋長期相持的戰略態勢。

〔3〕【顏注】應劭曰：京，縣名。今有大索、小索亭。晉灼曰：音冊。師古曰：音求索之索。【今注】與楚戰：何焯《義門讀書記》卷一五指出，《史記》卷八《高祖本紀》書此戰在“六月，立太子”之下。梁玉繩《史記志疑》卷六認爲，荀悦《漢紀》記此事在五月（與《漢書》同），敘事順序與《史記》卷七《項羽本紀》略同。梁氏認爲，當以五月爲是，《高祖本紀》誤。　京：縣名。治所今在河南滎陽市東南。　索：邑名。治所在今河南滎陽市，爲大索城，又有小索城在縣北，皆以索水得名（段干木：《中國地名大辭典》，人文出版社 1981 年版，第 1670 頁）。陳萬卿、董恩林，以京城位於今河南滎陽市東南京襄城村周圍，索城位於今河南滎陽市北索水北岸張樓村周圍（《京、索二城考》，載《歷史文獻研究》，華東師範大學出版社 2011 年版）。

〔4〕【顏注】應劭曰：恐敵鈔輜重，故築垣牆如街巷也。鄭氏曰：甬，音踊。師古曰：屬，聯也，音之欲反。【今注】甬道：兩旁有牆或其他障蔽物的通道，用於保障軍事後勤補給。

〔5〕【顏注】孟康曰：敖，地名，在滎陽西北，山上臨河有大倉。【今注】敖倉：秦漢時期最重要的國家倉廩之一。建在滎陽北敖山之上，故得名。故地在今河南鄭州市西邙山上。案，由“五月，漢王屯滎陽”至此，《史記·高祖本紀》略敘於是年年底，此

較爲詳細的文字當爲班固以《史記·項羽本紀》爲基礎改寫補入。
"五月"及韓信事當是據《史記·秦楚之際月表》、《淮陰侯列傳》
補入。

[6]【顏注】師古曰：謁，請也。親，謂母也。

[7]【顏注】師古曰：斷其津濟以距漢軍（蔡琪本、大德本、
殿本此處有"爲，音于僞反"五字）。【今注】案，魏王豹反一
事，此處記在漢二年（前205）五月，梁玉繩《史記志疑》卷六指
出，《史記·淮陰侯列傳》記在六月，《史記·高祖本紀》記於漢
三年年初，他認爲二者皆誤，當在是年五月。今案，古時交通不
便，由魏豹獲准返魏，至其反訊傳至漢營，或已跨五、六月，故有
《淮陰侯列傳》之歧異記載。至於《高祖本紀》，當是就三年韓信
滅魏而追叙前事，並不準確。

六月，漢王還櫟陽。壬午，[1]立太子，赦罪人。令
諸侯子在關中者皆集櫟陽爲衛。[2]引水灌廢丘，廢丘
降，章邯自殺。雍州定，八十餘縣，置河上、渭南、
中地、隴西、上郡。[3]令祠官祀天地四方上帝山川，以
時祠之。興關中卒乘邊塞。[4]關中大飢，米斛萬錢，[5]
人相食。令民就食蜀漢。[6]

[1]【今注】案，"漢王還櫟陽壬午"一句，《史記》卷八
《高祖本紀》無，又於"六月"前略追叙劉邦在彭城敗後亡家室、
得孝惠一事。

[2]【今注】諸侯子：王先謙《漢書補注》引劉攽指出，"諸
侯子"指諸侯國人。

[3]【顏注】服虔曰：河上，即左馮翊也。渭南，京兆也。
中地，右扶風也（右，蔡琪本、大德本、殿本作"在"）。師古

曰：凡新置五郡。【今注】河上：郡名。漢高祖二年（前 205）分内史地置，九年復歸内史。武帝太初元年（前 104）改爲左馮翊。

渭南：郡名。漢高祖二年分内史地置，九年復歸内史。後改爲右内史，武帝太初元年改爲京兆尹。　中地：郡名。漢高祖二年分内史地置，九年復歸内史。武帝太初元年改爲右扶風。治長安（今陝西西安市西北）。　上郡：治膚施（今陝西榆林市東南）。案，由"雍州定"至此，爲置郡事，《史記·高祖本紀》載於漢二年歲首，此處僅接章邯死事，云"更名廢丘爲槐里"。《漢書考證》齊召南認爲，《史記》置郡在二年歲首，當是不待章邯自殺，地已入漢。此處叙於六月，當是因廢丘降，總言之。梁玉繩《史記志疑》卷六指出，除章邯外，其餘諸國皆於漢元年已降漢。《史記·漢興以來將相名臣年表》記載是年春，"定塞、翟、魏、河南、韓、殷國"。梁氏認爲，此處指是年春將諸國疆界重劃爲郡，是以《史記·高祖本紀》將定諸郡事書於是年初，但其中中地郡亦當爲滅章邯後所設。

[4]【顔注】李奇曰：乘，守也。師古曰：乘，登也。登而守之，義與"乘城"同（乘城，蔡琪本、大德本、殿本作"上乘城"）。【今注】案，《史記·高祖本紀》在此後叙英布降漢事及漢勝楚於京、索事，是年叙事結束。《漢書》叙前一事於漢三年十一月，後一事於漢二年五月。

[5]【顔注】師古曰：一斛直萬錢。【今注】米斛萬錢：米，當指當時的主食粟米，亦即小米。一斛合十斗，西漢以前一般稱作一石，班固以新莽、東漢以來的習慣稱一斛。根據相關記載，秦代前期一石粟米價格在三十錢左右。兩相對比可見此時米價之高。（參見林甘泉《中國經濟通史·秦漢經濟卷》，經濟日報出版社1999 年版；馬彪、林力娜《秦、西漢容量"石"諸問題研究》，《中國史研究》2018 年第 4 期）

[6]【今注】案，由"關中大飢"至此，《史記·高祖本紀》

無，當爲班固據其他史料所補。

秋八月，漢王如滎陽，謂酈食其曰："緩頰往説魏王豹，[1]能下之，以魏地萬户封生。"[2]食其往，豹不聽。漢王以韓信爲左丞相，[3]與曹參、灌嬰俱擊魏。[4]食其還，漢王問："魏大將誰也？"對曰："柏直。"王曰："是口尚乳臭，不能當韓信。[5]騎將誰也？"曰："馮敬。"[6]曰："是秦將馮無擇子也，[7]雖賢，不能當灌嬰。步卒將誰也？"曰："項它。"[8]曰："不能當曹參。[9]吾無患矣。"九月，信等虜豹，傳詣滎陽。定魏地，置河東、太原、上黨郡。[10]信使人請兵三萬人，願以北舉燕、趙，東擊齊，南絶楚糧道，漢王與之。[11]

[1]【顏注】張晏曰：緩頰，徐言引譬喻也。

[2]【顏注】師古曰：生，猶言先生。他皆類此。【今注】生：王先謙《漢書補注》指出，此爲劉邦對謀士輩的尊稱。《陳平傳》稱陳平"先生"，亦爲其例。"先生"，或簡稱"先"，或簡稱"生"，此類甚多。

[3]【今注】韓信：此爲淮陰侯韓信。傳見本書卷三四。　左丞相：王先謙《漢書補注》引李廣芸指出，曹參以假左丞相定魏、齊，右丞相侯。酈商遷右丞相，賜爵列侯，後復以右丞相擊陳豨。樊噲亦嘗遷左丞相。此類皆係空名，不居其職，故《公卿表》不載。今案，李氏之説當襲自本書《高惠高后文功臣表》："以假左丞相定魏、齊，以右丞相，侯，萬六百户。"與卷三九《曹參傳》略異。

[4]【今注】灌嬰：睢陽人，以販帛爲業。項梁死後，劉邦還

軍於碭，灌嬰乃從之。彭城之敗後被任命爲漢軍之騎將，擊破楚軍騎兵於滎陽。傳見本書卷四一。

[5]【顏注】師古曰：乳臭，言其幼少。

[6]【今注】馮敬：戰國時獻上黨引發長平之戰的馮亭之後裔，馮無擇子。本當爲秦將，其降魏時間及因果皆不詳。漢文帝時有重臣馮敬有勇悍之名，先後任典客與御史大夫，或即此人。漢景帝二年（前155）匈奴攻雁門，"太守馮敬與戰死"，一些論著認爲此人亦爲此馮敬，然以年齡推之，彼時此馮敬年齡至少在八十以上，似無戍邊之理，當非一人。

[7]【今注】馮無擇：一作"馮毋擇"，秦將，馮亭之後裔。秦始皇二十八年（前219）琅邪刻石有"倫侯武信侯馮毋擇"，當即此人。其排位在諸倫侯之末、丞相隗林之前，地位頗爲顯赫。陳松長（《嶽麓秦簡"爲偽私書"案例及相關問題》，《文物》2013年第5期）指出，據出土嶽麓秦簡記載，秦始皇二十二年，一個叫"學"的十五歲少年冒充"馮將軍毋擇"兒子"癸"騙貸錢糧的案例。其中，縣丞上報此事時稱馮毋擇爲"五大夫將軍"，郡中回書稱馮毋擇時已爲卿，對縣中誤稱其身份進行了罰金處罰。然則馮毋擇在秦始皇二十二年之前以五大夫爵被擢拔爲卿。蓋因時間未久，詐騙犯及縣丞尚不知其身份之變動。又，馬端臨《文獻通考》將此人與劉邦麾下博成敬侯馮無擇混爲一人，誤。《功臣表》明載其跟隨呂后兄呂澤，與劉邦起事於豐，後隨軍攻雍，其事皆在此次攻魏之前，顯爲重名。是以劉邦此處云"秦將馮無擇"，以與其麾下之馮無擇相別。

[8]【顏注】師古曰："它"字與"他"同，並音徒何反（何，蔡琪本、殿本作"河"）。【今注】項它：又作"項佗""項他"，項羽堂侄。章邯滅魏咎時，曾奉項梁令救魏，未果。後任魏相，在劉邦東征彭城時被灌嬰擊敗。此次韓信滅魏，項它乃復逃歸楚。後與龍且救齊，爲韓信擊敗（一說救齊者爲項聲）。漢五年

（前 202）項羽徹底敗亡之前，項它任柱國，爲灌嬰所虜。一説其在漢六年以碭郡長降漢。劉邦封其爲平皋侯，漢十年卒。

[9]【今注】案，不能，蔡琪本、大德本、殿本作“是不能”。

[10]【今注】河東：郡名。治安邑縣（今山西夏縣西北）。太原：郡名。戰國秦置，治晉陽縣（今山西太原市西南）。　上黨：郡名。治長子（今山西長子縣西南）。案，梁玉繩《史記志疑》卷六指出，《史記·秦楚之際月表》載漢軍滅魏後所置爲河東、上黨二郡，太原爲漢軍滅趙、代後所置。《史記·淮陰侯列傳》則僅言置河東郡。梁氏認爲，當以《秦楚之際月表》所載爲是。

[11]【今注】案，由“秋八月”至此，爲漢滅魏及令韓信攻趙、齊事，《史記》卷八《高祖本紀》略叙於漢三年年初，然具體文字較略，與此不同。這段文字中，劉邦謂酈食其語當源自《史記》卷九〇《魏豹彭越列傳》；劉邦對比雙方將領之語不見於《史記》，當爲班固據其他史料所增補；韓信攻魏及請兵北征事與《史記·高祖本紀》内容略同，然非原文，當爲班固綜合《史記》紀、傳等各種材料而作，其中“請兵三萬人”的記載當爲班固據《史記·淮陰侯列傳》所補。

　　三年冬十月，[1]韓信、張耳東下井陘，擊趙，[2]斬陳餘，獲趙王歇。[3]置常山、代郡。[4]甲戌晦，[5]日有食之。[6]

[1]【今注】案，此月份《史記》卷八《高祖本紀》未標。《高祖本紀》於此處追叙魏王豹反、漢平魏並置郡一事。

[2]【顔注】服虔曰：井陘，山名，在常山，今爲縣。師古曰：陘，音形。【今注】井陘：即井陘口。太行山險隘之一，在今河北石家莊市井陘礦區西北。

[3]【今注】案，此處《史記·高祖本紀》叙次年張耳封王

事，《漢書》載於漢四年（前 203）十一月。

［4］【今注】常山：郡名。治東垣（漢初改名爲真定，在今河北石家莊市長安區東古城村東垣故城遺址），本作“恒山”，避漢文帝劉恒諱而改爲常山。　代郡：治代縣（今河北蔚縣東北）。

［5］【今注】晦：農曆每月最末一日。

［6］【今注】日有食之：查諸日食表，公元前 205 年 12 月 20日，亦即漢三年十月甲戌晦確有日食，西安地區食甚時刻爲上午 11時 1 分，食分爲 0.58，與此記載相合。參見張培瑜《三千五百年曆日天象》（大象出版社 1997 年版）。

十一月癸卯晦，日有食之。[1]

［1］【今注】日有食之：查諸日食表，十一月癸卯晦並無日食（參見張培瑜《三千五百年曆日天象》）。案，由“置常山”至此，《史記》卷八《高祖本紀》無，當爲班固據其他史料而補。

隨何既說黥布，布起兵攻楚。楚使項聲、龍且攻布，[1]布戰不勝。

［1］【顏注】韋昭曰：且，音子閭反。【今注】項聲：當亦是項氏家族成員。此次擊敗英布後，漢四年（前 203）復與龍且救齊，爲韓信所敗（一說與龍且救齊者爲項它）。漢五年，在項羽徹底敗亡之前，項聲被灌嬰擊敗。之後其事不詳。　龍且：項羽麾下大將，被陳平評價爲“骨鯁之臣”。漢二年劉邦出關東征時，與項它同被灌嬰擊敗。此次擊敗英布後，與項聲（一說項它）率大軍救齊，中韓信計，戰敗被殺。

十二月，布與隨何間行歸漢，[1]漢王分之兵，與俱收兵至成皋。[2]

[1]【今注】案，由"隨何既說黥布"至此，《史記》卷八《高祖本紀》載於漢二年（前205）年底。梁玉繩《史記志疑》卷六認爲，此爲《史記》誤載。

[2]【今注】成皋：邑名。治所在今河南滎陽市西北汜水鎮，有成皋故城。又名虎牢。案，"漢王分之兵與俱收兵至成皋"，《史記·高祖本紀》此處不載，爲《漢書》所補。

項羽數侵奪漢甬道，漢軍乏食，[1]與酈食其謀橈楚權。[2]食其欲立六國後以樹黨，[3]漢王刻印，將遣食其立之。以問張良，良發八難。[4]漢王輟飯吐哺，[5]曰："豎儒[6]幾敗乃公事！"[7]令趣銷印。[8]又問陳平，乃從其計，與平黃金四萬斤，以間疏楚君臣。[9]

[1]【今注】案，《史記》卷八《高祖本紀》在敘述項羽侵奪甬道一事之前，敘漢築甬道事，《漢書》置於漢二年（前205）五月。

[2]【顏注】服虔曰：橈，弱也。師古曰：音女教反，其字從木。

[3]【顏注】師古曰：樹，立也。

[4]【今注】八難：錢大昭《漢書辨疑》指出，事見張良本傳（本書卷四〇）。有觀點認爲，當時六國之地皆已有主，無地可封，强封他人反爲漢廷樹敵。而六國之後亦多已自立，不待分封。所謂八難亦多有不合邏輯之處。此事當爲漢初縱橫策士所附會，並非史實。（參見衣撫生《〈史記〉修訂本"平定諸吕"等六事志疑》，

《渭南師範學院學報》2018 年第 21 期)

[5]【顏注】師古曰：輟，止也。哺，口中所含食也。飯，音扶晚反。哺，音步。

[6]【顏注】師古曰：言其賤劣無智，若童豎也。

[7]【顏注】師古曰：幾，近也。乃，汝也。公，漢王自謂也。幾，音鉅依反。

[8]【顏注】師古曰：趨，讀曰促，促速也。他皆類此。【今注】案，由“與酈食其謀橈楚權”至此，《史記·高祖本紀》無，當是班固據《史記》卷五五《留侯世家》之記載縮寫補入。

[9]【顏注】師古曰：間，音居莧反。次下“反間”，其音亦同。

夏四月，[1]項羽圍漢滎陽，漢王請和，割滎陽以西者爲漢。亞父勸項羽急攻滎陽，漢王患之。陳平反間既行，羽果疑亞父。亞父大怒而去，發病死。[2]

[1]【今注】夏四月：此句《史記》卷八《高祖本紀》無，爲《漢書》所補。

[2]【今注】案，《史記·高祖本紀》敘陳平進反間計一事在劉邦請和事之後。

五月，[1]將軍紀信曰：“事急矣！臣請誑楚，可以間出。”[2]於是陳平夜出女子東門二十餘人，[3]楚因四面擊之。紀信乃乘王車，黃屋左纛，[4]曰：“食盡，漢王降楚。”楚皆呼萬歲，之城東觀，以故漢王得與數十騎出西門遁。令御史大夫周苛、魏豹、樅公守滎陽。[5]羽見紀信，問：“漢王安在？”曰：“已出去矣。”羽燒殺信。而周苛、樅公相謂曰："反國之王，難與守城。"[6]因殺魏豹。[7]

[1]【今注】五月：《史記》卷八《高祖本紀》無，爲《漢書》所補。

[2]【顏注】師古曰：間出，投間隙私出，若言間行、微行耳。紀信詐爲漢王，而王出西門遁，是私出也。

[3]【今注】二千餘人：王先謙《漢書補注》引王先慎指出，《史記》在此前有"被甲"二字。正因其被甲，疑爲軍士，故楚軍擊之。班固所删不當。

[4]【顏注】李斐曰：天子車以黃繒爲蓋裏。纛，毛羽幢也，在乘輿車衡左方上注之。蔡邕曰：以氂牛尾爲之，如斗，或在騑頭，或在衡。應劭曰：雉尾爲之，在左驂，當鑣上。師古曰：纛，音毒，又徒到反。應説非也。【今注】黃屋左纛：代帝王專用的馬車。黃屋，帝王專用的車蓋，以翠羽爲蓋，黃繒爲裏。屋，同"幄"。左纛，建於車前橫木左方或左驂馬軛上的毛羽幢旌。

[5]【顏注】應劭曰：樅公者，不知其名，故曰公。蘇林曰：音樅木之樅。師古曰：音千容反。【今注】御史大夫：丞相副貳，秩中二千石，協調處理天下政務，而以監察、執法爲主要職掌，爲全國最高監察、執法長官。主管圖籍秘書檔案、四方文書，百官奏議經其上呈，皇帝詔命由其承轉丞相下達執行，負責考課、監察、彈劾官吏，典掌刑獄，收捕、審訊有罪官吏等，或派員巡察地方，鎮壓事變，有時亦督兵出征。丞相缺位，常由其遞補。詳見本書《百官公卿表上》。以上大致爲西漢之規範，此時尚處於戰亂時期，相關職守自不盡相同。　周苛：秦泗水郡沛縣人。楚漢戰爭時，曾任御史大夫。與魏豹、樅公守滎陽。項羽圍滎陽，周、樅以魏豹曾叛漢而殺之。後項羽破滎陽，被俘。不降，爲項羽烹死。　樅(cōng)公：劉邦屬下將軍。"樅"爲姓氏，"公"爲尊稱。

[6]【顏注】師古曰：謂豹先已經畔漢。

[7]【今注】案，由"將軍紀信"至此，《史記·高祖本紀》亦有記載，但較爲簡略。本段文字當爲班固據《史記》卷七《項羽本紀》改寫補入。又裴駰《集解》引徐廣云："案《月表》，三年七月，王出榮陽。八月，殺魏豹。而又云四年三月，周苛死。四月，魏豹死。二者不同。項羽殺紀信、周苛、樅公，皆是三年中。"

漢王出榮陽，至成皋。自成皋入關，收兵欲復東。轅生説漢王[1]曰："漢與楚相距榮陽數歲，[2]漢常困。願君王出武關，項王必引兵南走，[3]王深壁，令榮陽、成皋間且得休息。使韓信等得輯河北趙地，[4]連燕齊，君王乃復走榮陽。如此，則楚所備者多，力分。漢得休息，復與之戰，破之必矣。"漢王從其計，出軍宛、葉間，[5]與黥布行收兵。

[1]【顏注】文穎曰：轅，姓。生，謂諸生。【今注】轅生：《史記》卷八《高祖本紀》作"袁生"。錢大昭《漢書辨疑》指出，《漢國三老袁良碑》有云："厥先舜苗，世爲封君。周之興，虞閼父典陶正，嗣滿爲陳侯。至元孫濤塗，初氏父字，立姓曰袁，魯僖公四年爲大夫。哀十四年，頗作司徒。其末或適齊、楚，而袁生獨留陳。當秦之亂，隱居河洛，高祖破項，實從其策。"錢氏指出，今本《左氏傳》及石經皆作"轅"。陸氏《釋文》本、《穀梁傳》注言並作"袁"，不從車字旁。《唐宰相世系表》"袁生元孫榦，榦八世孫良"，然則袁良即袁生之後裔。

[2]【今注】數歲：梁玉繩《史記志疑》卷八指出，漢軍從漢二年（前205）五月屯榮陽，三年五月出榮陽，僅一年左右，遠不及"數歲"。

〔3〕【顏注】師古曰：走，亦謂趨，嚮也，音奏。次後亦同。

〔4〕【顏注】師古曰："輯"與"集"同，謂和合也。《詩》序曰"勞來還定安集之"。《春秋左氏傳》曰"群臣輯睦"。他皆類此。

〔5〕【顏注】師古曰：葉，縣名，古葉公之國，音式涉反。宛縣、葉縣之間也。

　　羽聞漢王在宛，果引兵南，漢王堅壁不與戰。是月，彭越渡睢，[1]與項聲、薛公戰下邳，[2]破殺薛公。羽使終公守成皋，而自東擊彭越。漢王引兵北，擊破終公，復軍成皋。

〔1〕【顏注】師古曰：過睢水也。睢，音雖。

〔2〕【今注】下邳：縣名。治所在今江蘇邳州市南。

　　六月，羽已破走彭越，[1]聞漢復軍成皋，乃引兵西拔滎陽城，生得周苛。羽謂苛："爲我將，以公爲上將軍，封三萬戶。"周苛罵曰："若不趨降漢，今爲虜矣![2]若非漢王敵也。"羽亨周苛，[3]并殺樅公，[4]而虜韓王信，遂圍成皋。漢王跳，[5]獨與滕公共車出成皋玉門，[6]北渡河，宿小脩武。[7]自稱使者，晨馳入張耳、韓信壁，而奪之軍。乃使張耳北收兵趙地。[8]

〔1〕【顏注】師古曰：破之而令遁走。

〔2〕【顏注】師古曰：若，汝也。趨，讀曰促。【今注】今：王先謙《漢書補注》指出，"今"爲"即"之意。

［3］【顏注】師古曰：亨，謂㷣而殺之，音並庚反（並，蔡琪本、大德本、殿本作"普"）。他皆類此。【今注】案，亨，殿本作"享"。

［4］【今注】案，由"生得周苛"至此，當爲班固據《史記》卷七《項羽本紀》補入。《史記》卷八《高祖本紀》此處僅略云"誅周苛、樅公"。

［5］【顏注】如淳曰：跳，音逃，謂走也。《史記》作"逃"。晉灼曰：跳，獨出意也。師古曰：晉說是也。音徒彫反。

［6］【顏注】張晏曰：成皋北門。【今注】成皋玉門：王先謙《漢書補注》指出，《水經注·河水》有云"河水南對玉門"，既言"南對"，知是北門。《史記》徐廣注亦言爲北門。有觀點以爲是西門，誤。

［7］【顏注】晉灼曰：在大脩武城東。【今注】小脩武：古邑名。治所在今河南獲嘉縣東。

［8］【今注】案，此處《史記·高祖本紀》尚有云"使韓信東擊齊"。

秋七月，有星孛于大角。[1]漢王得韓信軍，復大振。

［1］【顏注】李奇曰：孛，彗類也，是謂妖星，所以除舊布新也。師古曰：孛，音步内反（步内，大德本、殿本作"布内"）。【今注】孛：一般指彗星，有時也可能指新星和超新星。除李奇說外，《續漢書·天文志》又有云："孛星者，惡氣所生，爲亂兵，其所以孛德。孛德者，亂之象，不明之表。又參然孛焉，兵之類也，故名之曰孛。孛之爲言，猶有所傷害，有所妨蔽。或謂之彗星，所以除穢而布新也。" 大角：即牧夫座 α 星。屬亢宿，在攝提間。本書《天文志》認爲其象徵"天王帝坐廷"。 案，"秋

七月有星孛于大角"《史記》卷八《高祖本紀》無，爲《漢書》所補。

　　八月，[1]臨河南，鄉[2]軍小脩武，欲復戰。郎中鄭忠説止漢王："高壘深塹勿戰。"漢王聽其計，使盧綰、劉賈將卒二萬人，騎數百，[3]渡白馬津入楚地，[4]佐彭越燒楚積聚，[5]復擊破楚軍燕郭西，[6]攻下睢陽、外黃十七城。[7]

　　[1]【今注】八月：《史記》卷八《高祖本紀》不載此時間，爲《漢書》所補。

　　[2]【顏注】師古曰：鄉，讀曰嚮。【今注】鄉：因此字之歧意，造成了斷句之分歧。中華書局本《漢書》斷作"臨河南鄉，軍小脩武"。按此句讀，當是從顏注，認爲"鄉"同"嚮"。然中華書局本《史記·高祖本紀》此句作"引兵臨河，南饗軍小脩武南"。據此意，此處當以"鄉"同"饗"，即"犒勞"之意。錢大昭《漢書辨疑》則指出，荀悦《漢紀》作"王饗師河南"。錢氏認爲，"鄉"當即"饗"。依錢説，此句自當斷作"臨河南，鄉軍小脩武"。今從錢大昭説。

　　[3]【顏注】蘇林曰：綰，音以繩綰結物之綰。師古曰：音烏板反。【今注】盧綰：漢初諸侯王。豐（今江蘇豐縣）人，與劉邦同日而生，自幼爲友。秦末農民戰爭時，隨劉邦起兵於沛，入漢中，爲將軍。漢東擊項羽時，官太尉，爲劉邦所信任。後與劉賈擊滅臨江王共尉，又從劉邦破燕王臧荼，封燕王。後趙相國陳豨勾結匈奴反，盧綰養寇自重，懷二心，事敗，乃逃亡匈奴，匈奴單于封爲東胡盧王。死於匈奴。傳見本書卷三四。　劉賈：沛縣人，劉邦堂兄。初從劉邦東擊項羽，劉邦稱帝，封爲荊王。後爲淮南王英布所殺。傳見本書卷三五。

〔4〕【今注】白馬津：見上文 "白馬" 條。

〔5〕【顏注】師古曰：所畜軍糧、芻槀之屬也。積，音子賜反。聚，音才喻反。

〔6〕【顏注】師古曰：燕，縣名，古南燕國。【今注】燕：縣名。治所在今河南延津縣東北。　郭：外城。

〔7〕【今注】睢陽：縣名。治所在今河南商丘市睢陽區。案，《史記·高祖本紀》此句作 "遂復下梁地十餘城"。此處當是班固據《史記》卷九〇《魏豹彭越列傳》而改。

九月，[1] 羽謂海春侯大司馬曹咎曰：[2] "謹守成皋。即漢王欲挑戰，慎勿與戰，[3] 勿令得東而已。我十五日必定梁地，復從將軍。"[4] 羽引兵東擊彭越。[5]

〔1〕【今注】九月：此時間《史記》卷八《高祖本紀》無，爲《漢書》所補。

〔2〕【今注】曹咎：秦時任蘄縣獄掾，曾有恩於項梁。後爲項羽部將。楚漢戰爭中，任項羽大司馬，封海春侯。公元前 203 年，守成皋，在汜水敗於漢軍，自殺。

〔3〕【顏注】李奇曰：挑，音徒了反。臣瓚曰：挑戰，撟嬈敵求戰也，古謂之致師。師古曰：李音瓚說是。撟，音他曆反（曆，大德本、殿本作 "歷"）。嬈，音乃了反。

〔4〕【顏注】師古曰：從，就也。

〔5〕【今注】案，由 "羽謂海春侯" 至此，《史記·高祖本紀》敘於漢四年（前 203）初，下接曹咎出戰事。卷七《項羽本紀》則將是年六月項羽圍成皋事至此皆列入漢四年。

漢王使酈食其說齊王田廣，罷守兵，與漢和。[1]

　　[1]【今注】案,《史記》卷八《高祖本紀》於此詳叙韓信擊齊、敗龍且事。又言及彭越絕楚糧道事。《漢書》則依時間分拆叙述。

　　四年冬十月,[1]韓信用蒯通計,[2]襲破齊。齊王亨酈生,東走高密。[3]項羽聞韓信破齊,且欲擊楚,使龍且救齊。[4]

　　[1]【今注】案,冬十月,此句爲《漢書》所增。
　　[2]【今注】蒯通:本名徹,史書避漢武帝劉徹諱,改爲“通”。秦末漢初著名辯士。傳見本書卷四五。
　　[3]【今注】高密:縣名。治所在今山東高密市西南。秦時即置縣。秦封泥有“高密丞印”。
　　[4]【今注】使龍且救齊:梁玉繩《史記志疑》卷六指出,救齊者除龍且外,《史記》卷八《高祖本紀》還提及周蘭,卷九五《灌嬰列傳》提及留公。《漢書》卷三一《項籍傳》更言項羽以從兄子項它爲大將,龍且爲裨將。　案,由“韓信用蒯通計”至此,《史記·高祖本紀》叙述於前一年。

　　漢果數挑成皋戰,[1]楚軍不出,使人辱之數日,大司馬咎怒,渡兵汜水。[2]士卒半渡,漢擊之,大破楚軍,盡得楚國金玉貨賂。大司馬咎、長史欣皆自剄汜水上。[3]漢王引兵渡河,復取成皋,軍廣武,[4]就敖倉食。[5]

　　[1]【今注】案,《史記》卷八《高祖本紀》在叙漢軍挑戰之前,追叙項羽囑曹咎事。

［2］【顏注】張晏曰：氾水，在濟陰界。如淳曰：氾，音祀。《左傳》曰“鄦在鄭地氾”。臣瓚曰：高祖攻曹咎於成皋，咎渡氾水而戰，今成皋城東氾水是也。師古曰：瓚説得之。此水不在濟陰也。“鄦在鄭地氾”，釋者又云“在襄城”，則非此也。此水舊讀音凡，今彼鄉人呼之音祀。【今注】氾水：古水名。源出今河南鞏義市東南，北流經今滎陽市西北氾水鎮西，北入黄河。

［3］【今注】長史欣：即塞王司馬欣。長史，官名。爲將軍幕府諸掾史之長，秩千石。　案，《史記》卷七《項羽本紀》載一同自殺者尚有董翳，然他處皆未載。梁玉繩《史記志疑》卷六認爲，關於董翳自殺的記載當爲衍文。

［4］【顏注】孟康曰：於滎陽築兩城而相對，名爲廣武城，在敖倉西三室山上。【今注】廣武：城名。在今河南滎陽市東北廣武山上。

［5］【今注】案，由“漢王引兵渡河”至此，爲班固據《史記·項羽本紀》所補。

羽下梁地十餘城，[1]聞海春侯破，乃引兵還。漢軍方圍鐘離眛於滎陽東，[2]聞羽至，盡走險阻。[3]羽亦軍廣武，與漢相守。丁壯苦軍旅，老弱罷轉餉。[4]漢王、羽相與臨廣武之間而語。[5]羽欲與漢王獨身挑戰，[6]漢王數羽曰：[7]“吾始與羽俱受命懷王，曰先定關中者王之。羽負約，王我於蜀、漢，罪一也。羽矯殺卿子冠軍，自尊，罪二也。[8]羽當以救趙還報，[9]而擅劫諸侯兵入關，罪三也。懷王約入秦無暴掠，羽燒秦宮室，掘始皇帝冢，收私其財，罪四也。[10]又彊殺秦降王子嬰，罪五也。詐阬秦子弟新安二十萬，王其將，[11]罪六也。皆王諸將善地，而徙逐故主，[12]令臣下争畔逆，罪七也。出逐義帝，彭城自都之，奪韓王地，并王梁、楚，多自與，[13]罪八也。使人陰殺義帝江南，罪九也。夫爲人臣而殺其主，殺其已降，[14]爲政不平，主約不信，天下所不容，大逆無道，罪十也。吾以義兵從諸侯誅殘賊，使刑餘罪人擊公。[15]何苦乃與公挑戰！"羽大怒，伏弩射中漢王。漢王傷匈，乃捫足曰："虜中吾指！"[16]漢王病創臥，張良彊請漢王起行勞軍，以安士卒，[17]毋令楚乘勝。漢王出行軍，疾甚，[18]因馳入成皋。

[1]【今注】案，此句《史記》卷八《高祖本紀》作"項羽至睢陽"。

[2]【顏注】師古曰：眛（眛，蔡琪本、大德本、殿本作"昩"），音莫葛反，其字從本末之末。【今注】鍾離眛：蔡琪本、大德本、殿本作"鍾離眛"，項羽屬下大將。本書卷四〇《陳平傳》云"項王骨鯁之臣亞父、鍾離眛、龍且、周殷之屬，不過數人耳"，又言"諸將鍾離眛等爲項王將，功多矣"。可見鍾離眛是項羽手下重要將領，功高位重。項羽敗後，鍾離眛逃奔楚王韓信，漢廷令楚捕之，鍾離眛被迫自殺。

[3]【顏注】師古曰：走，音奏。【今注】案，《史記·高祖本紀》於此處插入韓信求封假王事及項羽令武涉游説韓信未果事。前一事《漢書》敘於後文四年（前203）正月。後一事於《高紀》中不載。

[4]【顏注】師古曰：罷，讀曰疲。轉，運。餉，饋也，音式向反。

[5]【今注】間：何焯《義門讀書記》卷一五指出，根據《藝文類聚》，"間"當作"澗"。周壽昌《漢書注校補》指出，今本

《項籍傳》亦作"間"，然《太平御覽》卷六九引本書《項籍傳》云："沛公與項籍臨廣武澗而語，數籍十罪。"《西征記》有云："有三皇山，或謂三室山。山上有二城，東者曰東廣武，西者曰西廣武，各在山一頭，相去二百餘步，其間隔深澗，漢祖與項籍語處。"據此，作"澗"更爲合理。

[6]【今注】獨身挑戰：本書卷三一《項籍傳》云："乃使人謂漢王曰：'天下匈匈，徒以吾兩人。願與士挑戰，決雌雄，毋徒罷天下父子爲也。'漢王笑謝曰：'吾寧鬭智，不能鬭力。'"

[7]【顏注】師古曰：數，責其罪也，音所具反。

[8]【顏注】如淳曰：卿者，卿大夫之號。子者，子男之爵。冠軍，人之首也。文穎曰：卿子，時人相襃尊之辭，猶言公子也。時上將，故言冠軍。師古曰：矯，託也。託懷王命而殺之也。卿子冠軍，文說是也。【今注】卿子冠軍：指宋義。鉅鹿之戰前爲項羽所殺。

[9]【顏注】李奇曰：前受命於懷王往救趙，當還反報。

[10]【顏注】師古曰：掘而發之，收取其財以私自有也。掘，音其勿反（其，殿本作"具"）。

[11]【顏注】李奇曰：章邯等爲王。【今注】新安：縣名。治所在今河南澠池縣東。

[12]【今注】案，《漢書考正》宋祁認爲，"王諸將善地"，所指爲章邯；"徙逐故主"，謂田巿、趙歇、韓廣之屬。王先慎指出，諸將當指燕將臧荼、齊將田都、趙相張耳之屬，下文云"令臣下爭畔逆"，正指此數人徙逐故主，致起爭端。至於章邯等爲王，罪六已言之。此爲宋祁沿《索隱》之說而誤。參見王先謙《漢書補注》。

[13]【今注】與：王先謙《漢書補注》指出，《史記》作"予"。

[14]【今注】殺其已降：王先謙《漢書補注》指出，《史記》

作"殺已降"，並無"其"字。

[15]【顏注】師古曰：言輕賤也。【今注】使刑餘罪人擊公：王先謙《漢書補注》指出，《史記》作"使刑餘罪人擊殺項羽。何苦乃與公挑戰"。王氏指出，上文連稱"羽"，爲輕賤之詞，不當忽稱"公"。下文之"公"則爲劉邦自稱。班固誤改，而荀悅《漢紀》、《資治通鑑》誤從之。

[16]【顏注】師古曰：捫，摸也。傷胷而捫足者，以安衆也。捫，音門。中，音竹仲反。【今注】捫足：《史記·高祖本紀》司馬貞《索隱》云："捫，摸也。中匈而捫足者，蓋以矢初中痛悶，不知所在故爾。或者中匈而捫足，權以安士卒之心也。"

[17]【顏注】師古曰：行，音下更反。其下亦同。

[18]【今注】疾甚：《史記·高祖本紀》司馬貞《索隱》引《三輔故事》叙劉邦負傷事云："楚漢相距於京索閒六年，身被大創十二，矢石通中過者有四。"

十一月，[1]韓信與灌嬰擊破楚軍，殺楚將龍且，追至城陽，虜齊王廣。齊相田橫自立爲齊王，奔彭越。[2]漢立張耳爲趙王。[3]

[1]【今注】十一月：此時間《史記》卷八《高祖本紀》不載，爲《漢書》增補。

[2]【今注】案，"韓信與灌嬰"至此，《史記·高祖本紀》記載於漢三年（前204）年底，然具體文字又不相同。此段文字當係班固綜合《史記》卷九二《淮陰侯列傳》、卷九四《田儋列傳》所改寫。之所以不用原文，可能是因爲認爲原文有誤。《史記·高祖本紀》云"齊王廣犇彭越"，與《田儋列傳》所載不同。

[3]【今注】案，張耳爲趙王事，《史記·高祖本紀》於漢三年初叙事連及言之。

漢王疾瘉，[1]西入關，至櫟陽，存問父老，置酒。
梟故塞王欣頭櫟陽市。[2]留四日，復如軍，軍廣武。關
中兵益出，而彭越、田橫居梁地，往來苦楚兵，絕其
糧食。[3]

[1]【顏注】師古曰："瘉"與"愈"同。愈，差也。

[2]【顏注】師古曰：梟，縣首於木上。【今注】梟故塞王欣
頭櫟陽市：《漢書考正》宋祁指出，司馬欣自剄汜上而死。今因櫟
陽爲司馬欣舊都，故梟首於此而示之。

[3]【今注】田橫：全祖望《經史問答》卷九指出，此"田
橫"二字當爲衍。田橫雖於項王有田榮之舊怨，然是時漢將韓信攻
齊國，項王令龍且率二十萬衆援齊而盡喪師，田橫當仇漢而不仇
楚。田橫若果爲漢苦楚，則垓下之師漢亦必召之以壯聲勢，而事定
後亦不必亡入島中。王先謙《漢書補注》認爲全説甚是。《史記》
《資治通鑑》記此事皆僅言彭越，而不言及田橫，亦是一證。今案，
此段文字當係班固據《史記》卷八《高祖本紀》相關文字改寫。
其原文爲"彭越將兵居梁地，往來苦楚兵，絕其糧食。田橫往從
之"。可見原文是先説彭越"苦楚"，再叙田橫投彭越事。不過班
固此略寫也並非毫無道理，田橫此時雖仇漢甚於仇楚，然其既歸附
彭越，其行動自不免受彭越挾制，隨彭越"苦楚"亦非不合理之
事。唯其"苦楚"是因形勢所逼，與"爲漢"關係不大。

韓信已破齊，使人言曰："齊邊楚，[1]權輕，不爲
假王，恐不能安齊。"漢王怒，欲攻之。張良曰："不
如因而立之，使自爲守。"

[1]【顏注】師古曰：邊，共爲邊界。【今注】邊：王先謙

《漢書補注》指出，裴駰《史記集解》引文穎云"邊，近也"，較顏説爲優。《資治通鑑》卷一〇《漢紀》太祖高皇帝四年胡三省注引用時誤記爲顏師古説。

　　春二月，[1]遣張良操印立韓信爲齊王。[2]秋七月，立黥布爲淮南王。[3]八月，初爲算賦。[4]北貉、燕人來，致梟騎助漢。[5]漢王下令：[6]"軍士不幸死者，吏爲衣衾棺斂，[7]轉送其家。"[8]四方歸心焉。[9]

　　[1]【今注】春二月：此時間《史記》卷八《高祖本紀》無，爲《漢書》所補。

　　[2]【顏注】師古曰：操，持也，音千高反。【今注】案，《史記·高祖本紀》叙韓信求封齊王事於前文漢殺曹咎、項羽返回一事後。又案，《史記》卷七《項羽本紀》在叙韓信殺龍且後，又云"韓信因自立爲齊王"。據此，梁玉繩《史記志疑》卷六疑韓信是在自立爲齊王後復請劉邦之封。

　　[3]【今注】案，《史記·高祖本紀》叙此事在是年底，劉邦背約追擊項羽一事之後，且稱英布爲"武王"。梁玉繩《史記志疑》卷六認爲，《高祖本紀》所載時間有誤。又引徐孚遠《史記測議》，認爲"武王"或爲英布叛楚後、降漢前所用之名號。

　　[4]【顏注】如淳曰：《漢儀注》："民年十五以上至五十六出賦錢，人百二十爲一算，爲治庫兵車馬。"

　　[5]【顏注】應劭曰：北貉，國也。梟，健也。張晏曰：梟，勇也，若六博之梟也。師古曰：貉，在東北方，三韓之屬皆貉類也，音莫客反。

　　[6]【顏注】師古曰：令，教命也。下，音胡嫁反。他皆類此。

　　[7]【顏注】師古曰：棺，音工唤反。斂，音力贍反。與作衣衾而斂尸於棺。

〔8〕【顏注】師古曰：轉，傳送也。

〔9〕【顏注】師古曰：以仁愛故。【今注】案，由“八月，初爲算賦”至此，《史記·高祖本紀》無，當爲班固據其他材料補入。

項羽自知少助食盡，韓信又進兵擊楚，[1]羽患之。漢遣陸賈説羽，請大公，[2]羽弗聽。漢復使侯公説羽，羽乃與漢約，中分天下，割洪溝以西爲漢，[3]以東爲楚。

〔1〕【今注】進兵擊楚：全祖望《經史問答》卷九指出，韓信當自淮北搗其國都，參見本書卷四一《灌嬰傳》。

〔2〕【今注】案，大，蔡琪本、大德本、殿本作“太”。

〔3〕【顏注】應劭曰：在滎陽東南二十里。文穎曰：於滎陽下引河東南爲鴻溝，以通宋、鄭、陳、蔡、曹、衞，與濟、汝、淮、泗會於楚，即今官渡水也。【今注】洪溝：古運河名。約戰國魏惠王十年（前360）開通。源出今河南滎陽市北，向東流經中牟（今河南中牟縣）、大梁（今河南開封市），向南入潁水。案，殿本作“鴻溝”。

九月，歸太公、吕后，軍皆稱萬歲。乃封侯公爲平國君。[1]羽解而東歸。漢王欲西歸，張良、陳平諫曰：“今漢有天下太半，[2]而諸侯皆附，楚兵罷食盡，[3]此天亡之時，不因其幾而遂取之，[4]此養虎自遺患也。”[5]漢王從之。[6]

〔1〕【顏注】師古曰：以其善説能平和邦國（和，殿本作

"知")。【今注】封侯公爲平國君:《史記》卷七《項羽本紀》云:"漢王乃封侯公爲平國君。匿弗肯復見。曰:'此天下辯士,所居傾國,故號爲平國君。'"張守節《史記正義》引《楚漢春秋》云:"上欲封之,乃肯見。曰'此天下之辨士,所居傾國,故號曰平國君'。"沈欽韓《漢書疏證》指出,《文選注·四十七》引《楚漢春秋》則云:"上欲封侯公,匿不肯見,曰:'此天下之辨士,所居傾國。'故號平國君。"今案,《史記正義》所引《楚漢春秋》所叙與《項羽本紀》不同,然《文選注》所引《楚漢春秋》與《項羽本紀》略同。未知孰是。 案,由"項羽自知少助食盡"至此,類似内容在《史記》卷八《高祖本紀》中有記載,但文字差異較大。當爲班固據《史記·項羽本紀》改寫補入。

[2]【顔注】韋昭曰:凡數三分有二爲太半,有一分爲少半。

[3]【顔注】師古曰:罷,讀曰疲。

[4]【顔注】鄭氏曰:幾,微也。師古曰:幾,危也。【今注】幾:周壽昌《漢書注校補》指出,《後漢書·吴蓋陳臧列傳》論云"斯誠雄心尚武之幾",注訓幾爲會,若後世言幾會(即機會)之意。

[5]【今注】案,此,蔡琪本、大德本、殿本作"所謂"。

[6]【今注】案,由"漢王欲西歸"至此,《史記》卷八《高祖本紀》僅略云"漢王欲引而西歸,用留侯、陳平計,乃進兵追項羽"。《漢書》此段文字當改寫自《史記》卷七《項羽本紀》。

漢書　卷一下

高紀第一下[1]

[1]【今注】案，高紀，蔡琪本、大德本、殿本作“高帝紀”。此卷當爲班固以《史記》卷八《高祖本紀》爲基礎，結合卷七《項羽本紀》等篇章改就。後文將就其與《高祖本紀》相異之處進行比對。

五年冬十月，漢王追項羽至陽夏南，[1]止軍，與齊王信、魏相國越期會擊楚，[2]至固陵，[3]不會。楚擊漢軍，大破之。漢王復入壁，[4]深壍而守。[5]謂張良曰：[6]“諸侯不從，奈何？”良對曰：“楚兵且破，未有分地，[7]其不至固宜。[8]君王能與共天下，可立致也。[9]齊王信之立，非君王意，信亦不自堅。[10]彭越本定梁地，始君王以魏豹故，[11]拜越爲相國。今豹死，越亦望王，而君王不早定。[12]今能取睢陽以北至穀城皆以王彭越，[13]從陳以東傅海與齊王信，[14]信家在楚，其意欲復得故邑。能出捐此地以許兩人，[15]使各自爲戰，則楚易散也。”[16]於是漢王發使使韓信、彭越。至，皆引兵來。[17]

[1]【顏注】師古曰：夏，音工雅反。已解於上。【今注】陽夏：縣名。治所在今河南太康縣。

[2]【今注】信：即韓信。秦末漢初著名軍事家，助劉邦建漢的漢初三傑之一，先後獲封齊王、楚王，後降封爲淮陰侯，最終以謀反罪被殺。傳見本書卷三四。 越：即彭越。秦末起義首領。楚漢相争期間屢屢騷擾項羽後方，助劉邦建立漢朝，獲封梁王，後以謀反罪名被殺。傳見本書卷三四。

[3]【顏注】晉灼曰：即固始也。師古曰：後改爲固始耳。《地理志》固始屬淮陽。【今注】固陵：縣名。治所在今河南太康縣南。

[4]【今注】壁：軍營的圍牆。

[5]【今注】案，有學者認爲，劉邦在固陵敗後，垓下大戰之前，還發動了陳下之戰，以其在固陵的軍事力量及東部的灌嬰、靳歙等部的騎兵力量夾擊項羽，敗項羽於陳縣。之後項羽方東逃至垓下。亦有學者認爲，垓下之戰與陳下之戰爲一事，"垓下"爲"陳下"之訛。（參見施丁《陳下之戰與垓下之戰》，《中國社會科學院研究生院學報》1998 年第 6 期；辛德勇《論所謂"垓下之戰"應正名爲"陳下之戰"》，《中國社會科學院歷史研究所學刊（第一集）》，社會科學文獻出版社 2001 年版；施丁《陳下之戰、垓下之戰是兩事——與陳可畏、辛德勇商榷》，《中國史研究》2003 年第 1 期）

[6]【今注】張良：字子房，祖、父皆爲韓國丞相。曾雇傭力士刺殺秦始皇，後起兵反秦，初欲恢復韓國，未成，乃歸漢，成爲劉邦首席謀士，漢初三傑之一。受封留侯。傳見本書卷四〇。

[7]【顏注】李奇曰：信、越等未有益地之分。師古曰：分，音扶問反。

[8]【顏注】師古曰：理宜然也。

[9]【顏注】師古曰：共有天下之地，割而封。【今注】

案，從開篇至此，是據《史記》卷七《項羽本紀》改寫。《史記·
項羽本紀》此處尚有云"即不能，事未可知也"，《漢書》略之。

［10］【顏注】師古曰：因信自請爲假王，乃立之耳，故曰
"非君王意"。

［11］【今注】魏豹：魏國王族，魏王咎之弟，在楚懷王支持
下重爲魏王。率軍隨項羽入關滅秦，項羽徙其爲西魏王。楚漢相爭
時初降劉邦，在劉邦彭城敗後復自立，而與項羽聯合。漢二年（前
205），漢廷派韓信、曹參擊降之。漢三年，與漢將周苛等守滎陽，
楚軍圍急，周苛等恐其反悄，乃殺之。其妃溥夫人爲劉邦所得，生
文帝。傳見本書卷三三。

［12］【今注】案，由"齊王信之立"至此，源自《史記》卷
九〇《魏豹彭越列傳》。《漢書》移於此，而於本書卷三四《彭越
傳》中僅錄封彭越之語，略言韓信事。

［13］【顏注】師古曰：睢，音雖。【今注】睢陽：縣名。治所
在今河南商丘市睢陽區。 穀城：山名。在今山東平陰縣西南。

［14］【顏注】師古曰：傅，讀曰附。【今注】陳：縣名。治
所在今河南淮陽縣。 案，由"今能取睢陽以北"至此，是據
《史記·項羽本紀》改寫。《魏豹彭越列傳》亦有此記載。本書
《彭越傳》略封韓信事。

［15］【顏注】師古曰：捐，棄也，音弋全反。【今注】案，
由"信家在楚"至此，源自《史記·魏豹彭越列傳》。《漢書》移
於此，而於本書《彭越傳》中略之。

［16］【今注】案，此二句出自《史記·項羽本紀》。散，蔡琪
本、大德本、殿本作"敗"。

［17］【今注】案，由"於是漢王"至此，改寫自《史記·魏
豹彭越列傳》。

　　十一月，[1]劉賈入楚地，[2]圍壽春。[3]漢亦遣人誘

楚大司馬周殷。殷畔楚，以舒屠六，[4] 舉九江兵迎黥
布，[5] 並行屠城父，[6] 隨劉賈皆會。[7]

[1]【今注】十一月：《史記》卷七《項羽本紀》、卷八《高
祖本紀》皆未載此具體時間。

[2]【今注】劉賈：劉邦堂兄，沛縣人。初從劉邦東擊項羽，
劉邦稱帝，封爲荆王。後爲淮南王英布所殺。傳見本書卷三五。

[3]【今注】壽春：縣名。治所在今安徽壽縣。　案，此句
《史記·項羽本紀》作"劉賈軍從壽春並行，屠城父，至垓下"。

[4]【顏注】如淳曰：以舒之衆屠破六縣。師古曰：六者，
縣名，即上所謂九江王都六者也，後屬廬江郡（郡，殷本作
"都"）。【今注】畔：同"叛"。叛亂。　舒：縣名。治所在今安
徽廬江縣西南。　六：縣名。治所在今安徽六安市。　案，由"漢
亦遣"至此，源自《史記·項羽本紀》。

[5]【今注】九江：王國名。項羽滅秦後封英布爲九江王，轄
有九江、廬江二郡，相當於今安徽淮河以南大部與江西全境。英布
降漢後，改爲淮南國。　黥布：即英布。初爲刑徒，後率刑徒逃
亡，秦末聯絡番君吳芮共起兵，乃歸項梁，後復隨項羽入關，多以
少敗衆，獲封九江王。楚漢相爭時降漢，獲封淮南王。在韓信、彭
越被殺後，英布懼，乃反，戰敗被殺。傳見本書卷三四。

[6]【顏注】如淳曰：並行，並擊也。師古曰：城父，縣名。
父，音甫。【今注】屠城父：《史記·項羽本紀》載屠城父者爲劉
賈，此與《史記·高祖本紀》載屠城父者爲周殷，未知孰是。施丁
《陳下之戰與垓下之戰》認爲，城父是項羽由陳下退至垓下的必經
之路，"屠城父"或是爲了截斷其後路，或是意在追擊。城父，縣
名。治所在今安徽亳州市譙城區城父鎮。

[7]【今注】隨劉賈皆會：王先謙《漢書補注》指出，《史
記·高祖本紀》作"隨何、劉賈、齊梁諸侯皆大會垓下"。王氏認

爲，隨何無戰功，不當列劉賈之上。本書卷三一《項籍傳》云周殷舉九江兵隨劉賈迎黥布，與此"隨劉賈"義同；《劉賈傳》云周殷反楚，佐賈舉九江，迎英布兵，皆會垓下，"佐"字與"隨"義亦相合。據此，王氏認爲，《史記》"何"字確爲衍文，此處但謂殷、布隨劉賈及信、越等來會而已。　案，從開篇至此，《史記·高祖本紀》叙於漢四年（前203），且文字不盡相同。

　　十二月，[1]圍羽垓下。[2]羽夜聞漢軍四面皆楚歌，[3]知盡得楚地，[4]羽與數百騎走，是以兵大敗。灌嬰追斬羽東城。[5]楚地悉定，獨魯不下。[6]漢王引天下兵欲屠之，爲其守節禮義之國，乃持羽頭示其父兄，魯乃降。初，懷王封羽爲魯公，[7]及死，魯又爲之堅守，故以魯公葬羽於穀城。[8]漢王爲發喪，哭臨而去。[9]封項伯等四人爲列侯，賜姓劉氏。[10]諸民略在楚者皆歸之。[11]漢王還至定陶，[12]馳入齊王信壁，奪其軍。初，項羽所立臨江王共敖前死，[13]子尉嗣立爲王，[14]不降。遣盧綰、劉賈擊虜尉。[15]

　　[1]【今注】十二月：《史記》卷七《項羽本紀》、卷八《高祖本紀》皆未載此具體時間。

　　[2]【顏注】應劭曰：垓，音該。李奇曰：沛洨縣聚邑名也。師古曰：洨，音衡交反。【今注】垓下：地名。一般認爲在今安徽靈璧縣東南（對垓下位置諸説的評議，可參卜憲群、劉曉滿《垓下位置研究評議》，《安徽廣播電視大學學報》2010年第4期；陳立柱《垓下遺址方位研究評議》，《宿州學院學報》2011年第3期）。案，《史記·高祖本紀》載垓下戰事較詳，《漢書》删之。

　　[3]【顏注】應劭曰：楚歌者，雞鳴歌也。漢已略得其地，

故楚歌者多雞鳴時歌也。師古曰：楚歌者，爲楚人之歌，猶言吳歈越吟耳。若以雞鳴爲歌曲之名，於理則可，不得云"雞鳴時"也。高祖令戚夫人楚辟（辟，蔡琪本、大德本、殿本作"舞"），自爲作楚歌，豈亦雞鳴時乎（亦，蔡琪本作"有"）！

[4]【今注】案，《史記·高祖本紀》此句作"項羽卒聞漢軍之楚歌，以爲漢盡得楚地"。

[5]【顏注】晉灼曰：九江縣。【今注】灌嬰：睢陽人，以販帛爲業。項梁死後，劉邦還軍於碭，灌嬰乃從之。彭城之敗後被任命爲漢軍之騎將，擊破楚軍騎兵於滎陽。後隨韓信滅趙、齊，垓下之戰後追斬項羽。後與陳平、周勃等立文帝，文帝時任丞相。傳見本書卷四一。　東城：縣名。治所在今安徽定遠縣東南。漢文帝八年（前172）封淮南厲王劉長子劉良爲東城侯，十五年國除。武帝元封元年（前110）封故東粵繇王居股爲東城侯，征和三年（前90）國除，復爲縣。　案，《史記·高祖本紀》此處有云"斬首八萬"。

[6]【今注】魯：項羽封地。在今山東曲阜市魯故城。

[7]【今注】懷王：戰國時楚懷王之孫，名熊心。項梁擁立其爲王，仍稱楚懷王。秦亡被項羽尊爲義帝，遷往長沙郴縣（今湖南郴州市），於途中被殺。

[8]【顏注】師古曰：即濟北穀城。【今注】以魯公：王先謙《漢書補注》認爲，"以魯公"三字語意不完，"公"下當有"號"字，而此奪之。《史記》有"號"字，本書卷三一《項羽傳》亦云"以魯公號"，皆爲其證。

[9]【顏注】師古曰：臨，音力禁反。

[10]【顏注】師古曰：皆羽之族，先有功於漢者。【今注】項伯：名纏。項羽叔父。與張良有舊，曾在鴻門宴上救劉邦，並在戲下分封時爲劉邦請得漢中之地。　四人：錢大昭《漢書辨疑》指出，四人中，有射陽侯劉纏、平皋侯劉它、桃安侯劉襄，另一人《漢表》未聞。今案，據《史記·項羽本紀》，另一人爲玄武侯，

然未知其名爲何。　案，由"初，懷王封羽"至此，改寫自《史記·項羽本紀》。

　　[11]【今注】案，此句《史記·項羽本紀》《高祖本紀》皆無。

　　[12]【今注】定陶：縣名。治所在今山東荷澤市定陶區西北古陶邑。

　　[13]【今注】臨江：諸侯王國名。秦時爲南郡，漢初改爲臨江郡，至景帝時置國，後復爲南郡，治江陵（今湖北江陵縣）。共敖：早期事迹不詳。獲封臨江王後奉項羽令與英布殺義帝，漢三年（前204）去世。漢五年垓下之戰項羽敗後漢滅其國，殺其子共尉（一作"共驩"）。

　　[14]【今注】尉：《史記·高祖本紀》記其名作"驩"。裴駰《集解》引徐廣注云"一作'尉'"。梁玉繩《史記志疑》卷六指出，《史記》卷五一《荆燕世家》、卷九三《韓信盧綰列傳》及《漢書》各篇皆作"尉"，唯《高祖本紀》與《秦楚之際月表》作"驩"。根據徐廣注，梁氏認爲當是《月表》誤爲"驩"，而傳寫《高祖本紀》者據之妄改。

　　[15]【今注】盧綰：漢初諸侯王。豐（今江蘇豐縣）人，與劉邦同日而生，自幼爲友。秦末農民戰爭時，隨劉邦起兵於沛，入漢中，爲將軍。漢東擊項羽時，官太尉，爲劉邦所信任。後與劉賈擊滅臨江王共尉，又從劉邦破燕王臧荼，封燕王。後趙相國陳豨勾結匈奴反，盧綰養寇自重，懷二心，事敗，乃逃亡匈奴，匈奴單于封爲東胡盧王。死於匈奴。傳見本書卷三四。案，《史記·高祖本紀》記此事於是年定都洛陽之後，五月紀事之前。其文云"故臨江王驩爲項羽叛漢，令盧綰、劉賈圍之，不下。數月而降，殺之雒陽"。梁玉繩《史記志疑》認爲《史記》時間有誤，當從《漢書》。今案，圍城延續數月，蓋《漢書》所記以戰役之始繫時，《史記·高祖本紀》以戰役之終繫時。

　　春正月，追尊兄伯號曰武哀侯。^[1]下令曰："楚地已定，義帝亡後，^[2]欲存邺楚衆，^[3]以定其主。齊王信習楚風俗，更立爲楚王，^[4]王淮北，都下邳。^[5]魏相國建城侯彭越勤勞魏民，卑下士卒，^[6]常以少擊衆，數破楚軍，其以魏故地王之，號曰梁王，都定陶。"^[7]又曰："兵不得休八年，萬民與苦甚，^[8]今天下事畢，其赦天下殊死以下。"^[9]

　　[1]【顏注】應劭曰：兄伯早亡，追謚之。【今注】案，《史記》卷八《高祖本紀》未載劉邦追尊其長兄事。

　　[2]【今注】義帝：即楚懷王熊心。

　　[3]【今注】案，邺，蔡琪本、殿本作"恤"。

　　[4]【顏注】師古曰：更，改也。

　　[5]【今注】下邳：縣名。治所在今江蘇睢寧縣西北古邳鎮東。

　　[6]【顏注】師古曰：言安輯魏地，保其人衆也。下，音胡稼反。【今注】建城侯：王先謙《漢書補注》指出，建城侯封號不見於《彭越傳》，《史記·高祖本紀》四年、五年作"建成侯"。"成""城"通假。

　　[7]【今注】案，《史記·高祖本紀》未錄此詔原文，略叙封韓信、彭越事於劉邦稱帝後。

　　[8]【顏注】如淳曰：與，音相干與之與。師古曰：音弋庶反。

　　[9]【顏注】如淳曰：死罪之明白也。《左傳》曰"斬其木而弗殊"。韋昭曰：殊（殊，蔡琪本、大德本、殿本作"殊死"），斬刑也。師古曰：殊，絕也，異也。言其身首離絕而異處也。【今注】殊死：刑罰名，亦爲罪名。作爲刑罰，指斬首的死刑。作爲罪名，指謀反大逆等特殊、尤重的死罪，其處決方式主要爲腰斬、梟首，間或有棄市。（參見宋傑《漢代"棄市"與"殊死"辨析》，

《中國史研究》2015 年第 3 期；魏道明《漢代“殊死”考》，載《漢晉時期國家與社會論集》，廣西師範大學出版社 2016 年版，第281—296 頁）案，《史記·高祖本紀》未載此赦詔。

於是諸侯上疏曰：“楚王韓信、韓王信、[1]淮南王英布、[2]梁王彭越、故衡山王吴芮、[3]趙王張敖、[4]燕王臧荼昧死再拜言[5]大王陛下：[6]先時秦爲亡道，天下誅之。大王先得秦王，定關中，[7]於天下功最多。存亡定危，救敗繼絕，以安萬民，功盛德厚。又加惠於諸侯王有功者，使得立社稷。地分已定，而位號比儗，亡上下之分，[8]大王功德之著，於後世不宣。[9]昧死再拜上皇帝尊號。”[10]漢王曰：“寡人聞帝者，賢者有也，[11]虛言亡實之名，非所取也。[12]今諸侯王皆推高寡人，將何以處之哉！”[13]諸侯王皆曰：“大王起於細微，滅亂秦，威動海内。又以辟陋之地，[14]自漢中行威德，[15]誅不義，立有功，平定海内，功臣皆受地食邑，非私之也。大王德施四海，諸侯王不足以道之，[16]居帝位甚實宜，願大王以幸天下。”[17]漢王曰：“諸侯王幸以爲便於天下之民，則可矣。”[18]於是諸侯王及太尉長安侯臣綰等三百人，[19]與博士稷嗣君叔孫通[20]謹擇良日二月甲午上尊號。漢王即皇帝位于氾水之陽。[21]尊王后曰皇后，太子曰皇太子，追尊先媪曰昭靈夫人。[22]

[1]【今注】韓王信：本爲韓國宗室，初隨張良，復隨劉邦入漢中。項羽殺韓王成，立鄭昌爲韓王。劉邦東征擊破鄭昌，以信爲

韓王。爲與淮陰侯韓信區別，故稱韓王信。漢六年（前 201），劉邦徙之於太原郡守邊，都馬邑。匈奴攻馬邑，信乃降。漢十一年隨匈奴進兵參合，被殺。其子穨當降漢爲弓高侯，穨當後裔嫣、説、增等在武、昭、宣三朝皆爲顯宦。傳見本書卷三三。

　　[2]【今注】英布：即黥布。

　　[3]【顏注】張晏曰：漢元年，項羽立芮爲衡山王，後又奪之地，謂之番君，是以曰“故”。【今注】衡山：楚漢相争時期王國名。轄秦衡山郡，其地相當於今安徽霍山縣、懷寧縣以西，長江以北，湖北黃岡市、紅安縣和河南信陽市以東，淮河以南地區。吳芮：本爲秦朝番陽令。秦末與英布等起兵，滅秦後獲封衡山王。後封地爲項羽所奪，被貶爲“番君”。漢五年劉邦滅項羽，封吳芮爲長沙王，同年病死。

　　[4]【今注】趙：諸侯王國名。漢高祖四年封趙王，領有邯鄲、鉅鹿、常山三郡。　張敖：趙王張耳之子，劉邦女魯元公主之夫。本繼承其父王爵，因其相貫高密謀刺殺劉邦，而被降爲宣平侯。

　　[5]【顏注】張晏曰：秦以爲人臣上書當言昧犯死罪而言，漢遂遵之。【今注】燕：諸侯王國名。秦末陳勝起事後，令武臣等徇趙。武臣自立爲趙王，復令韓廣徇燕地，而韓廣自立爲燕王。項羽滅秦後，復封燕將臧荼爲燕王，都於薊（今北京市城區西南部）。其國遂有廣陽、上谷、漁陽、右北平、遼東、遼西六郡，相當於今北京市、河北北部和遼寧等地。　臧荼：原爲燕國將領。秦末農民起義後，隨從項羽入關。項羽封王，改封原燕王韓廣爲遼東王，而以荼爲燕王。不久攻殺韓廣，併其地。漢五年與韓信等共上書尊劉邦爲帝，同年以謀反罪被劉邦擊殺。其孫女臧兒爲漢武帝外祖母。昧死再拜言：周壽昌《漢書注校補》指出，《太平御覽》卷五九四引《博物志》，言漢承秦制，群臣上言皆稱“昧死言”。王莽篡位後，法古改制，去“昧死”，改云“稽首”。朝臣稱“稽首輕，

宜稽首再拜"。《續漢書·律曆志》注引蔡邕《戍邊上章》云"臣
邕稽首再拜,上書皇帝陛下",末云"臣頓首死罪,稽首再拜以
聞"。可見王莽所改之制,東漢遂沿襲不變。

[6]【顏注】應劭曰:陛者,升堂之陛。王者必有執兵陳於
階陛之側,群臣與至尊言不敢指斥,故呼在陛下者而告之曰卑以
達尊之意也(曰,蔡琪本、大德本、殿本作"因")。若今稱殿
下、閣下、侍者、執事,皆此類也。【今注】大王陛下:周壽昌
《漢書注校補》指出,此時高祖尚未即真,故稱"大王";然此書
意在上皇帝尊號,故又稱"陛下"。

[7]【今注】關中:古地名。秦都咸陽,漢都長安,因稱函谷
關以西爲關中。秦漢時期還存在廣義的關中概念,泛指"包括巴蜀
在內的'殽函'以西的西部地區"(參見王子今《秦漢區域地理學
的"大關中"概念》,《人文雜志》2003 年第 1 期)。

[8]【顏注】師古曰:言大王與臣等並稱王,是爲比類相儗,
無尊卑之差別也。地分,音扶問反。

[9]【顏注】師古曰:言位號不殊,則功德之著明者不宣於
後也(後也,蔡琪本、大德本、殿本作"後世也")。

[10]【今注】案,《史記》卷八《高祖本紀》未載此勸進書,
僅略云"諸侯及將相相與共請尊漢王爲皇帝"。

[11]【顏注】師古曰:言賢德之人乃可有帝號。

[12]【今注】取:王先謙《漢書補注》指出,《史記》作
"守"。

[13]【今注】案,《史記·高祖本紀》載劉邦語略異:"吾聞
帝賢者有也,空言虛語,非所守也,吾不敢當帝位。"

[14]【顏注】師古曰:辟,讀曰避(辟,蔡琪本、大德本、
殿本作"僻")。

[15]【今注】漢中:郡名。秦時治南鄭(今陝西漢中市),漢
時移治西城(今陝西安康市西北)。

[16]【今注】諸侯王不足以道之：王先謙《漢書補注》指出，此句意爲非稱頌所能盡言。今案，王説誤。上文云"大王德施四海"，下文云"居帝位甚實宜"。聯繫上下文，其意當指劉邦之"德"太高，其所居的諸侯王之位（漢王之位）已不足體現其"德"，宜居帝位。

[17]【顏注】晉灼曰：《漢儀注》："民臣被其德以爲僥倖也。"師古曰：倖者，吉而免凶，可慶幸也。故福喜之事皆稱爲幸，而死謂之不幸。【今注】案，《史記·高祖本紀》載功臣語略異："大王起微細，誅暴逆，平定四海，有功者輒裂地而封爲王侯。大王不尊號，皆疑不信。臣等以死守之。"

[18]【今注】案，《史記·高祖本紀》云："漢王三讓，不得已，曰：'諸君必以爲便，便國家。'"與此略異。

[19]【顏注】師古曰：綰，盧綰也。【今注】太尉：官名。漢三公之一。掌管軍事，爲武官之長。

[20]【顏注】孟康曰：稷嗣，邑名。【今注】博士：官名。秦置，漢因之，隸屬九卿之一奉常（太常）。掌通古今，教弟子；國有疑事，掌承問對。初秩比四百石，後升比六百石，設僕射一人領之。漢武帝罷黜百家之前，博士治各家之學，其後乃專立儒學一家。　叔孫通：本爲秦博士，後投奔起義軍。先後事項梁、懷王、項羽、劉邦。降漢後先後爲博士、太子太傅。輔佐劉邦制定漢朝禮儀。傳見本書卷四三。

[21]【顏注】張晏曰：在濟陰界，取其氾愛弘大而潤下也。師古曰：據《叔孫通傳》曰"爲皇帝於定陶"，則此水在濟陰是也。音敷劍反。【今注】氾水：源出今河南鞏義市東南，北流經今滎陽市西北氾水鎮西，北入黄河。　陽：水北、水西稱爲"陽"。　案，由"於是諸侯王"至此，《史記·高祖本紀》僅略云"甲午，乃即皇帝位氾水之陽"，餘爲《漢書》所補。

[22]【今注】案，由"尊王后"至此，《史記·高祖本紀》

無，爲《漢書》所增。

　　詔曰：[1] “故衡山王吳芮與子二人、兄子一人，從百粵之兵，[2] 以佐諸侯，誅暴秦，有大功，諸侯立以爲王。項羽侵奪之地，謂之番君。[3] 其以長沙、豫章、象郡、桂林、南海立番君芮爲長沙王。”[4] 又曰：“故粵王亡諸世奉粵祀，[5] 秦侵奪其地，使其社稷不得血食。[6] 諸侯伐秦，亡諸身帥閩中兵以佐滅秦，[7] 項羽廢而弗立。今以爲閩粵王，王閩中地，勿使失職。”[8]

　　[1]【顏注】如淳曰：詔，告也。自秦漢以下，唯天子獨稱之。

　　[2]【顏注】服虔曰：非一種，若今言百蠻也。

　　[3]【顏注】師古曰：番，音蒲何反（何，蔡琪本作“河”）。

　　[4]【顏注】臣瓚曰：《茂陵書》：“象郡治臨塵，去長安萬七千五百里。”文穎曰：桂林，今鬱林也。師古曰：桂林，今之桂州境界左右皆是其地，非鬱林也。【今注】案，《史記》卷八《高祖本紀》不載此詔。而於此略言封諸王事。除封韓信、彭越之外，“故韓王信爲韓王，都陽翟。徙衡山王吳芮爲長沙王，都臨湘。番君之將梅鋗有功，從入武關，故德番君。淮南王布、燕王臧荼、趙王敖皆如故”。《漢書》僅詳引封韓信、彭越、吳芮之詔，餘皆未叙。　　長沙：諸侯王國名。治臨湘（今湖南長沙市）。　　豫章：郡名。治南昌縣（今江西南昌市東）。案，《漢書考正》劉攽指出，長沙封國本無豫章，豫章屬淮南。疑此“豫章”爲傳寫誤衍。王先謙《漢書補注》同意劉攽説，指出豫章屬英布，見《英布傳》。象郡、桂林、南海即下文所謂“南方三郡”，實爲趙佗所控制，虛封吳芮而已。　　象郡：秦始皇三十三年（前214）置，後爲南越所

據。本書《地理志》云"日南郡，故秦象郡，武帝元鼎六年開，更名"，故傳統上往往將象郡與日南郡等同。至 1916 年，法國漢學家馬伯樂作《秦漢象郡考》，據《漢書》卷七《昭紀》"罷象郡，分屬鬱林、牂柯"與《漢書·高紀》臣瓚注"《茂陵書》：象郡治臨塵，去長安萬七千五百里"等記載，提出象郡並非日南郡，治在廣西臨塵。此説爲譚其驤主編《中國歷史地圖集》所采，周振鶴《西漢政區地理》進一步證成此説。據此説，漢武帝滅南越後，將象郡所管轄的部分地區置日南郡，而象郡仍存，至昭帝始元五年（前 82）方罷；郡治臨塵縣，治所在今廣西崇左市境内。　桂林：郡名。治布山縣（今廣西桂平市西）。　南海：郡名。治番禺縣（今廣東廣州市番禺區）。

　　[5]【今注】亡諸：又作"無諸"。據説爲越王句踐後裔。秦末率閩地越人起事，與諸侯滅秦而不得封，乃隨劉邦滅楚，獲封閩越王（閩粵王）。事見本書卷九五《閩粵傳》。

　　[6]【顏注】師古曰：祭者尚血腥，故曰血食也。【今注】血食：享受有牲牢的祭祀。

　　[7]【顏注】如淳曰：閩，音繆。應劭曰：音文飾之文。師古曰：閩越，今泉州建安是其地也。其人本蛇種，故其字從虫。如音是也。虫，音許尾反。【今注】案，錢大昕《三史拾遺》卷二認爲，古人讀"文"如"民"。《禹貢》"岷山"，《史記》卷二《夏本紀》作"汶山"，後漢有汶山郡，亦因岷山而得名。

　　[8]【今注】案，《史記·高祖本紀》未載封閩粵之事。　失職：失去事業。

　　帝乃西都洛陽。[1]夏五月，兵皆罷歸家。詔曰："諸侯子在關中者，復之十二歲，[2]其歸者半之。[3]民前或相聚保山澤，不書名數，[4]今天下已定，令各歸其縣，復故爵田宅，[5]吏以文法教訓辨告，勿笞辱。[6]民以飢餓自賣爲人奴婢者，皆免爲庶人。軍吏卒會赦，其亡罪而亡爵及不滿大夫者，皆賜爵爲大夫。[7]故大夫以上賜爵各一級，[8]其七大夫以上，皆令食邑，[9]非七大夫已下，皆復其身及戶，勿事。"[10]又曰："七大夫、公乘以上，皆高爵也。[11]諸侯子及從軍歸者，[12]甚多高爵，吾數詔吏先與田宅，及所當求於吏者，亟與。[13]爵或人君，上所尊禮，[14]久立吏前，曾不爲決，[15]甚亡謂也。[16]異日秦民爵公大夫以上，令、丞與亢禮。[17]今吾於爵非輕也，吏獨安取此！[18]且法以有功勞行田宅，[19]今小吏未嘗從軍者多滿，[20]而有功者顧不得，[21]背公立私，守尉長吏教訓甚不善。[22]其令諸吏善遇高爵，稱吾意。[23]且廉問，有不如吾詔者，以重論之。"[24]

[1]【今注】洛陽：縣名。治所在今河南洛陽市東北。

[2]【顏注】師古曰：復，音方目反。【今注】復：指免除徭賦。

[3]【顏注】師古曰：各已還其本土者，復六歲也。

[4]【顏注】師古曰：保，守也，安也。守而安之，以避難也。名數，謂戶籍也。

[5]【顏注】師古曰：復，還也，音扶目反。【今注】爵：漢承秦制，行二十等爵制，顯示身份，以酬軍功，其具體爵名參見本書《百官公卿表上》。二十等爵內部又有民爵與官爵之分，普通民眾與下級吏員祇能授予民爵，官爵祇授予秩祿較高的官吏。秦末漢初之際，似以第七級公大夫以上爲官爵，後來標準逐漸提高，第八級公乘、第九級五大夫先後成爲官爵之標準，最終確定以第九級五大夫以上爲官爵，五大夫以上的爵位祇授予六百石以上的官員。故

此處向諸官員賜爵之下限自五大夫起。漢興以來承平日久，賞封日濫，至漢末三國，吏民已普遍具有公乘爵，此爵制已名存實亡。參見本書《百官公卿表》今注所引錢大昭《漢書辨疑》、凌文超《漢初爵制結構的演變與官、民爵的形成》（《中國史研究》2012年第1期）。

[6]【顏注】師古曰：辨告者，分別義理以曉喻之。【今注】辨：王念孫《讀書雜志·漢書第一》認爲，辨通班。班告即布告。謂以文法教訓布告衆民也。本書卷九九《王莽傳》"辨社諸侯"一句，孟康注"辨，布也"，師古注"辨，讀曰班"；"非五威將率所班"一句，蕭該云"'班'，舊作'辨'"，韋昭云"辨，布也，音班"。皆其證。

[7]【顏注】如淳曰：軍吏卒會赦得免罪，及本無罪而無爵級者，皆賜爵爲大夫。師古曰：大夫，第五爵也。【今注】案，《漢書考正》劉攽認爲，此處是說有罪者會赦免罪，但不得賜爵；亡罪乃得爲大夫。王先謙《漢書補注》則認爲，此録軍功，吏卒皆參與，有罪會赦亦得賜爵。揣摩文義，如淳説是，劉攽説非。

[8]【顏注】師古曰：就加之也。級，等也。

[9]【顏注】臣瓚曰：秦制，列侯乃得食邑。今七大夫以上皆食邑，所以寵之也。師古曰：七大夫，公大夫也，爵第七，故謂之七大夫。【今注】七大夫：朱紹侯《劉邦起兵後施行過楚爵制已有實證》（《軍功爵制研究》，商務印書館2017年版）認爲，七大夫當爲楚爵，並非秦代之二十等爵。

[10]【顏注】應劭曰：不輸户賦也。如淳曰：事，謂役使也。師古曰：復其身及一户之內皆不徭賦也。復（蔡琪本無"復"字），音扶目反。【今注】案，《史記》卷八《高祖本紀》未載此詔，而略云："諸侯子在關中者復之十二歲，其歸者復之六歲，食之一歲。"梁玉繩《史記志疑》卷六指出，"食之一歲"一句不見於《漢書》之詔書，未知何故。

[11]【顏注】師古曰：公乘，第八爵。【今注】公乘：秦漢行二十等爵制，公乘爲第八級。

[12]【今注】諸侯子及：《漢書考正》劉攽認爲，"諸侯子" 總謂諸侯國人。"及" 字爲後人妄加之。周壽昌《漢書注校補》指出，"二年六月，漢王還櫟陽，令諸侯子在關中者皆集櫟陽爲衛"，若盡爲諸侯國人，當數十萬衆，無法容於櫟陽一縣。又本書《高惠高后文功臣表》樊侯蔡兼 "以韓家子還定北地"，顏師古云 "本六國時韓家之諸子也，後更姓蔡"。故周氏認爲諸侯了、楚子爲各諸侯與楚支屬之從軍者，非泛言國人，故書 "子" 以別之。此加 "及" 字，愈可爲一證。

[13]【顏注】師古曰：亟，急也，音居力反。

[14]【顏注】師古曰：爵高有國邑者，則自君其人，故云 "或人君" 也。上，謂天子。

[15]【顏注】師古曰：有辨說及陳請者（說，蔡琪本、大德本、殿本作 "訟"），不早爲決斷。

[16]【顏注】師古曰：亡謂者，失於事宜，不可以訓。

[17]【顏注】應劭曰：言從公大夫以上，民與令、丞亢禮。亢禮者，長揖不拜。師古曰：異日，猶言往日也。亢者，當也。言高下相當無所卑屈，不獨謂揖拜也。

[18]【顏注】師古曰：於何得此輕爵之法也。

[19]【顏注】蘇林曰：行，音行酒之行，猶付與也。

[20]【顏注】如淳曰：多自滿足也。【今注】今小吏未嘗從軍者多滿：王先謙《漢書補注》認爲，此句指小吏私取田宅以自盈。

[21]【顏注】師古曰：顧猶反也（蔡琪本無 "猶" 字），言若人反顧然。

[22]【顏注】師古曰：守，郡守也。尉，郡尉也。長吏，謂縣之令、長。【今注】守：郡守，職官名。秦及漢初地方郡的最高

長官。景帝時更名爲太守，秩二千石。　尉：郡尉，職官名。景帝時更名爲都尉，佐郡太守典武職甲卒，掌治安，防盜賊，爲一郡之最高武官，秩比二千石。　長吏：縣令（長）、尉、丞以上的地方官。

[23]【顏注】師古曰：稱，副也。

[24]【顏注】師古曰：廉，察也。“廉”字本作“覝”，其音同耳。【今注】案，《史記·高祖本紀》未記載此詔。

帝置酒雒陽南宫。[1]上曰：[2]“通侯諸將[3]毋敢隱朕，[4]皆言其情。吾所以有天下者何？項氏之所以失天下者何？”高起、王陵對曰：[5]“陛下嫚而侮人，[6]項羽仁而敬人。然陛下使人攻城略地，所降下者，因以與之，與天下同利也。項羽妒賢嫉能，有功者害之，賢者疑之，戰勝而不與人功，得地而不與人利，此其所以失天下也。”上曰：“公知其一，未知其二。夫運籌帷幄之中，[7]決勝千里之外，吾不如子房；[8]填國家，撫百姓，給餉餽，不絕糧道，吾不如蕭何；[9]連百萬之衆，戰必勝，攻必取，吾不如韓信。三者皆人傑，吾能用之，[10]此吾所以取天下者也。項羽有一范增而不能用，[11]此所以爲我禽也。”群臣説服。[12]

[1]【今注】雒陽：即洛陽。王先謙《漢書補注》指出，張守節《史記正義》引《輿地志》云：“秦時已有南北宫。”據此，王氏以爲秦雖都關中，猶仿周東都之制。沈欽韓《漢書疏證》指出，東漢初年有更始帝經北宫、光武帝幸南宫的記載。

[2]【顏注】如淳曰：蔡邕云：“上者，尊位所在也。”但言上，不敢言尊號耳。

[3]【顏注】應劭曰：舊曰徹侯，避武帝諱曰通侯。通亦徹也。通者，言其功德通於王室也。張晏曰：後改爲列侯。列者，見序列也。【今注】通侯：秦漢二十等爵第二十等，爲最高級。本作“徹侯”，因避漢武帝劉徹名諱，故改之。又作“列侯”。王先謙《漢書補注》指出，此處“通侯”二字，《史記》作“列侯”。《資治通鑑》作“徹侯”，蓋爲宋人回改。

[4]【顏注】如淳曰：朕，我也。蔡邕曰：古者上下共之。咎繇與帝舜言稱“朕”。屈原曰“朕皇考”。至秦獨以爲尊稱，漢遂因之而不改也。

[5]【顏注】張晏曰：詔使高官者起，故陵先對。孟康曰：姓高，名起。臣瓚曰：《漢帝年紀》高帝時有“信平侯臣陵、都武侯臣起”。魏相、邴吉高帝時奏事者“將軍臣陵、臣起”（邴吉，蔡琪本、殿本作“邴吉奏”；者，蔡琪本、大德本、殿本作“有”）。師古曰：張説非也。若言高官者起，則丞相蕭何、太尉盧綰及張良、陳平之屬時皆在陵上，陵不得先對也。【今注】高起：錢大昭《漢書辨疑》指出，荀悦《漢紀》無“高起”二字。張、孟説皆難成立，當是衍文。周壽昌《漢書注校補》指出，臣瓚所言《漢帝年紀》一書不傳。王陵封安國侯，非信平。《高祖功臣表》無“都武侯起”其人；惟南郾侯起，孝文時以信平君侯，則其在高帝時尚未爲信平侯。臣瓚又云魏相、邴吉高帝時奏事有將軍臣陵、起，考本書卷七四《魏相傳》“好觀漢故事及便宜章奏……數條漢興以來國家便宜行事”，其引高皇所述書有云“相國臣何、御史大夫臣昌謹與將軍臣陵、太子太傅臣通等議”，其中雖無“臣起”，或奏事所輯不止一條。孟康言“姓高名起”或有據。張晏説難以成立。王先謙《漢書補注》認爲，此條當存疑。　王陵：沛人。早年行游俠之事，爲縣豪。劉邦曾兄事之，因而王陵長期不願屈居劉邦之下。秦末亦起兵，在漢二年（前205）劉邦出關攻項羽時歸劉邦。後獲封安國侯，在惠帝時任右丞相，吕后攝政後轉任太

傳。傳見本書卷四〇。

[6]【顏注】師古曰：嫚，易也，讀與慢同。

[7]【今注】運籌帷幄之中：王先謙《漢書補注》指出，此句《史記》作“運籌策帷帳之中”。

[8]【今注】子房：即張良之字。

[9]【顏注】師古曰：“填”與“鎮”同。鎮，安也。“餽”亦“饋”字。【今注】案，填，《史記》卷八《高祖本紀》作“鎮”。 蕭何：初爲沛縣主吏掾，後隨劉邦起事，攻破咸陽後保護秦廷律令圖書，在其後軍事活動、法律建設中發揮了重要作用。楚漢相争時任丞相，留守關中，負責後勤與兵源之補充。後長期任丞相、相國，至惠帝時去世。傳見本書卷三九。

[10]【顏注】師古曰：傑，言桀然獨出也。

[11]【今注】范增：項氏之謀士。項梁起兵後投奔項梁，説服項梁立楚國王族之後。後在鴻門宴時勸項羽殺劉邦未成。復出計封劉邦於巴蜀。在楚漢相争時，項羽中離間計，不再信任范增，范增恚怒歸家，發病而亡。

[12]【顏注】師古曰：説，讀曰悦。【今注】群臣説服：《史記·高祖本紀》無此句，爲《漢書》所增。

初，田横歸彭越。[1]項羽已滅，横懼誅，與賓客亡入海。上恐其久爲亂，遣使者赦横，曰：“横來，大者王，小者侯；[2]不來，且發兵加誅。”横懼，乘傳詣雒陽，[3]未至三十里，自殺。上壯其節，爲流涕，發卒二千人以王禮葬焉。[4]

[1]【今注】田横：齊國王族田氏之後，齊王田儋、田榮之弟，在韓信滅齊後先投奔彭越，後入海島爲王。劉邦稱帝後，徵田横入京，横自殺。據説其在海島上的五百門客聞訊後盡皆自殺。事

見本書卷三三《田儋傳》。現代著名畫家徐悲鴻曾繪大型油畫《田橫五百士》。

[2]【顏注】師古曰：大者，謂其長率，即橫身也。小者，其徒屬也（蔡琪本、殿本"其"前有"謂"字）。

[3]【顏注】如淳曰：律，四馬高足爲置傳，四馬中足爲馳傳，四馬下足爲乘傳，一馬二馬爲軺傳。急者乘一乘傳。師古曰：傳者，若今之驛，古者以車，謂之傳車，其後又單置馬，謂之驛騎。傳，音張戀反。

[4]【今注】案，《史記》卷八《高祖本紀》末載田橫進京及自殺事。當係班固據《史記》卷九四《田儋列傳》改寫於此。

戍卒婁敬求見，[1] 説上曰："陛下取天下與周異，而都雒陽，不便，不如入關，據秦之固。"上以問張良，良因勸上。[2] 是日，車駕西都長安。[3] 拜婁敬爲奉春君，[4] 賜姓劉氏。[5] 六月壬辰，大赦天下。

[1]【今注】婁敬：即劉敬。漢初謀士。先後建議劉邦都關中，勸阻劉邦擊匈奴，建議和親，建議徙豪强入關。傳見本書卷四三。

[2]【今注】案，張良勸劉邦都關中事見本書卷四〇《張良傳》。

[3]【顏注】師古曰：凡言車駕者，謂天子乘車而行，不敢指斥也。是日，即其日也。著"是日"者，言從善之速也。長安，本秦之鄉名，高祖作都焉。【今注】車駕西都長安：《漢書考證》齊召南指出，是日決計入關營造長安宮殿，然暫居櫟陽，故至七年二月書"自櫟陽徙都長安"。櫟陽、長安俱是關中，是故《史記》此句作"是日，車駕入都關中"。周壽昌《漢書注校補》指出，荀悦《漢紀》云"於是上即日車駕西入關，治櫟陽宮"，加"治櫟陽

宫”四字，如此則七年本紀“自櫟陽徙都長安”語有根。

[4]【顏注】張晏曰：春，歲之始也，今婁敬發事之始，故號曰奉春君也。

[5]【今注】案，由“戍卒婁敬”至此，《史記》卷八《高祖本紀》僅略言“高祖欲長都雒陽，齊人劉敬説，及留侯勸上入都關中，高祖是日駕，入都關中”。

秋七月，[1]燕王臧荼反，[2]上自將征之。九月，[3]虜荼。詔諸侯王視有功者立以爲燕王。荆王臣信等十人[4]皆曰：“太尉長安侯盧綰功最多，請立以爲燕王。”[5]使丞相噲將兵平代地。[6]

[1]【今注】七月：王先謙《漢書補注》曰，《史記·秦楚之際月表》《資治通鑑》與此同。《史記》卷八《高祖本紀》在十月。荀悦《漢紀》在八月。今案，漢初承秦用顓頊曆，以十月爲歲首。且《史記·高祖本紀》後文尚有云“其秋”。是知《史記》必誤無疑。當因漢代隸書“十”“七”相近之故致誤，秦漢文獻此類錯誤多有。然則此處確當以“七月”爲是。（參見張勛燎《“七”“十”考》，《古文獻論叢》，巴蜀書社 1990 年版）

[2]【今注】案，《史記·高祖本紀》此處有云“攻下代地”。

[3]【今注】九月：《史記·高祖本紀》未載此時間，爲《漢書》所補。

[4]【顏注】如淳曰：荆亦楚也。賈逵曰：秦莊襄王名楚，故改諱荆，遂行於世。晉灼曰：《詩》曰“奮伐荆楚”，自秦之先故以稱“荆”也。師古曰：晉説是也。《左傳》又云“荆尸而舉”，亦已久矣。

[5]【今注】案，由“詔諸侯王”至此，《史記·高祖本紀》僅略云“即立太尉盧綰爲燕王”。

［6］【今注】丞相：周壽昌《漢書注校補》指出，漢初有丞相虛封之制，猶如後世加銜。《樊噲傳》載樊噲擊陳狶，以將軍遷爲左丞相，後以相國擊盧綰，《百官公卿表》均未載。《酈商傳》"遷右丞相，復以丞相將兵擊黥布"，《傅寬傳》"以相國代丞相噲擊陳狶"，商、寬皆未爲相，亦未列入表中。《韓信傳》"使爲假左丞相"，由"假"字，益可知其意。左、右丞相之正式設置在孝惠、高后時，相國之號在高帝十一年（前196），先此者皆爲虛封。王先謙《漢書補注》指出，《史記》云"臧荼反，攻下代地"，本書刪削攻代事，則平代爲無因。《資治通鑑》之《考異》受此誤導，認爲"時代地無反者"，以致疑樊噲平代事爲誤。　噲：樊噲。劉邦連襟，其妻呂嬃爲呂后之妹。隨劉邦起事，戰功頗多，有勇武之名。獲封舞陽侯。傳見本書卷四一。

　　利幾反，[1]上自擊破之。[2]利幾者，項羽將。[3]羽敗，利幾爲陳令，[4]降，上侯之潁川。[5]上至雒陽，舉通侯籍召之，[6]而利幾恐，反。[7]

　　［1］【今注】案，《史記》卷八《高祖本紀》記利幾反事時間爲"其秋"。
　　［2］【今注】案，《史記·高祖本紀》云"利幾走"。似下落不明。
　　［3］【今注】利幾：《資治通鑑》卷一一《漢紀》太祖高皇帝五年胡三省注引《姓譜》云："楚公子食采於利，後以爲氏。"
　　［4］【今注】案，陳令，《史記·高祖本紀》作"陳公"。
　　［5］【今注】潁川：郡名。治陽翟（今河南禹州市）。
　　［6］【顏注】蘇林曰：都以侯籍召之。
　　［7］【顏注】師古曰：普召通侯，而利幾自以項羽將故，恐懼而反也。

後九月，徙諸侯子關中。治長樂宮。[1]

[1]【今注】長樂宮：本秦興樂宮，"周回二十里"（《資治通鑑》卷一一《漢紀》太祖高皇帝五年胡三省注引程大昌《雍錄》）。漢高祖時擴建，改名長樂宮，在此視朝。漢惠帝以後爲太后寢宮。遺址在今陝西西安市西北漢長安故城東南隅。　案，由"後九月"至此，《史記》卷八《高祖本紀》無。

六年冬十月，令天下縣邑城。[1]

[1]【顏注】張晏曰：皇后、公主所食曰邑。令各自築其城也。師古曰：縣之與邑，皆令築城。【今注】案，"冬十月令天下縣邑城"，《史記》卷八《高祖本紀》未載。令天下縣邑城，王先謙《漢書補注》引王啓原指出，秦始皇三十二年（前215）壞城郭，是故縣邑皆無城，至是復令建城。又，漢時皇后、公主食邑雖曰邑，然縣又自有邑，如高帝沛豐邑人，此縣邑非后、公主食邑之邑。上文"七大夫以上皆令食邑"，疑邑即指此。今案，秦始皇壞城郭的記載，見於《史記》卷六《秦始皇本紀》，其中所載刻石亦云"墮坏城郭"。然本書卷一《高紀上》稱沛縣縣令"閉城城守"，蕭、曹"踰城"，劉邦"書帛射城上"，沛縣子弟"開城門迎高祖"。本書卷三一《陳勝傳》云"獨守丞與戰譙門中"。卷三二《張耳陳餘傳》有云"下趙十餘城，餘皆城守莫肯下"，"趙地聞之，不戰下者三十餘城"。然則秦始皇此詔之執行範圍與力度如何，尚待進一步討論。

人告楚王信謀反，上問左右，左右爭欲擊之。用陳平計，[1]乃僞游雲夢。[2]十二月，[3]會諸侯于陳，楚王信迎謁，因執之。詔曰："天下既安，豪桀有功者封侯，新立，未能盡圖其功。[4]身居軍九年，或未習法令，或以其故犯法，[5]大者死刑，吾甚憐之。其赦天下。"[6]田肯賀上曰：[7]"甚善，陛下得韓信，又治秦中。[8]秦，形勝之國也，[9]帶河阻山，[10]縣隔千里，[11]持戟百萬，秦得百二焉。[12]地埶便利，其以下兵於諸侯，譬猶居高屋之上建瓴水也。[13]夫齊，東有琅邪、即墨之饒，[14]南有泰山之固，西有濁河之限，[15]北有勃海之利，地方二千里，持戟百萬，縣隔千里之外，齊得十二焉。[16]此東西秦也，非親子弟莫可使王齊者。"上曰："善。"賜金五百斤。上還至雒陽，[17]赦韓信，封爲淮陰侯。[18]

　　[1]【今注】陳平：劉邦手下的重要謀士，後在惠帝、呂后、文帝時任丞相。傳見本書卷四〇。其獻計詳情見其本傳。

　　[2]【顏注】韋昭曰：在南郡之華容也。師古曰：夢，讀如本字，又音莫風反。【今注】雲夢：古地區名。地跨今湖北江漢平原、洪湖、監利、松滋、枝江、荆門、鍾祥、安陸、雲夢等市縣地。東西約八百里，南北約五百里，包有山、林、川、澤、原、隰等多種地貌形態。春秋戰國時曾爲楚王游獵區。秦將白起破楚郢都後，此地入秦，大部分地區逐漸被墾闢爲邑落。有學者指出，"雲""夢"二字的本義分別爲（面積不大的）水澤、草地。公元前 7 世紀初，楚人勢力大規模進入江漢平原，由於江漢地區低平的地貌特徵和亞熱帶季風性氣候，同一個地方一年之中可能出現草→水→草這樣的自然景觀更替，於是，雲、夢二字的含義開始逐漸相互向對方的本義引申：雲有了藪（無水之澤）的含義，夢也有了水澤的意思。約公元前 6 世紀末，由於含義近同，雲、夢二字開始聯爲普通

名詞片語“雲夢”，用來稱呼楚地澤水較少、野草豐茂、禽獸多見，宜於王公貴族游賞、狩獵的地方。這樣的地方在楚地自然不止一處。於是，伴隨楚國勢力的拓展，不但江漢平原及其附近，就是三峽地區、淮河流域也留下“雲夢”的身影。秦漢以降，隨着中原、楚地之間的交往日益密切，人們（尤其是非楚地人）把本爲普通名詞片語的楚地方言“雲夢”再後綴上雅言同義詞“澤藪”，以便於人們對楚地方言詞雲夢的理解。久而久之，也就出現“雲夢澤”這樣的水體名稱，並進而被不懂楚語方言的後來者視爲古代楚地跨江南北的大型湖泊的專有名稱，於是造成古今學者對古雲夢澤位置、範圍、大小、性質等方面的長期爭論。（參見周宏偉《雲夢問題的新認識》，《歷史研究》2012 年第 2 期）

〔3〕【今注】十二月：《史記》卷八《高祖本紀》置此時間於有人告韓信謀反之際，《漢書》移至此處。梁玉繩《史記志疑》卷六認爲當以《漢書》爲是，上告在十月，擒韓信在十二月。

〔4〕【顏注】師古曰：新立，言新即帝位也。圖，謂謀而賞之。

〔5〕【顏注】韋昭曰：言未習知法令而犯之者，有司因以故犯法之罪罪之，故帝愍焉。師古曰：此説非也。言以未習法令之故，不知避罪，遂致犯刑，帝原其本情，故加憐之。

〔6〕【今注】案，《史記》未録此詔，僅略云“是日，大赦天下”。其赦天下，王先謙《漢書補注》指出，《史記》“執信”下云“是日，大赦天下”，《資治通鑑》卷一一一《漢紀三》太祖高皇帝六年作“因赦天下”。

〔7〕【今注】田肯：王鳴盛《十七史商榷》卷八指出，《史記》亦爲“田肯”。然《史記索隱》注云：“《漢紀》及《漢書》作‘宵’。劉顯云，相傳作‘肯’也。”“肯”本作“肎”，故誤爲“宵”耳。梁玉繩《史記志疑》卷六引顏之推《顏氏家訓·書證篇》云，江南本皆作“宵”字，沛國劉臻答梁元帝有云“臣家舊本以雌黄改‘宵’字爲‘肯’”。顏之推自謂其至江北後，所見本

爲“肯”。

[8]【顏注】師古曰：治，謂都之也。秦中，謂關中秦地也。

[9]【顏注】張晏曰：得形勢之勝便也。（大德本同，蔡琪本、殿本此處尚有“韋昭曰‘地形險固，故能勝人’”一句）

[10]【今注】帶河阻山：《史記·高祖本紀》作“帶河山之險”。

[11]【顏注】鄭氏曰：縣，音懸。師古曰：此本古之縣字耳（縣，殿本作“懸”），後人轉用爲州縣字，乃更加心以別之，非當借音。佗皆類此（佗，大德本同，蔡琪本、殿本作“他”）。

[12]【顏注】應劭曰：言河山之險，與諸侯相縣隔，絕千里也。所以能禽諸侯者，得天下之利百二也。李斐曰：河山之險，由地勢高，順流而下易，故天下於秦縣隔千里也。持戟百萬，秦得百二焉。蘇林曰：百二，得百中之二，二萬人也。秦地險固，二萬人足當諸侯百萬人也。師古曰：縣隔千里，李、應得之。秦得百二，蘇說是也。【今注】案，王先謙《漢書補注》認爲，此言秦地河山之阻，遙遙有千里，猶張良云“關中沃野千里”，非指與諸侯縣隔也。《史記索隱》注引虞喜說，認爲“持戟百萬”是指諸侯而言，“二”爲“倍”之意，蓋言秦兵當二百萬。王啓原引《墨子·經說》“倍爲二也”、《論語》“二，吾猶不足”。今案，虞喜、王先謙說有誤。下文敘齊地有與此恰爲對文之文字：“地方二千里，持戟百萬，縣隔千里之外。”這段文字中“持戟百萬”顯指齊國而言，而“縣隔千里”顯然亦不指齊國之地盤，否則與前文“地方二千里”相重。然則敘秦地的“持戟百萬”亦當指秦國，“縣隔千里”意指其地與諸侯隔絕，猶如千里，形容險阻之甚，非指其實際距離。應、李、顏說是。“百二”難解，蘇說、虞說似皆可通，要之是形容地勢險要，可助秦軍以少敵多之意。又案，持，大德本作“待”。

[13]【顏注】如淳曰：甀，盛水瓶也。居高屋之上而幡甀

水，言其向下之勢易也。建，音謇（謇，蔡琪本、殿本作
"蹇"）。蘇林曰：瓴，讀曰鈴。師古曰：如、蘇音説皆是。建，
音居偃反。

[14]【顏注】師古曰：二縣近海，財用之所出。【今注】琅
邪：縣名。治所在今山東青島市黃島區南。　即墨：縣名。治所在
今山東平度市東南。

[15]【顏注】晉灼曰：齊西有平原，河水東北過高唐。高唐
即平原也。孟津號黃河，故曰"濁河"也。

[16]【顏注】應劭曰：齊得十之二耳，故愍王稱東帝，後復
歸之，卒爲秦所滅者，利鈍之勢異也。李斐曰：齊有山河之限，
地方二千里，是與天下縣隔也。設有持戟百萬之衆，齊得十中之
二焉。百萬十分之二，亦二十萬也。但文相避，故言東西秦，其
勢敵也。蘇林曰：十二，得十中之二，二十萬人當百萬。言齊雖
固，不如秦二萬乃當百萬也。晉灼曰：案文殺義（殺，蔡琪本、
大德本、殿本作"攷"），蘇説是也。師古曰：蘇、晉之釋得其
意也。秦得百二者，二萬人當諸侯百萬人也。齊得十二者，二十
萬人當諸侯百萬也。所以言"縣隔千里之外"者，除去秦地，而
齊乃與諸侯計利便也。【今注】案，王先謙《漢書補注》引《史記
索隱》注，稱"千里之外"意指齊境廣闊。又引虞喜，稱"二"
爲"倍"，諸侯十萬，齊當二十萬。今案，《索隱》注不確。如前
注所論，既已言"地方二千里"，又何需再以千里形容齊境廣闊。
至於虞喜"諸侯十萬"尤爲無據。前文論秦地時，虞喜爲成其論，
乃言"持戟百萬"爲諸侯之兵。至此處，"持戟百萬"置於"縣隔
千里之外"之前，顯指齊兵而非諸侯。且"百萬"又與"十二"
不合。虞説無從着落，不得不憑空以"諸侯十萬"爲言。以上二誤
當皆因未通讀全文，對前面關於秦地文字單獨立説，至此處形成矛
盾，乃至牽強附會，曲爲之説。"十二"難解，蘇、虞之説似皆可
通，要之亦言齊地險要而已。

［17］【今注】上還至雒陽：《史記・高祖本紀》無此句，而云“後十餘日”。

［18］【今注】封爲淮陰侯：《漢書考證》齊召南指出，此文爲追叙。據《史記・高祖功臣侯者年表》，曹參等以十二月甲申封，而淮陰侯之封則晚至四月。淮陰，縣名。治所在今江蘇淮安市淮陰區西南。高祖六年（前201）封韓信爲淮陰侯，十一年國除。

甲申，始剖符封功臣曹參等爲通侯。[1]詔曰：“齊，古之建國也，今爲郡縣，[2]其復以爲諸侯。[3]將軍劉賈數有大功，及擇寬惠脩絜者，王齊、荆地。”春正月丙午，韓王信等奏請以故東陽郡、鄣郡、吳郡五十三縣立劉賈爲荆王，[4]以碭郡、薛郡、郯郡三十六縣立弟文信君交爲楚王，[5]壬子，以雲中、鴈門、代郡五十三縣立兄宜信侯喜爲代王，[6]以膠東、膠西、臨淄、濟北、博陽、城陽郡七十三縣立子肥爲齊王，[7]以太原郡三十一縣爲韓國，[8]徙韓王信都晉陽。[9]

［1］【顏注】師古曰：剖，破也。與其合符而分授之也。剖，音普口反。【今注】案，《史記》卷八《高祖本紀》略叙於封侯事於正月封齊王劉肥之後，徙韓王信晉陽之前。梁玉繩《史記志疑》卷六認爲當是《高祖本紀》之誤。 剖符：帝王分封有功之臣時，將符節一剖爲二，雙方各持一半，以爲信物。

［2］【今注】今爲郡縣：王先謙《漢書補注》指出，韓信徙王楚後，爲齊郡。

［3］【顏注】師古曰：爲國以封諸侯王。

［4］【顏注】文穎曰：東陽，今下邳也。鄣郡，今丹陽也。吳郡，本會稽也。韋昭曰：鄣郡，今故鄣縣也，後郡徙丹陽，轉

以爲縣，故謂之故鄣也。師古曰：鄣，音章。

[5]【顏注】文穎曰：薛郡，今魯國是也。郯郡，今東海郡也。師古曰：郯，音談。【今注】薛郡：治魯縣（今山東曲阜市魯城西南部）。

[6]【今注】雲中：郡名。治雲中縣（今内蒙古托克托縣古城村）。　鴈門：郡名。治善無（今山西右玉縣南）。　代郡：治代縣（今河北蔚縣東北）。

[7]【今注】案，由“詔曰”至此，《史記·高祖本紀》接於貶封楚王韓信一事後，略云：“分其地爲二國。高祖曰將軍劉賈數有功，以爲荆王，王淮東。弟交爲楚王，王淮西。子肥爲齊王，王七十餘城，民能齊言者皆屬齊。”　膠東：郡名。治即墨（今山東平度市東南）。　膠西：郡名。治高密（今山東高密市西南）。臨淄：縣名。治所在今山東淄博市臨淄區齊都鎮。　濟北：郡名。治博陽（今山東泰安市東南）。　博陽：郡名。漢初分濟北郡置。初治博縣，後遷治濟水以南的東平陵（今山東濟南市章丘區西北），因而改名濟南郡。　城陽：郡名。治莒縣（今山東莒縣）。

[8]【今注】太原郡：戰國秦置，治晉陽縣（今山西太原市西南）。

[9]【今注】晉陽：縣名。治所在今山西太原市西南。

　　上已封大功臣三十餘人，[1]其餘争功，未得行封。上居南宫，從復道上[2]見諸將往往耦語，以問張良。良曰：“陛下與此屬共取天下，今已爲天子，而所封皆故人所愛，所誅皆平生仇怨。今軍吏計功，以天下爲不足用徧封，[3]而恐以過失及誅，故相聚謀反耳。”上曰：“爲之奈何？”良曰：“取上素所不快，[4]計群臣所共知最甚者一人，先封以示群臣。”三月，上置酒，封雍齒，[5]因趣丞相急定功行封。[6]罷酒，群臣皆喜，曰："雍齒且侯，吾屬亡患矣！"[7]

[1]【今注】三十餘人：周壽昌《漢書注校補》指出，荀悦《漢紀》作"大功臣封者二十餘人"，本書卷四〇《張良傳》亦同。統計《高帝功臣表》，六年（前201）正月以前封二十七人，再加上韓信，共計二十八人。然則"三"是"二"之誤。王先謙《漢書補注》亦指出，《資治通鑑》卷二一《漢紀》太祖高皇帝六年亦作"二十餘人"。此當爲傳寫之誤。今案，《史記》卷五五《留侯世家》亦云"二十餘人"。

[2]【顏注】如淳曰：復，音複。上下有道，故謂之複（複，蔡琪本、大德本、殿本作"復"）。【今注】復道：樓閣間架空的通道。

[3]【顏注】師古曰：言有功者多而土地少。

[4]【顏注】師古曰：言有舊嫌者也。

[5]【今注】雍齒：沛人。爲劉邦守豐邑叛降魏國，後復歸降劉邦，立功頗多。高祖六年，封功臣，衆人擔心不得封賞，高祖用張良計，封雍齒爲什邡侯。

[6]【顏注】師古曰：趣，讀曰促。

[7]【今注】案，由"上已封大功臣"至此，《史記》卷八《高祖本紀》未載，當係班固據《史記·留侯世家》改寫。其中之時間"三月"爲《漢書》所補。

上歸櫟陽，[1]五日一朝太公。太公家令説太公曰：[2]"天亡二日，土亡二王。皇帝雖子，人主也；太公雖父，人臣也。奈何令人主拜人臣！如此，則威重不行。"後上朝，太公擁彗，[3]迎門郤行。[4]上大驚，下扶太公。太公曰："帝，人主，奈何以我亂天下法！"於是上心善家令言，[5]賜黃金五百斤。[6]夏五月丙午，詔曰："人之至親，莫親於父子，故父有天下傳歸於子，子有天下尊歸於父，此人道之極也。前日天下大亂，兵革並起，萬民苦殃，朕親被堅執銳，[7]自帥士卒，犯危難，平暴亂，立諸侯，偃兵息民，天下大安，此皆太公之教訓也。諸王、通侯、將軍、群卿大夫已尊朕爲皇帝，而太公未有號。今上尊太公曰太上皇。"[8]

[1]【今注】上歸櫟陽：此句《史記》卷八《高祖本紀》無。櫟陽，縣名。秦櫟陽故城在今陝西西安市閻良區武屯鄉。

[2]【今注】太公家令：沈欽韓《漢書疏證》指出，漢太子、公主並有家令，列侯有家丞，則太公亦當有湯沐邑，故置家令。按《唐六典》，家丞掌田畝清理、統計、收租稅等事。漢時家令、丞當亦掌食邑。

[3]【顏注】李奇曰：爲恭也，如今卒持帚也。師古曰：彗者，所以掃也（掃，大德本、殿本作"埽"），音似歲反。

[4]【顏注】師古曰：郤，退而行也，音丘略反。

[5]【顏注】師古曰：晉太子庶子劉寶云："善其發悟己心，因得尊崇父號，非善其令父敬己。"

[6]【今注】案，由"五日一朝太公"至此，《史記·高祖本紀》載於是年初。《漢書》當據五月封太上皇詔移至此。梁玉繩《史記志疑》卷六指出，劉邦追封其兄、其母及封皇后、太子在五年（前202）正月、二月，遲至六年五月方封太上皇，似頗難解。

[7]【顏注】師古曰：被堅，謂甲冑也。執銳，謂利兵也。被，音皮義反。

[8]【顏注】師古曰：太上，極尊之稱也。皇，君也。天子之父，故號曰皇。不預治國，故不言帝也（故，蔡琪本作"欲"）。【今注】案，《史記·高祖本紀》未載此詔。

秋九月，匈奴圍韓王信於馬邑，[1]信降匈奴。[2]

[1]【今注】馬邑：縣名。治所在今山西朔州市。

[2]【今注】案，梁玉繩《史記志疑》卷六指出，韓王信之反，《史記》卷八《高祖本紀》記此事於漢七年（前200），《史記》卷九三《韓信盧綰列傳》與《漢書·高紀》記於漢六年，《史記·漢興以來諸侯王年表》記於漢五年。梁氏認爲，當以"六年"爲是。今案，《高祖本紀》敘韓王信之反於次年初，當爲連及言之。信降匈奴，《史記·高祖本紀》作"信因與謀反太原"。

七年冬十月，上自將擊韓王信於銅鞮，[1]斬其將。[2]信亡走匈奴，與其將曼丘臣、王黃[3]共立故趙後趙利爲王，[4]收信散兵，與匈奴共距漢。[5]上從晉陽連戰，乘勝逐北，至樓煩，[6]會大寒，士卒墮指者什二三。[7]遂至平城，[8]爲匈奴所圍，七日，用陳平祕計得出。[9]使樊噲留定代地。[10]

[1]【顏注】師古曰：縣名也。鞮，音丁奚反。【今注】銅鞮：縣名。治所在今山西沁縣南。

[2]【今注】斬其將：王先謙《漢書補注》指出，此將爲王喜，見《韓王信傳》。

[3]【顏注】師古曰：姓曼丘，名臣也。曼丘、毌丘本一姓也，語有緩急耳。曼，音萬。

[4]【顏注】師古曰：故趙，六國時趙也。【今注】案，此句

《史記》卷八《高祖本紀》作“白土曼丘臣、王黃立故趙將趙利爲

王以反”。據裴駰《集解》，“白土”爲上郡之地名。然《高祖本

紀》此叙述模糊了立趙利事與韓王信之關係，讀來頗不明瞭。而卷

九三《韓信盧綰列傳》作“其將白土人曼丘臣、王黃等立趙苗裔

趙利爲王”。卷一一〇《匈奴列傳》言及“冒頓與韓王信之將王

黃、趙利期”。班固當據此改寫，以明此事前後之關係。又，梁玉

繩《史記志疑》卷六指出，《史記·高祖本紀》稱趙利爲“趙將”，

與《史記·韓信盧綰列傳》及《漢書》不同。梁氏認爲，“將”爲

“後”之誤，當從《漢書》。

[5]【今注】案，由“上自將”至此，文字與《史記·高祖本

紀》差異較大，當係據《史記·韓信盧綰列傳》改寫。

[6]【今注】樓煩：縣名。治所在今山西寧武縣附近。【今注】

案，由“上從晉陽”至此，《史記·高祖本紀》無。

[7]【顏注】師古曰：十人之中，二三墮指。

[8]【今注】平城：縣名。治所在今山西大同市東北。雁門郡

東部都尉治所。秦封泥有“平城丞印”。

[9]【顏注】應劭曰：陳平使畫工圖美女，間遣人遺閼氏，

云漢有美女如此，今皇帝困厄，欲獻之。閼氏畏其奪己寵，因謂

單于曰：“漢天子亦有神靈，得其土地，非能有也。”於是匈奴開

其一角，得突出。鄭氏曰：以計鄙陋，故祕不傳。師古曰：應氏

之説出桓譚《新論》，蓋譚以意測之事當然耳，非記、傳所説也。

【今注】用陳平祕計得出：事見本書卷四〇《陳平傳》，然其詳情

亦未知。又，此句《史記·高祖本紀》未載。

[10]【今注】案，《史記·高祖本紀》此處尚有云“立兄劉仲

爲代王”。《漢書》叙於六年（前201）正月壬子。梁玉繩《史記志

疑》卷六指出，《史記》卷一〇六《吳王濞列傳》亦記此事於漢七

年，他認爲當在六年，以《漢書》爲是。今案，既云“使樊噲留

定代地"，然則之前代地當已爲韓王信等攻下，然彼時未有劉仲與其交兵之事，亦未因此受罰。然則漢六年之封當是虛封，至漢七年樊噲定代地，方令劉仲就國。漢七年爲劉仲實際就封時間。

十二月，上還過趙，不禮趙王。[1]是月，匈奴攻代，代王喜棄國，[2]自歸雒陽，[3]赦爲合陽侯。[4]辛卯，立子如意爲代王。[5]

[1]【今注】不禮趙王：對趙王張敖無禮。此事爲後文八年（前199）冬趙相貫高謀刺劉邦之原因。詳見本書卷三二《張耳陳餘傳》。

[2]【今注】喜：一名仲。劉邦次兄。初封代王，遇匈奴攻代，臨陣而逃，被廢爲合陽侯。其子劉濞因戰功獲封吳王，後造反被殺。事略見本書卷三五《吳王劉濞傳》。

[3]【今注】案，關於代王逃歸及被貶事，梁玉繩《史記志疑》卷六指出，《史記》卷八《高祖本紀》、《高祖功臣侯者年表》、《漢興以來將相名臣年表》皆記此事在漢八年。《漢興以來諸侯王年表》記在漢九年。梁氏認爲二者皆誤，當以《漢書》爲是，在漢七年。

[4]【今注】合陽：縣名、侯國名。一作"郃陽"。治所在今陝西合陽縣東南。魏文侯十七年（前429）築城於此。1982年天津市文物管理處發現的秦戈上有"十七年丞相啓狀造，合陽喜，丞兼，庫胏，工邪""合陽"銘文，足證秦昭襄王十七年（前290）合陽即已設縣（參見王輝《秦出土文獻編年》，新文豐出版公司2000年版，第69頁）。西漢沿置。

[5]【今注】立子如意爲代王：朱一新《漢書管見》指出，如意爲代王一事，《漢書》卷三八《高五王傳》及《諸侯王表》皆不書，或是因其年幼未之國之故。如意，劉邦第三子，惠帝異母弟，

母戚夫人。後封趙王。劉邦晚年曾一度欲以如意爲太子，因此戚夫人母子乃與呂后結仇。至惠帝元年（前194），呂后乃毒殺如意，虐殺戚夫人。謚爲"隱"。

　　春，令郎中有罪耐以上，請之。[1]民産子，復勿事二歲。[2]

　　[1]【顔注】應劭曰：輕罪不至于髡，完其耐鬢，故曰耐。古"耐"字從彡，髮膚之意也。杜林以爲法度之字皆從寸，後改如是。言耐罪已上，皆當先請也。耐（耐，蔡琪本作"耏"），音若能。如淳曰：耐猶任也，任其事也。師古曰：依應氏之説，耏當音而；如氏之解則音乃代反；其義亦兩通。耏，謂頰旁毛也。彡，毛髮兒也（兒，蔡琪本、殿本作"貌"），音所廉反，又先廉反。而《功臣侯表》宣曲侯通"耏爲鬼薪"，則應氏之説斯爲長矣。【今注】郎中：官名。漢承秦置，爲九卿之一郎中令（光禄勳）屬官，爲郎官之一種。掌宿衞殿門、車騎，内充侍衞，外從作戰。秩比三百石。　耐：古輕刑之名，一种剃掉鬍鬚兩年的刑罰。一歲刑爲罰作，二歲刑以上爲耐。耐，"而"指面頰上的鬍鬚，"寸"指法度，刑法。在面頰上施刑罰，指剃掉鬍鬚。字本作"耏"。

　　[2]【顔注】師古曰：勿事，不役使也。【今注】復勿事二歲：復，免除賦税和徭役。何焯《義門讀書記》卷一五指出，此因大亂之後，户口減半，故對産子者優待，以促進人口增長。　案，立如意事及此令《史記》卷八《高祖本紀》皆未載。

　　二月，至長安。[1]蕭何治未央宫，[2]立東闕、北闕、前殿、武庫、大倉。[3]上見其壯麗，甚怒，謂何曰：

“天下匈匈，勞苦數歲，成敗未可知，[4] 是何治宮室過度也！”何曰：“天下方未定，故可因以就宮室。[5] 且夫天子以四海爲家，非令壯麗亡以重威，且亡令後世有以加也。”[6] 上說。[7] 自櫟陽徙都長安。置宗正官以序九族。[8] 夏四月，行如雒陽。[9]

[1]【今注】案，由“上還過趙”至此，《史記》卷八《高祖本紀》僅略云：“二月，高祖自平城過趙、雒陽，至長安。”

[2]【今注】未央宮：漢正宮。在秦章臺基礎上修建，位於漢長安城地勢最高的西南角龍首原上，因在長安城安門大街之西，又稱西宮。《資治通鑑》卷一一一《漢紀》太祖高皇帝七年胡三省注云，未央宮周迴二十八里，位置在長安城西南隅。又引《元和郡縣圖志》云：“東距長樂宮一里，中隔武庫。”（參見李毓芳《漢長安城未央宮的考古發掘與研究》，《文博》1995 年第 3 期；陳蘇鎮《未央宮四殿考》，《歷史研究》2016 年第 5 期）

[3]【顏注】師古曰：未央殿雖南嚮，而上書奏事謁見之徒皆詣北闕，公車司馬亦在北焉。是則以北闕爲正門，而又有東門、東闕。至於西南兩面，無門闕矣。蓋蕭何初立未央宮，以厭勝之術，理宜然乎？【今注】北闕：闕爲古代皇宮門外兩邊供瞭望的樓臺，中有通道。今案，如顏師古所言，未央宮確以北闕爲正門，與後世以南門爲正門的習俗大不相同。然其原因非所謂厭勝，而是當時由北極、北斗崇拜帶來的尊北之風。而設東闕則當與上古以來尊日的習俗有關。（參見宋艷萍《漢闕與漢代政治史觀——漢闕研究之一》，載《形象史學研究》，人民出版社 2014 年；安子毓《方位尊崇淵源考》，《社會科學戰綫》2017 年第 10 期）　案，大，蔡琪本、殿本作“太”。

[4]【顏注】師古曰：匈匈，喧擾之意。

[5]【顏注】師古曰：就，成也。

[6]【今注】亡令後世有以加也：是後漢武帝興建宮室，規模遠甚於未央宮。是以《資治通鑑》卷一一《漢紀》太祖高皇帝七年司馬光評論云："至于孝武，卒以宮室罷敝天下，未必不由蕭侯啓之也！"

[7]【顏注】師古曰：説，讀曰悦。【今注】案，《史記·高祖本紀》載劉邦、蕭何對話在漢八年（前199），未央宮成在漢九年。《史記·高祖本紀》七年二月紀事則云"長樂宮成，丞相已下徙治長安"。梁玉繩《史記志疑》卷六指出，《史記·漢興以來將相名臣年表》亦記未央宮成在漢九年，《三輔黃圖》則記在漢七年，與《漢書》同。梁氏認爲，當以漢七年爲是。今案，梁氏之判斷未説明原因，似有盲從《漢書》之嫌。《史記·高祖本紀》漢七年紀事云"長樂宮成，丞相已下徙治長安"。漢八年有關於未央宮之爭論，九年初而云未央宮成。所叙前後銜接，似當以《史記》爲是。

[8]【今注】宗正：秦置，一説西周至戰國皆置，秦、漢沿置，管理皇族外戚事務。例由宗室擔任。列卿之一，秩中二千石。

九族：泛指親屬。九族有古文説，認爲九族僅限於父宗。上自高祖、下至玄孫，即玄孫、曾孫、孫、子、身、父、祖父、曾祖父、高祖父。又有今文説：父族四、母族三、妻族二。父族四是指姑之子、姊妹之子、女兒之子、己之同族；母族三是指母之父、母之母、從母子；妻族二是指岳父、岳母。

[9]【顏注】師古曰：如，往也。【今注】案，"自櫟陽徙都長安"至此，《史記·高祖本紀》未載。

八年冬，上東擊韓信餘寇於東垣。[1]還過趙，趙相貫高等恥上不禮其王，[2]陰謀欲弑上。上欲宿，心動，問："縣名何？"曰："柏人。"[3]上曰："柏人者，迫於人也。"去弗宿。[4]

〔1〕【顏注】孟康曰：真定也。師古曰：垣，音轅。【今注】東垣：縣名。治所在今河北石家莊市長安區東古城村東垣故城遺址。漢初改名爲真定。

〔2〕【今注】貫高：初從張耳爲客。張敖爲趙王，任趙相。因劉邦對張敖無禮，謀殺高祖。事泄，受重刑而不牽連張敖，後自殺。

〔3〕【今注】柏人：縣名。治所在今河北隆堯縣西。

〔4〕【今注】案，《史記》卷八《高祖本紀》敘貫高欲弒劉邦一事文字較略。《漢書》此段文字當係據《史記》卷八九《張耳陳餘列傳》修改，"冬"爲《漢書》所補。

十一月，令士卒從軍死者爲槥，^[1]歸其縣，縣給衣衾棺葬具，^[2]祠以少牢，長吏視葬。^[3]

〔1〕【顏注】服虔曰：槥，音衛。應劭曰：小棺也，今謂之櫝。

〔2〕【顏注】如淳曰：棺，音貫，謂棺斂之服也。臣瓚曰：初以槥致其尸於家，縣官更給棺衣更斂之也。《金布令》曰"不幸死，死所爲櫝，傳歸所居縣，賜以衣棺"也。師古曰：初爲槥櫝，至縣更給衣及棺，備其葬具耳。不勞改讀音爲貫也。《金布》者，令篇名，若今言"《倉庫令》"也。

〔3〕【今注】長吏：王先謙《漢書補注》指出，長吏指丞、尉。

十二月，行自東垣至。^[1]

〔1〕【顏注】師古曰：至京師。

　　春三月，行如雒陽。令吏卒從軍至平城及守城邑者，[1]皆復終身勿事。[2]爵非公乘以上毋得冠劉氏冠。[3]賈人毋得衣錦繡綺縠絺紵罽，操兵，乘騎馬。[4]秋八月，吏有罪未發覺者，赦之。九月，行自雒陽至，淮南王、梁王、趙王、楚王皆從。[5]

　　[1]【顏注】如淳曰：平城左右諸城能堅守也（也，殿本作"者"）。

　　[2]【顏注】師古曰：復，音方目反。

　　[3]【顏注】文穎曰：即竹皮冠也。

　　[4]【顏注】師古曰：賈人，坐販賣者也。綺，文繒也，即今之細綾也。絺，細葛也。紵，織紵爲布及疏也。罽，織毛若今罽及氍毹之類也。操，持也。兵，凡兵器也。乘，駕車也。騎，單騎也。賈，音古。絺，音丑知反。紵，音佇。罽，音居例反。操，音千高反。

　　[5]【今注】案，由"十一月"紀事至此，《史記》卷八《高祖本紀》無。

　　九年冬十月，淮南王、梁王、趙王、楚王朝未央宮，置酒前殿。上奉玉卮[1]爲太上皇壽，[2]曰："始大人常以臣亡賴，[3]不能治產業，不如仲力。[4]今某之業所就孰與仲多？"[5]殿上群臣皆稱萬歲，大笑爲樂。[6]

　　[1]【顏注】應劭曰：飲酒禮器也，古以角作，受四升。古"卮"字作"觝"（卮，蔡琪本、殿本作"巵"，本注下同）。晉灼曰：音支。師古曰：卮，飲酒圓器也，今尚有之。【今注】卮：沈欽韓《漢書疏證》指出，《韓非子·外儲右》云"今有千金之玉

卮而無當，不可以盛水"，則卮是注器有當者也。古觶、觛皆三升
酒器，應説受四升，誤。"觛""卮"音義各別，而云"卮"作
"觛"，未之前聞。卮，蔡琪本、殿本作"巵"。

[2]【顔注】師古曰：進酒而獻壽也。已解於上。

[3]【顔注】應劭曰：賴者，恃也。晉灼曰：許慎云"賴，
利也"，無利入於家也。或曰，江淮之間謂小兒多詐狡獪爲亡賴。
師古曰：晉説是也。獪，音工外反。【今注】亡賴：周壽昌《漢書
注校補》指出，此處"亡賴"指無所恃以資生。《張釋之傳》"尉
亡賴"，張晏注云"材無可恃也"。可見應劭説是，"賴"爲"恃"
之意。

[4]【顔注】服虔曰：力，勤力也。

[5]【顔注】師古曰：就，成也。與亦如也。

[6]【今注】案，《史記》卷八《高祖本紀》未記載此事之時
間，而叙於貫高獄與遷徙大姓入關中之後，置酒原因爲"未央宮
成"。

　　十一月，徙齊楚大族昭氏、屈氏、景氏、懷氏、
田氏五姓關中，與利田宅。[1]十二月，行如雒陽。[2]

[1]【顔注】師古曰：利，謂便好也。屈，音九勿反。【今
注】案，《史記》卷八《高祖本紀》此句作"是歲，徙貴族楚昭、
屈、景、懷、齊田氏關中"。較此明晰。又，王先謙《漢書補注》
指出，此令係從婁敬（劉敬）之謀，見《劉敬傳》。

[2]【今注】案，"十二月"至此，《史記·高祖本紀》未載。

　　貫高等謀逆發覺，[1]逮捕高等，[2]并捕趙王敖下獄。
詔敢有隨王，罪三族。[3]郎中田叔、孟舒等十人自髠鉗

爲王家奴，^[4]從王就獄。王實不知其謀。春正月，^[5]廢趙王敖爲宣平侯。徙代王如意爲趙王，王趙國。丙寅，前有罪殊死已下，皆赦之。

[1]【今注】案，《史記》卷八《高祖本紀》此處云"夷三族"，然與卷八九《張耳陳餘列傳》所載貫高得赦的記載不同。梁玉繩《史記志疑》卷六認爲，或是論罪如此而其後赦之，抑或獨赦貫高夷三族之罪。

[2]【顏注】師古曰：逮捕，謂事相連及者皆捕之也。一曰，在道守禁，相屬不絶，若今之傳送囚耳。【今注】逮捕：《漢書考正》劉攽認爲，逮，指知此人在某地，直接捉拿；捕，指其人逃亡，需尋找捉拿。或云，逮，指較爲簡單的捉拿；捕，指加力捉拿。或云，逮，指僅呼名召之；捕，則指加以束縛。

[3]【顏注】張晏曰：父母、兄弟、妻子也。如淳曰：父族、母族、妻族也。師古曰：如説是也。【今注】罪三族：一人犯罪，連累三族受到處罰的刑名，或與"夷三族"有異（參見張建國《夷三族解析》，《法學研究》1998 年第 6 期）。三族，何焯《義門讀書記》卷一五指出，《刑法志》孝文詔明指父母、妻子及同産爲三族，可見張晏説爲是。參照清代法律，亦與張晏説相類。

[4]【顏注】師古曰：鉗，以鐵束頸也，音其炎反。【今注】髡鉗：古刑名。謂剃去頭髮，用鐵圈束頸。

[5]【今注】案，由"逮捕高等"至此，《史記·高祖本紀》未載。

二月，行自雒陽至。賢趙臣田叔、孟舒等十人，召見，與語，漢廷臣無能出其右者。^[1]上説，^[2]盡拜爲郡守、諸侯相。

[1]【顏注】師古曰：古者以右爲尊，言材用無能過之者，故云不出其右也。他皆類此。

[2]【顏注】師古曰：説，讀曰悦。

夏六月乙未晦，[1]日有蝕之。[2]

[1]【今注】晦：農曆每月最末一日。查諸日食表，公元前198年8月7日，亦即漢九年八月乙未晦確有日蝕，今西安地區食甚時刻爲上午9時16分，食分高達0.93，與此記載相合。參見張培瑜《三千五百年曆日天象》（大象出版社1997年版）。

[2]【今注】案，由“徙代王如意”至此，《史記》卷八《高祖本紀》未載。

十年冬十月，淮南王、燕王、荆王、梁王、楚王、齊王、長沙王來朝。

夏五月，太上皇后崩。[1]秋七月癸卯，太上皇崩，[2]葬萬年。[3]赦櫟陽囚死罪已下。[4]八月，令諸侯王皆立太上皇廟于國都。[5]

[1]【顏注】如淳曰：《王陵傳》“楚取太上皇、呂后爲質”，又項羽“歸太公、呂后”，不見歸媪也。又上五年追尊母媪爲昭靈夫人，高后時乃追尊爲昭靈后耳。《漢儀注》：“高帝母，兵起時死小黃北，後小黃作陵廟（後，蔡琪本、大德本、殿本作“於”）。”以此二者推之，不得有“太上皇后崩”也。李奇曰：高祖後母也。晉灼曰：五年，“追尊先媪曰昭靈夫人”，言“追尊”，則明其已亡。《史記》十年春無事（春，蔡琪本、大德本、殿本作“春夏”），“七月，太上皇崩葬櫟陽官（官，蔡琪本、大德

本、殿本作"宫")"，明此長（明此長，蔡琪本、大德本同，殿本作"無此"）"夏五月，太上皇后崩"八字也。又《漢儀注》先媼已葬陳留小黄。師古曰：如、晉二説皆得之，無此太上皇后也。諸家之説更有異端，適爲煩穢，不足采也。【今注】太上皇后崩：《史記》卷八《高祖本紀》未載此事，而云"春夏無事"。《資治通鑑》卷一二《漢紀》太祖高皇帝十年有云："五月，太上皇崩于櫟陽宫。秋，七月，癸卯，葬太上皇于萬年。"其《考異》指出，荀悦《漢紀》五月無"后"字，七月無"崩"字，《通鑑》乃從之。錢大昭《漢書辨疑》指出，《盧綰傳》云"十年秋，太上皇崩"，《史記》云"七月，太上皇崩櫟陽宫"，可見太上皇確去世於七月。當如晉灼説，此記載爲衍。周壽昌《漢書注校補》指出，趙翼取李奇説，認爲此爲漢高祖後母。趙氏引《史記》，項羽"取漢王父母妻子""歸漢王父母妻子"。又引陸機《高祖功臣頌》云"侯公伏軾，皇媪來歸"。又引《楚元王交傳》"交，高祖同父弟"，顏注云"言同父，知其異母"。周氏則指出，案《吳王傳》朝錯上言稱"高祖庶弟元王"，然則元王爲庶出，雖爲異母，未必爲繼母。《項羽紀》所云"父母妻子"，當爲泛言家屬，連稱及之。陸機之頌則文人沿説，並非事實。《高紀》六年詔尊太公爲太上皇，未及太上皇后。若有之，詔不應闕。且書崩不書葬，無此體例。班氏當有一誤。王雲度先生指出，除此"太上皇后崩"記載外，《高后紀》詔書亦稱劉邦母爲"太上皇妃"，追謐"昭靈后"而不稱"太上皇后"。綜合來看，劉邦母與劉太公當已離異，太公正妻當爲劉交之母，亦即此"太上皇后"。（參見王雲度《劉邦血親析疑》，《中國史研究》1997 年第 4 期）

[2]【今注】案，《史記·高祖本紀》有云"楚王、梁王皆來送葬"。

[3]【顏注】師古曰：《三輔黄圖》云："高祖初居櫟陽，故太上皇因在櫟陽。十年，太上皇崩，葬其北原，起萬年邑，置長

承也。”【今注】葬萬年：沈欽韓《漢書疏證》指出，《三輔黃圖》
有云“其陵在東者太上皇，西者昭靈后”。然《後漢書·虞延傳》
稱光武帝東巡過小黄，其地有高帝母昭靈后園陵。可見高祖母與太
上皇不同葬，《三輔黃圖》所言有誤。

[4]【顏注】臣瓚曰：萬年陵在櫟陽縣界，故特赦之。

[5]【顏注】蔡邕曰：皇子封爲王者實古諸侯加號稱王故云
諸侯王封爲侯者謂之諸侯。（此注底本、大德本無，今據蔡琪本、
殿本補）【今注】案，由“死罪已下”至此，《史記·高祖本紀》
未載，而有云“更命酈邑曰新豐”。

　　九月，[1]代相國陳豨反。[2]上曰：“豨嘗爲吾使，甚
有信。[3]代地吾所急，故封豨爲列侯，以相國守代，今
乃與王黄等劫掠代地！吏民非有罪也，能去豨、黄來
歸者皆舍之。”[4]上自東，至邯鄲。[5]上喜曰：“豨不南
據邯鄲而阻漳水，[6]吾知其亡能爲矣。”趙相周昌奏常
山二十五城亡其二十城，[7]請誅守尉。[8]上曰：“守尉反
乎？”對曰：“不。”上曰：“是力不足，亡罪。”上令周
昌選趙壯士可令將者，白見四人。[9]上嫚罵曰：[10]“豎
子能爲將乎！”四人慙，皆伏地。上封各千戶，以爲
將。左右諫曰：“從入蜀漢，伐楚，賞未徧行。今封
此，何功？”上曰：“非汝所知。陳豨反，趙代地皆豨
有。[11]吾以羽檄徵天下兵，未有至者，[12]今計唯獨邯
鄲中兵耳。吾何愛四千戶，不以慰趙子弟！”皆曰：
“善。”[13]又求“樂毅有後乎？”[14]得其孫叔，封之樂
鄉，[15]號華成君。[16]問豨將，[17]皆故賈人。上曰：“吾
知與之矣。”[18]乃多以金購豨將，[19]豨將多降。

[1]【今注】九月：梁玉繩《史記志疑》卷六指出，《史記》卷九三《韓信盧綰列傳》附陳豨傳載其反事在漢七年（前200），卷八《高祖本紀》與《高祖功臣侯者年表》記陳豨反事在漢十年八月。《盧綰列傳》記在漢十一年。梁氏認爲，當以《漢書》所載爲是，在漢十年九月。今案，陳豨本傳之"七年"當源於漢代隸書"七""十"相近之訛。梁氏書中還提到《淮陰侯列傳》《傅寬列傳》《酈商列傳》，然或爲版本問題，或爲梁氏誤讀，此處皆不引論。

[2]【顏注】鄧展曰：東海人名豨（豨，蔡琪本、大德本、殿本作"豬"）曰豨。師古曰：豨，音許豈反。【今注】陳豨：秦末漢初宛句（今山東菏澤市西南）人。初爲劉邦郎中，後爲游擊將軍。漢六年，劉邦征匈奴至平城返，封爲陽夏侯，任趙相國，監趙，住邊境，統領邊兵。慕戰國時魏信陵君之爲人，廣招賓客，爲周昌所告，恐被誅乃陰使人聯絡逃亡匈奴的韓王信，漢十年舉兵反漢，自立爲代王。劉邦親自率兵征伐，漢十二年被漢將樊噲擊殺。

[3]【顏注】師古曰：爲，音子（子，蔡琪本、大德本、殿本作"于"）僞反。

[4]【顏注】師古曰：去，謂棄離之而來也。【今注】案，"能去豨黃來歸者皆舍之"，《史記·高祖本紀》無，而云"其赦代吏民"。又案，《史記·高祖本紀》此處有"九月"二字。

[5]【今注】邯鄲：縣名。治所在今河北邯鄲市西南。

[6]【今注】漳水：有清漳、濁漳二支流，在今河北、河南兩省交界處匯合。

[7]【今注】周昌：傳見本書卷四二。　常山：郡名。治東垣（漢初改名爲真定，在今河北石家莊市長安區東古城村東垣故城遺址），本作"恒山"，避漢文帝劉恒諱而改常山。

[8]【顏注】師古曰：守者，郡守。尉者，郡尉也。

[9]【顏注】師古曰：白於天子而召見也。

〔10〕【顏注】師古曰：墁者，深汙也（深，蔡琪本、大德本、殿本作"渫"）。

〔11〕【今注】趙代地皆豨有：《史記·韓信盧綰列傳》所附陳豨傳作"邯鄲以北皆豨有"。

〔12〕【顏注】師古曰：檄者，以木簡爲書，長尺二寸，用徵召也。其有急事則加以鳥羽插之，示速疾也。《魏武奏事》云"今邊有警，輒露檄插羽"。檄，音胡歷反。

〔13〕【今注】案，由"趙相周昌"至此，《史記·高祖本紀》未載。當據《史記·韓信盧綰列傳》所附陳豨傳所改寫。

〔14〕【顏注】師古曰：樂毅，戰國時燕將也。【今注】樂毅：戰國時燕國名將，昭王時拜爲上將軍，率領燕、趙等五國兵伐齊，下齊七十餘城。後燕惠王即位，中田單反間計，改用騎劫爲將，樂毅出奔趙國，後死於趙國。

〔15〕【今注】樂鄉：縣名。治所在今河北深州市東。

〔16〕【今注】案，封樂毅之後一事《史記·高祖本紀》未載，或係據其卷八〇《樂毅列傳》改寫。

〔17〕【今注】問：王先謙《漢書補注》指出，《史記》載"問"作"聞"。

〔18〕【顏注】師古曰：與，如也。言能如之何也。

〔19〕【顏注】師古曰：購，設賞募也，音搆。

十一年冬，上在邯鄲。豨將侯敞將萬餘人游行，[1] 王黃將騎千餘軍曲逆，[2] 張春將卒萬餘人度河攻聊城。[3] 漢將軍郭蒙與齊將擊，大破之。太尉周勃道太原入定代地，[4] 至馬邑，馬邑不下，攻殘之。[5] 豨將趙利守東垣，高祖攻之不下。[6] 卒罵，上怒。城降，卒罵者斬之。[7] 諸縣堅守不降反寇者，復租三歲。[8]

[1]【今注】侯敞：王先謙《漢書補注》指出，侯敞爲陳豨丞相，後爲灌嬰所斬，見《灌嬰傳》。

[2]【顏注】文穎曰：今中山蒲陰是也。【今注】將騎千餘：《史記》卷八《高祖本紀》未記王黃兵力，爲《漢書》所補。　曲逆：縣名。治所在今河北順平縣東南。

[3]【顏注】師古曰：即今博州聊城縣。【今注】將卒萬餘人：《史記·高祖本紀》未載張春兵力，爲《漢書》所補。　聊城：縣名。治所在今山東聊城市東昌府區西北。

[4]【顏注】師古曰：道由太原也。【今注】周勃：劉邦麾下戰將，吕后攝政時任太尉，文帝繼位後一度任右丞相。傳見本書卷四〇。

[5]【顏注】師古曰：殘，謂多所殺戮也。

[6]【今注】案，《史記·高祖本紀》此處有“月餘”二字。

[7]【今注】案，王先謙《漢書補注》指出，《史記》此處作“城降，令出罵者斬之，不罵者原之”。

[8]【今注】案，“諸縣堅守”至此，《史記·高祖本紀》未載。租，大德本、殿本作“租賦”。

春正月，淮陰侯韓信謀反長安，夷三族。將軍柴武斬韓王信於參合。[1]

[1]【顏注】師古曰：代之縣也。【今注】案，柴武斬韓王信一事，《史記》卷八《高祖本紀》未載。柴武，又作“陳武”。以五百人起事於薛，後歸劉邦。漢四年（前203），隨韓信擊殺龍且。漢六年獲封爲棘蒲侯。漢十一年，擊斬韓王信。文帝三年（前177），平定濟北王劉興居。文帝後元年（前163）去世。　參合：縣名。治所在今山西陽高縣南。

上還雒陽。詔曰："代地居常山之北，與夷狄邊，趙乃從山南有之,[1]遠，數有胡寇，難以爲國。頗取山南太原之地益屬代,[2]代之雲中以西爲雲中郡,[3]則代受邊寇益少矣。王、相國、通侯、吏二千石擇可立爲代王者。"[4]燕王綰、相國何等三十三人皆曰:[5]"子恒賢知溫良,[6]請立以爲代王，都晉陽。"[7]大赦天下。[8]

[1]【今注】案，王先謙《漢書補注》指出，之前如意爲代王，張敖爲趙王，各自爲國。張敖廢後，徙如意王趙，遂兼有代地，而令陳豨以代相國監趙、代邊。後陳豨反，如意之國，周昌爲相。趙不能兼顧二地，故仍分趙、代爲二國。

[2]【顏注】師古曰：少割以益之，不盡取也。頗，音普我反。後皆類此。【今注】頗取山南太原之地益屬代：王先謙《漢書補注》指出，在韓王信被擊破後，太原復爲郡，今頗取以益代。故《本紀》稱太原三十一縣，而《地理志》僅有二十一縣。

[3]【今注】案，王先謙《漢書補注》指出，雲中處於邊境地區，本屬於代國，今取其西以爲雲中郡，故代國處於邊境地區的範圍減少，故言受邊寇益少。

[4]【今注】二千石：因漢代所得俸禄以米穀爲準，故官秩等級以重量單位"石"名。漢朝二千石爲中央政府機構的列卿，及地方州牧郡守、諸侯王國相等。又可細分爲中二千石、二千石、比二千石三等。據本書《百官公卿表上》顏師古注，中二千石者月各百八十斛，二千石者百二十斛，比二千石者百斛。根據張家山漢簡《秩律》與《新書》《史記》等傳世文獻，閻步克先生又指出漢初祇有二千石，並無中二千石等細分等級，最早的中二千石的記載出現在文帝死後景帝發布的詔書中。楊振紅先生則進一步認爲中二千

石的官位是文帝時在賈誼的建議下設立的，是爲了區別漢廷官員與諸侯官員之地位。而早期中二千石官員亦不止本書《百官公卿表》所載諸官，如内史、主爵都尉均曾列於中二千石。（參見閻步克《〈二年律令·秩律〉的中二千石秩級闕如問題》，《河北學刊》2003年第5期；楊振紅《出土簡牘與秦漢社會（續編）》，廣西師範大學出版社2015年版，第51—57頁）

[5]【今注】相國：官名。春秋時始設。或稱丞相、相邦，秦代以後成爲朝廷最高官職。

[6]【今注】恒：劉邦與薄夫人之子，即文帝。紀見本書卷四。

[7]【顏注】如淳曰：《文紀》言"都中都"，又"文帝過太原，復晉陽、中都二歲"，似遷都於中都也。【今注】都晉陽：梁玉繩《史記志疑》卷六指出，《史記》卷一〇《孝文本紀》、《漢興以來諸侯王年表》、卷九三《韓信盧綰列傳》附陳豨傳皆言都中都。梁氏認爲，或是詔都晉陽而實都中都。

[8]【今注】案，《史記》卷八《高祖本紀》未録此詔，而將封代王事略記於東垣之戰後。梁玉繩《史記志疑》卷六指出，封代王事，《高祖本紀》載於是年冬，《漢興以來諸侯王年表》載於是年三月。梁氏認爲，當以《漢書》爲是，在正月。

二月，詔曰："欲省賦甚。[1]今獻未有程，[2]吏或多賦以爲獻，而諸侯王尤多，民疾之。[3]令諸侯王、通侯常以十月朝獻，[4]及郡各以其口數率，[5]人歲六十三錢，[6]以給獻費。"又曰："蓋聞王者莫高於周文，[7]伯者莫高於齊桓，[8]皆待賢人而成名。[9]今天下賢者智能，豈特古之人乎![10]患在人主不交故也，士奚由進![11]今吾以天之靈，賢士大夫，定有天下，以爲一家，欲其長久，世世奉宗廟亡絶也。賢人已與我共平之矣，而不與吾共安利之，可乎？賢士大夫有肯從我游者，吾能尊顯之。布告天下，使明知朕意。御史大夫昌下相國，[12] 相國酇侯下諸侯王，[13] 御史中執法下郡守，[14] 其有意稱明德者，必身勸，爲之駕，[15] 遣詣相國府，[16] 署行義年。[17] 有而弗言，覺，免。[18] 年老癃病，勿遣。"[19]

[1]【顏注】師古曰：意甚欲省賦斂也。

[2]【顏注】師古曰：程，法式也。

[3]【顏注】師古曰：諸侯王賦其國中，以爲獻物，又多於郡，故百姓疾苦之。

[4]【今注】以十月朝獻：沈欽韓《漢書疏證》指出，褚少孫於《梁世家》所補文字記載了諸侯王朝見之規定。沈氏認爲此制當從高帝是年開始施行。

[5]【顏注】師古曰：率，計也。

[6]【今注】人歲六十三錢：沈欽韓《漢書疏證》指出，根據這一記載，當時每歲之賦稅，除一算之外，復取六十三錢。

[7]【今注】周文：指周文王。姓姬，名昌，商朝末年周族領袖。爲西伯。建豐邑（今陝西西安市西南）爲都。其子武王姬發建立了周朝。

[8]【顏注】師古曰：伯，讀曰霸。【今注】齊桓：姓姜，名小白。齊襄公弟。初奔莒國。襄公被殺，從莒返回即位，任用管仲、鮑叔牙、隰朋、高傒等，鋭意改革，國力軍事增強。伐魯，會盟於柯（今山東陽穀縣東北阿城鎮）。公元前 663 年，助燕國打敗山戎，救邢、衛，攻蔡。伐楚，與楚會盟於召陵。平定周王室内亂，助周襄王即位。前 651 年，大會諸侯於葵丘（今河南民權縣東

北）。爲春秋時第一個霸主。

[9]【今注】待賢人而成名：指周文王任用呂尚而興周，齊桓公任用管仲而稱霸。

[10]【顏注】師古曰：特，獨也。

[11]【顏注】師古曰：奚，何也。

[12]【顏注】臣瓚曰：周昌已爲趙相，御史大夫是趙堯耳。【今注】御史大夫昌下相國：沈欽韓《漢書疏證》指出，當時還未有尚書，但凡詔令由御史起草，付外施行。御史大夫爲御史之長，故由其下相國。《史記》卷六〇《三王世家》載大司馬霍去病請立皇子爲王，其格式與此正同。何焯《義門讀書記》卷一五認爲，當時周昌或以御史大夫行趙相事，趙堯以御史守御史大夫，故詔書仍言周昌。王先謙《漢書補注》認爲，"昌"字當是誤文。何焯説無據。御史大夫，丞相副貳，秩中二千石，協調處理天下政務，而以監察、執法爲主要職掌，爲全國最高監察、執法長官。主管圖籍秘書檔案、四方文書，百官奏議經其上呈，皇帝詔命由其承轉丞相下達執行，負責考課、監察、彈劾官吏，典掌刑獄，收捕、審訊有罪官吏等，或派員巡察地方，鎮壓事變，有時亦督兵出征。丞相缺位，常由其遞補。詳見本書《百官公卿表上》。

[13]【顏注】臣瓚曰：《茂陵書》何封國在南陽。酇，音賛。師古曰：瓚説是也。而或云，何封沛郡酇縣，音才何反，非也。案，《地理志》南陽酇縣云"侯國"，沛酇縣不云侯國也。又南陽酇者，本是春秋時陰國，所謂"遷陰于下陰"者也。今爲襄州陰城縣，縣有酇城（殿本無"縣"字），城西見有蕭何廟。彼土又有筑水，筑水之陽古曰筑陽縣，與酇側近連接。據何本傳，何薨之後子禄無嗣，高后封何夫人同爲酇侯，小子延爲筑陽侯。孝文罷同，更封延爲酇侯。是知何封酇國兼得筑陽，此明驗也。但"酇"字別有"鄼"音，是以沛之鄼縣，《史記》《漢書》作"酇"字，明其音同也。班固《泗水亭碑》以蕭何相國所封（泗，

蔡琪本、大德本、殿本作"泗"），與"何"同韻，於義無爽。然其封邑實在南陽，非沛縣也。且《地理志》云王莽改沛酇曰贊治，然則沛酇亦有贊音。"酈""酇"相亂，無所取信也。說者又引江統《徂淮賦》以爲證。此乃統之疏謬，不可考覈。亦猶潘岳《西征》以陝之曲沃爲成師所居耳。斯例甚多，不可具載。【今注】酇：縣名。治所在今河南永城市西。

[14]【顏注】晉灼曰：中執法，中丞也。

[15]【顏注】文穎曰：有賢者，郡守身自往勸勉，令至京師，駕車遣之。

[16]【今注】案，沈欽韓《漢書疏證》指出，《古文苑》引董仲舒《詣公孫弘記室書》云"願君侯大開蕭相國求賢之路，廣選舉之門"，則此詔當由蕭何促成。選賢授能，爲相國之職責，故進士皆詣相國府。後公孫弘爲丞相時，開東閣以延賢人。薛宣語朱雲"且留我東閣，以觀四方奇士"。此後上計、秀、孝皆集丞相府。至東漢時，仍集司徒府，皆承西漢初年習慣而來。

[17]【顏注】蘇林曰：行狀年紀也。

[18]【今注】免：王先謙《漢書補注》指出，免郡守官。

[19]【顏注】師古曰：癃，疲病也，音隆。【今注】案，二月的兩封詔書，《史記》卷八《高祖本紀》皆未載。

三月，[1]梁王彭越謀反，[2]夷三族。[3]詔曰："擇可以爲梁王、淮陽王者。"[4]燕王綰、相國何等請立子恢爲梁王，[5]子友爲淮陽王。[6]罷東郡，[7]頗益梁；罷潁川郡，頗益淮陽。[8]

[1]【今注】三月：梁玉繩《史記志疑》卷六指出，彭越謀反被殺事，《黥布列傳》《盧綰列傳》記在漢十一年"夏"，《史記·漢興以來諸侯王年表》《漢書·異姓諸侯王表》記在漢十年。封梁

王、淮陽王事，《史記·漢興以來諸侯王年表》《漢書·諸侯王表》記在十一年三月。《史記》卷八《高祖本紀》記二事皆在十一年夏，《漢書》卷一《高紀》記二事皆在十一年三月。梁氏認爲，當以《漢書·高紀》爲準，二事皆在三月。今案，或彭越以三月被以謀反罪廢遷蜀，後復以謀反罪殺之，時已入夏。故《史記·高祖本紀》以"夏"繫之，之後又連及叙述封梁王、淮陽王之事。

[2]【今注】案，《史記·高祖本紀》此處尚有"廢遷蜀；復欲反"數字。

[3]【顏注】師古曰：夷，平也，謂盡誅除之。

[4]【今注】淮陽：諸侯王國名。治陳縣（今河南淮陽縣）。

[5]【今注】恢：劉邦之子，初封梁王，吕后七年（前181）劉友死後被封於趙，未幾，因其愛姬被毒死而自殺。

[6]【今注】友：劉邦之子，先後爲淮陽王、趙王。因與其所娶呂氏之女不睦，爲其所讒，吕后七年被餓死。謚爲"幽"。傳見本書卷三八。

[7]【今注】東郡：治濮陽縣（今河南濮陽市西南）。錢大昕《廿二史考異·漢書一》認爲，此指分東郡、潁川之支縣以益二國，並非廢此二郡。

[8]【今注】案，"詔曰"至此，《史記·高祖本紀》僅略云"立子恢爲梁王，子友爲淮陽王"。

夏四月，行自雒陽至。令豐人徙關中者皆復終身。[1]

[1]【顏注】應劭曰：太上皇思欲歸豐（蔡琪本、大德本、殿本"思"後有"土"字），高祖乃更築城寺市里如豐縣，號曰新豐，徙豐民以充實之。師古曰：徙豐人所居，即今之新豐古城是其處。復，音方目反。【今注】豐：邑名。故治在今江蘇豐縣。

五月，詔曰："粵人之俗，好相攻擊，前時秦徙中縣之民南方三郡，[1]使與百粵雜處。[2]會天下誅秦，南海尉它居南方長治之，[3]甚有文理，[4]中縣人以故不耗減，[5]粵人相攻擊之俗益止，俱賴其力。今立它爲南粵王。"[6]使陸賈即授璽綬。[7]它稽首稱臣。

　　[1]【顏注】如淳曰：中縣之民，中國縣民也。秦始皇略取彊梁地，以爲桂林、象郡、南海郡，故曰三郡。【今注】案，《漢書考證》齊召南指出，顏注"彊梁地"當作"陸梁地"。《史記》卷六《秦始皇本紀》載三十三年（前214）"略取陸梁地，爲桂林、象郡、南海"。

　　[2]【顏注】李奇曰：欲以介其間，使不相攻擊也。

　　[3]【顏注】晉灼曰：長，音長吏之長。師古曰："它"，古"佗"字也，書本亦或作"他"，並音徒何反。它者，南海尉之名也，姓趙。長治，謂爲之長帥而治理之也。【今注】它：趙它，又作"趙佗"。真定縣（今河北石家莊市）人。本爲秦吏，秦始皇統一六國後，趙佗先後輔佐屠睢、任囂南征，後任南海郡龍川縣（今廣東龍川縣西）縣令。秦二世時代，受南海尉任囂委託，行南海郡尉之職，故又稱"尉佗"。秦亡，中原混亂之際，併桂林、象郡等地爲南越國，稱南越王。漢高祖遣陸賈出使南越之後，南越王接受漢廷册命，爲漢之邊藩。呂后執政時期，雙方交惡，趙佗自號南越武帝。文帝時復遣陸賈出使，南越去帝號而稱臣，重新接受漢廷册命。關於趙佗去世時間，《史記》卷一一三《南越列傳》云："至建元四年卒。佗孫胡爲南越王。"然武帝建元四年（前137）距秦末漢初太過久遠，如司馬貞《史記索隱》引皇甫謐説所言，彼時趙佗若在世，已百餘歲。本書卷九五《南粵傳》錄《史記》之記載，則無"卒"字。因此，不少學者對"建元四年"這一記載提出質疑，認爲"卒"字爲衍。有觀點認爲，廣州象崗發現的南越王墓墓

主文王趙眜當爲趙佗之子，在趙佗之後、趙胡之前爲南越王，而史失於載（參見張夢晗《南越“文帝”宜爲趙佗子》，載《形象史學研究（2017/上半年）》，社會科學文獻出版社 2017 年版）。

　　[4]【今注】文理：周壽昌《漢書注校補》指出，文理好比條理。《史記·禮書》有謂：“貴本之謂文，親用之謂理。”

　　[5]【顏注】師古曰：耗（耗，殿本作“秏”），損也，音火到反。【今注】案，耗，殿本作“秏”。

　　[6]【今注】南粵：一作“南越”，國名。都番禺（今廣東廣州市番禺區）。秦始皇統一六國後，進軍嶺南，設桂林、南海、象郡三郡。秦末天下大亂，南海龍川令趙佗乃割據三郡，稱南越王。高帝十一年（前 196），封趙佗爲南越王。在漢初，南越一度與匈奴並稱，被視爲漢廷强敵。武帝元鼎五年（前 112），南越國相呂嘉殺國王和漢使，武帝派兵征討平定。

　　[7]【顏注】師古曰：即，就也。就其所居而立之。【今注】陸賈：劉邦手下著名辯士。出使南越説服趙佗。呂后主政時促成周勃與陳平聯盟，並在呂后死後參與立文帝。因呂后時南越復反，故文帝繼位後陸賈復使南越，使趙佗稱臣。傳見本書卷四三。

　　六月，令士卒從入蜀、漢、關中者皆復終身。[1]

　　[1]【顏注】師古曰：復，音方目反。【今注】案，由“夏四月”至此，《史記·高祖本紀》未載。

　　秋七月，淮南王布反。上問諸將，滕公言故楚令尹薛公有籌策。[1]上召見，薛公言布形執，[2]上善之，封薛公千户。[3]詔王、相國擇可立爲淮南王者，群臣請立子長爲王。[4]上乃發上郡北地隴西車騎、[5]巴蜀材官及中尉卒三萬人[6]爲皇太子衛，軍霸上。[7]布果如薛公言，東擊殺荆王劉賈，劫其兵，度淮擊楚，楚王交走入薛。上赦天下死罪以下，皆令從軍；徵諸侯兵，[8]上自將以擊布。

　　[1]【今注】滕公：即夏侯嬰，初爲沛縣厩司御、縣吏，劉邦起兵攻沛時爲内應，隨後入劉邦麾下，常爲劉邦御車。劉邦西征滅秦時獲封爲滕令，故稱滕公。漢朝建立後封汝陰侯，長期擔任九卿之一的太僕，文帝時大世。傳見本書卷四一。　令尹：楚官名。爲百官之首，掌全國軍政，相當於丞相、相國。

　　[2]【今注】薛公言布形執：薛公時爲夏侯嬰門客。其獻計事見本書卷三四《黥布傳》。

　　[3]【今注】案，由“上問諸將”至此，《史記》卷八《高祖本紀》未載。當是據《史記》卷九一《黥布列傳》改寫。

　　[4]【今注】案，由“詔王”至此，《史記·高祖本紀》僅云“立子長爲淮南王”。

　　[5]【今注】上郡：治膚施（今陝西榆林市東南）。　北地：郡名。治義渠（今甘肅寧縣西北）。　隴西：郡名。治狄道縣（今甘肅臨洮縣）。　車騎：秦漢時期的騎兵，有戰車、戰馬。

　　[6]【顔注】應劭曰：材官，有材力者。張晏曰：材官、騎士習射御騎馳戰陳，常以八月，太守、都尉、令、長、丞會都試，課殿最。水處則習船，邊郡將萬騎行障塞。光武時省。韋昭曰：中尉，即執金吾也。【今注】巴：郡名。治江州（今重慶北嘉陵江北岸）。殿本作“巳”，誤。　蜀：郡名。治成都（今四川成都市）。　材官：秦漢時期於内地郡國設置的步兵部隊，東漢省。中尉：官名。掌徼循京師，秩中二千石，位列卿。後更名爲執金吾。

　　[7]【今注】案，由“上乃發”至此，《史記·高祖本紀》未

載。霸上，地名。又作"灞上""霸頭"，在今陝西西安市東。

[8]【今注】案，由"上赦天下"至此，《史記·高祖本紀》未載。

十二年冬十月，上破布軍于會缶，^[1]布走，令別將追之。

[1]【顏注】孟康曰：音儈保，邑也（蔡琪本、大德本、殿本無"也"字），名屬沛國蘄縣。蘇林曰：缶，音甄。晉灼曰：蘄縣鄉名也。師古曰：會，音工外反。缶，音丈瑞反。蘇音是也。此字本作"甄"，而轉寫者誤爲"缶"字耳。音保非也。《黥布傳》則正作"甄"字，此足明其不作"缶"也。

上還，過沛，^[1]留，置酒沛宮，悉召故人父老子弟佐酒。^[2]發沛中兒得百二十人，教之歌。酒酣，^[3]上擊筑，^[4]自歌曰："大風起兮雲飛揚，威加海内兮歸故鄉，安得猛士兮守四方！"令兒皆和習之。^[5]上乃起舞，忼慨傷懷，^[6]泣數行下。^[7]謂沛父兄曰："游子悲故鄉。^[8]吾雖都關中，萬歲之後吾魂魄猶思沛。^[9]且朕自沛公以誅暴逆，遂有天下，其以沛爲朕湯沐邑，^[10]復其民，世世無有所與。"^[11]沛父老諸母故人日樂飲極歡，道舊故爲笑樂。^[12]十餘日，上欲去，沛父兄固請。^[13]上曰："吾人衆多，父兄不能給。"乃去。沛中空縣，皆之邑西獻。^[14]上留止，張飲三日。^[15]沛父兄皆頓首曰："沛幸得復，豐未得，唯陛下哀矜。"上曰："豐者，吾所生長，極不忘耳。^[16]吾特以其雍齒故反我爲魏。"^[17]沛父兄固請之，迺并復豐，比沛。

[1]【今注】沛：縣名。治所在今江蘇沛縣。

[2]【顏注】應劭曰：助行酒。【今注】佐酒：王先謙《漢書補注》指出，《史記》作"縱酒"，《資治通鑑》卷一二《漢紀》太祖高皇帝十二年從《漢書》作"佐酒"。

[3]【顏注】師古曰：酺，洽也，胡甘反（蔡琪本、大德本、殿本"胡"前有"音"字）。

[4]【顏注】鄧展曰：筑，音竹。應劭曰：狀似琴而大，頭安弦，以竹擊之，故名曰筑。師古曰：今筑形似瑟而細頸也。

[5]【顏注】師古曰：和，音胡臥反。

[6]【顏注】師古曰：忼，音口朗反。慨，音口代反。

[7]【顏注】師古曰：泣，目中淚也（中，蔡琪本作"下"）。

[8]【顏注】師古曰：游子，行客也。悲，謂顧念也。

[9]【今注】案，思沛，蔡琪本、殿本作"思家沛"，大德本作"思樂沛"。

[10]【顏注】師古曰：凡言湯沐邑者，謂以其賦稅供湯沐之具也。【今注】湯沐邑：古封邑名稱。本指周天子在王畿內賜給來朝諸侯住宿和齋戒沐浴用的封邑。漢時沿用此名，指皇帝、皇后、公主以及諸侯王列侯收取賦稅以供私人奉養的封邑。

[11]【顏注】師古曰：復，音方目反。與，讀曰豫。

[12]【顏注】師古曰：言日日樂飲也。樂，並音來各反。【今注】父老：王先謙《漢書補注》指出，"父老"《史記》作"父兄"。

[13]【今注】沛父兄固請：王先謙《漢書補注》指出，《史記》"請"下有"留高祖"三字。

[14]【顏注】如淳曰：獻牛酒也。師古曰：之，往也。皆往邑西，競有所獻，故縣中空無人。

[15]【顏注】張晏曰：張，帷帳也。師古曰：張，音竹亮反。

[16]【顏注】師古曰：極，至也。至念之不忘也。

[17]【今注】案，蔡琪本、大德本、殿本“其”後有“爲”字。

漢別將擊布軍洮水南北，[1]皆大破之，追斬布番陽。[2]

[1]【顏注】蘇林曰：洮，音兆。

[2]【顏注】師古曰：番，音蒲何反。【今注】番陽：縣名。治所在今江西鄱陽縣東北。

周勃定代，[1]斬陳豨於當城。[2]

[1]【今注】周勃定代：《史記》卷八《高祖本紀》作“樊噲別將兵定代”。梁玉繩《史記志疑》卷六指出，《史記》卷九三《韓信盧綰列傳》附陳豨傳亦言樊噲斬陳豨，然卷九五《樊噲列傳》不言此事，而卷五七《絳侯周勃世家》及《漢書》皆言周勃斬陳豨。梁氏認爲當以《漢書》爲是。

[2]【顏注】韋昭曰：代郡縣也。【今注】當城：縣名。治所在今河北蔚縣東北。秦封泥有“當城丞印”。案，梁玉繩《史記志疑》卷六指出，《水經注》亦言斬陳豨於當城，然《史記·絳侯周勃世家》、《高祖功臣侯者年表》及《韓信盧綰列傳》附陳豨傳皆言陳豨被殺於靈丘。此二地位置相近，未知孰是。

詔曰：“吳，古之建國也。日者荊王兼有其地，[1]今死亡後。朕欲復立吳王，其議可者。”長沙王臣等言：[2]“沛侯濞重厚，[3]請立爲吳王。”[4]已拜，上召謂濞曰："汝狀有反相。"因拊其背，曰："漢後五十年東南有亂，豈汝邪？[5]然天下同姓一家，汝慎毋反。"濞頓首曰："不敢。"

[1]【顏注】師古曰：日者，猶往日也。

[2]【顏注】師古曰：臣者，長沙王之名，吳芮之子也。今書本或"臣"下有"芮"字者，流俗妄加也。【今注】臣：長沙王吳芮之子。

[3]【顏注】服虔曰：濞，音滂濞。師古曰，音普懿反。【今注】濞：即劉濞，劉邦以兄劉仲之子。以戰功獲封吳王，漢景帝時發動吳楚七國之亂，戰敗被殺。傳見本書卷三五。

[4]【今注】案，由"詔曰"至此，《史記》卷八《高祖本紀》僅略云"於是拜沛侯劉濞爲吳王"，叙於劉邦復豐邑一事之後。

[5]【顏注】應劭曰：高祖有聰略，反相徑可知。至於東南有亂，克期五十，占者所知也。若秦始皇東巡以厭氣，後劉、項起東南，疑當如此耳。如淳曰：度其貯積足用爲難，又吳、楚世不賓服。師古曰：應說是也。拊，謂摩循之。【今注】案，由"已拜"至此，《史記·高祖本紀》未載，當係據《史記》卷一〇六《吳王濞列傳》所改寫。

十一月，行自淮南還。[1]過魯，以大牢祠孔子。[2]

[1]【今注】案，《史記》卷八《高祖本紀》云："十一月，高祖自布軍至長安。"

[2]【今注】大牢：太牢。以牛、羊、豕祭祀，爲太牢。有羊、豕而無牛則爲少牢。蔡琪本、殿本作"太牢"。案，《史記·高祖本紀》未載祠孔子事。

　　十二月，詔曰："秦皇帝、楚隱王、[1]魏安釐王、[2]齊愍王、[3]趙悼襄王[4]皆絕亡後。其與秦始皇帝守冢二十家，楚、魏、齊各十家，趙及魏公子亡忌各五家，[5]令視其冢，復亡與它事。"[6]

　　[1]【顏注】師古曰：陳勝也。【今注】楚隱王：《史記》卷八《高祖本紀》作"楚隱王陳涉"。梁玉繩《史記志疑》卷六指出，詔書中諸帝王例不書名，陳涉二字當衍。案，陳勝，字涉。秦末在大澤鄉舉旗反秦，建立張楚政權，派周文西征秦廷至關中，秦末復立的魏、趙、燕諸國亦爲其屬下遠征所建立，是覆滅秦廷的首義人物。後張楚政權爲章邯所敗，陳勝敗退時爲其御所殺。傳見本書卷三一。

　　[2]【顏注】師古曰：昭王之子也。釐，讀曰僖。《漢書》僖諡及福禧字，側多爲"釐"（側，蔡琪本、大德本、殿本作"例"）。

　　[3]【顏注】師古曰：宣王之子，爲淖齒所殺。

　　[4]【顏注】師古曰：孝成王之子。

　　[5]【顏注】師古曰：亡忌，即信陵君也。【今注】案，《史記·高祖本紀》作"予守冢各十家，秦皇帝二十家，魏公子無忌五家"。此言趙亦五家，二者不同。梁玉繩《史記志疑》卷六認爲是《漢書》有誤。

　　[6]【顏注】師古曰：復，音方目反。與，讀曰豫。【今注】案，"令視其冢復亡與它事"，《史記·高祖本紀》無。又，《史記》在此詔後尚有云"赦代地吏民爲陳豨、趙利所劫掠者，皆赦之"。

　　陳豨降將言豨反時，燕王盧綰使人之豨所陰謀。[1]上使辟陽侯審食其迎綰，[2]綰稱疾。食其言綰反有端。

春二月，[3]使樊噲、周勃將兵擊綰。詔曰："燕王綰與
吾有故，愛之如子；聞與陳豨有謀，吾以爲亡有，故
使人迎綰。綰稱疾不來，謀反明矣。燕吏民非有罪也，
賜其吏六百石以上爵各一級。[4]與綰居，去來歸者，赦
之，[5]加爵亦一級。"[6]詔諸侯王議可立爲燕王者，長
沙王臣等請立子建爲燕王。[7]

[1]【顏注】師古曰：之，往也。

[2]【顏注】師古曰：辟，音必小反。食其，音異基。【今
注】辟陽：侯國名、縣名。治所在今河北衡水市冀州區東南。　審
食其：沛縣（今江蘇沛縣）人。初爲劉邦舍人，曾與呂后一同被項
羽俘獲，爲呂后寵信。漢高祖時封辟陽侯，高后時爲左丞相。漢文
帝即位，罷相，後爲淮南王劉長所殺。

[3]【今注】二月：蔡琪本、殿本作"三月"。梁玉繩《史記
志疑》卷六指出，《史記·漢興以來諸侯王年表》稱燕王建於高帝
十二年（前195）三月甲午獲封，《漢書·異姓諸侯王表》載盧綰
反在十一年。梁氏指出，十二年三月無甲午，當從《史記》卷八
《高祖本紀》、《漢書·高紀》，以"二月"爲是。

[4]【今注】六百石：秦漢職官系統中，六百石是一個重要的
分界綫，其各項待遇遠較其下各級爲高。二十等爵中，九級（五大
夫）以上爵位衹有六百石以上官吏纔能被授予。是以本書卷八《宣
紀》云"吏六百石位大夫，有罪先請，秩禄上通"。出土睡虎地秦
簡亦云"六百石爲顯大夫"。是知六百石爲長吏與普通吏員之分界。
（參見楊振紅《秦漢官僚體系中的公卿大夫士爵位系統及其意
義——中國古代官僚政治社會構造研究之一》，《文史哲》2008年
第5期）

[5]【顏注】師古曰：先與綰居，今能去之來歸漢者，赦其罪。

[6]【今注】案，《史記·高祖本紀》未載此詔，僅略云"赦

燕吏民與反者"。

[7]【今注】案，由"詔諸侯王"至此，《史記·高祖本紀》僅略云"立皇子建爲燕王"。

詔曰："南武侯織亦粵之世也，立以爲南海王。"[1]

[1]【顏注】文穎曰：高祖五年，以象郡、桂林、南海、長沙立吳芮爲長沙王。象郡、桂林、南海屬尉佗，佗未降，遙虛奪以封芮耳。後佗降漢，十一年，更立佗爲南越王，自此王三郡。芮唯得長沙、桂林、零陵耳。今復封織爲南海王，復遙奪佗一郡，織未得王之。【今注】案，此詔《史記》卷八《高祖本紀》未載。《漢書考正》劉攽指出，漢武帝時始立零陵郡，文説有誤。然其前文始叙高帝封吳芮，亦未言及零陵，疑亦傳寫時妄加。　南武侯織：全祖望認爲，南武侯織所據之地當在南海境中，與尉佗地犬牙交錯，故以南海爲國而王之。文穎以爲虛封，然文帝時明有南海王反。其文（《嚴助傳》載淮南王書）云"前時南海王反，陛下先臣使將軍閒忌將兵擊之，以其軍降，處之上淦。後復反"，然則非虛封。《淮南王長傳》亦曰"南海王織上書獻璧帛皇帝"，是未滅時；又曰"南海民處廬江界中反"，則既遷後也。全氏認爲，織既爲無諸之族，故其地當近於福建；既封爲南海，其地當近於廣東東部；又因其遷於廬江之上淦，則其地當近於江西。如其所論，南海國似當在福建、廣東、江西交界之處。參見王先謙《漢書補注》。今案，《漢書·五行志》亦云："文帝二年六月……南越反，攻淮南邊，淮南王長破之。"有觀點認爲，南越國與淮南國不相鄰，此處"南越"之"南"實爲方位，其所指實即南海國。南海王織爲越人，但未必是"無諸之族"，同閩越没有關聯，亦與南越國、南海郡無涉。南海王織可能在高祖滅英布時立下功勞。漢高祖十二年（前195），劉邦因淮南王劉長年幼，將南武侯織封立爲南海王，封地在

廬江至鄱陽湖一帶（約當皖南—贛東北—浙西）。文帝二年（前178），廬江界中南海民反，被淮南屬王劉長擊破，降軍遷到上淦。其後，南海民再反，與淮南國樓船卒在上淦進行水戰，文帝六年或稍前，南海國被淮南國所滅。南海國並未地跨閩越、南越，而是錯於淮南國中。（參見全洪《漢初南海王及其封地考》，《歷史研究》2010 年第 6 期）

三月，詔曰："吾立爲天子，帝有天下，十二年于今矣。與天下之豪士賢大夫共定天下，同安輯之。[1]其有功者上致之王，次爲列侯，下乃食邑。[2]而重臣之親，或爲列侯，皆令自致吏，[3]得賦斂，女子公主。[4]爲列侯食邑者，皆佩之印，賜大第室。[5]吏二千石，徙之長安，受小第室。入蜀漢定三秦者，[6]皆世世復。[7]吾於天下賢士功臣，可謂亡負矣。其有不義背天子擅起兵者，與天下共伐誅之。[8]布告天下，使明知朕意。"[9]

[1]【顏注】師古曰："輯"與"集"同。

[2]【顏注】師古曰：謂非列侯而特賜食邑者。

[3]【今注】案，致，大德本、殿本作"置"。

[4]【顏注】如淳曰：《公羊傳》曰："天子嫁女於諸侯，必使諸侯同姓者主之。"故謂之公主。《百官表》："列侯所食曰國，皇后、公主所食曰邑。"帝姊妹曰長公主，諸王女曰翁主。師古曰：如說得之。天子不親主婚，故謂之公主。諸王即自主婚，故其女曰翁主。翁者，父也。言父主其婚也。亦曰王主，言王自主其婚也。高祖荅項羽曰"吾翁即若翁也"。揚雄《方言》云"周、晉、秦、隴謂父曰翁"。而臣瓚、王楙或云公者比於上爵，或云主

者婦人尊稱，皆失之。【今注】公主：《漢書考正》劉攽認爲，公主之稱，本出秦舊，男爲公子，女爲公主。

　　[5]【顏注】孟康曰：有甲乙次第，故曰“第”也。

　　[6]【今注】三秦：秦亡後，項羽三分秦故地關中，封秦降將章邯爲雍王，領有今陝西中部咸陽市以西和甘肅東部之地；司馬欣爲塞王，領有今陝西咸陽市以東地區；董翳爲翟王，領有今陝西北部地區。合稱三秦。

　　[7]【顏注】師古曰：復，音方目反（蔡琪本、大德本、殿本有此注，今據補）。

　　[8]【顏注】師古曰：擅，專也，音上戰反。他皆類此。

　　[9]【今注】案，此詔《史記》卷八《高祖本紀》未載。

　　上擊布時，爲流矢所中，[1]行道疾。疾甚，呂后迎良醫。醫入見，上問，醫曰：“疾可治。”於是上嫚罵之，[2]曰：“吾以布衣提三尺取天下，[3]此非天命乎？命乃在天，雖扁鵲何益！”[4]遂不使治疾，賜黃金五十斤，罷之。呂后問曰：“陛下百歲後，蕭相國既死，誰令代之？”上曰：“曹參可。”[5]問其次，曰：“王陵可，然少戇，[6]陳平可以助之。陳平知有餘，然難獨任。周勃重厚少文，然安劉氏者必勃也，可令爲太尉。”呂后復問其次，上曰：“此後亦非乃所知也。”[7]

　　[1]【今注】爲流矢所中：《史記》卷八《高祖本紀》裴駰《集解》引《三輔故事》，稱高祖“被大創十二，矢石通中過者有四”，至此征英布中流矢而去世。

　　[2]【今注】案，此句不通。蔡琪本、大德本、殿本“治”後有“不醫曰可治”五字，是。

[3]【顏注】師古曰：三尺，劍也。下《韓安國傳》所云"三尺"亦同。而流俗書本或云"提三尺劍"，"劍"字後人所加耳。【今注】三尺：王先謙《漢書補注》指出，荀悦《漢紀》、《資治通鑑》與此同，《史記》作"三尺劍"。

[4]【顏注】韋昭曰：泰山盧人也。名越人。魏桓侯時醫也。臣瓚曰：《史記》云"齊勃海人也"。魏無桓侯。師古曰：瓚説是也。扁，音步典反。【今注】扁鵲：戰國時良醫。傳見《史記》卷一○五。

[5]【今注】曹參：初爲沛縣獄掾，後隨劉邦起事。楚漢相争時副韓信北征，戰功第一。擊滅項羽後任齊相，惠帝時繼蕭何爲相國，各項政事一依蕭何舊時，有"蕭規曹隨"之稱。傳見本書卷三九。

[6]【顏注】師古曰：憨，愚也，古音下紺反，今則竹巷反。

[7]【顏注】師古曰：乃，汝也。言自此之後，汝亦終矣，不復知之。【今注】案，《三國志》卷四五《蜀書·楊戲傳》裴松之注引《益部耆舊雜記》云："諸葛亮於武功病篤……語（李）福曰：'……君所問者，公琰其宜也。'福謝：'前實失不諮請公，如公百年後，誰可任大事者？故輒還耳。乞復請，蔣琬之後，誰可任者？'亮曰：'文偉可以繼之。'又復問其次，亮不答。"今案，此諸葛亮神異事與劉邦事絶類，皆當爲彼時之傳言入史，未可深信。近人吕思勉即認爲劉邦指定曹、陳、王、周之事"附會可笑"（參見吕思勉《秦漢史》第四章第四節，上海古籍出版社 2005 年版）。

盧綰與數千人居塞下候伺，幸上疾愈，自入謝。[1] 夏四月甲辰，帝崩于長樂宫。[2] 盧綰聞之，遂亡入匈奴。[3]

[1]【顏注】師古曰：冀得上疾愈，自入謝，以爲己身之幸也。

[2]【顏注】臣瓚曰：帝年四十二即位，即位十二年（二，殿本作"三"），壽五十三。【今注】案，《史記》卷八《高祖本紀》此處有云"四日不發喪"，與其後呂后謀殺功臣事相連。又案，裴駰《集解》引皇甫謐云："高祖以秦昭王五十一年生，至漢十二年，年六十二。" 長樂宮：本秦興樂宮，"周迴二十里"（《資治通鑑》卷一一《漢紀》太祖高皇帝五年胡三省注引程大昌《雍錄》）。漢高祖時擴建，改名長樂宮，在此視朝。漢惠帝以後爲太后寢宮。遺址在今陝西西安市西北漢長安故城東南隅。

[3]【今注】案，"盧綰聞之遂亡入匈奴"，《史記·高祖本紀》敘於劉邦發喪以後。《漢書》此改寫當是爲了書寫層次分明，然《史記》更合時間順序。

　　呂后與審食其謀曰："諸將故與帝爲編户民，[1]北面爲臣，心常鞅鞅，[2]今乃事少主，非盡族是，天下不安。"[3]以故不發喪。[4]人或聞，以語酈商。[5]酈商見審食其曰："聞帝已崩，四日不發喪，欲誅諸將。誠如此，天下危矣。陳平、灌嬰將十萬守滎陽，[6]樊噲、周勃將二十萬定燕、代，此聞帝崩，諸將皆誅，必連兵還鄉，以攻關中。[7]大臣內畔，諸將外反，[8]亡可蹻足待也。"[9]審食其入言之，乃以丁未發喪，大赦天下。

[1]【顏注】師古曰：編户者，言列次名籍也。編，音鞭。

[2]【顏注】師古曰：鞅鞅，不滿足也，音於亮反。他皆類此。

[3]【顏注】師古曰：族，謂族誅之。是亦此也。

[4]【今注】以故不發喪：《史記》卷八《高祖本紀》前文已言"四日不發喪"，故此處無此五字。

[5]【今注】酈商：《史記·高祖本紀》記爲"酈將軍"。酈食

其之弟。秦末以數千人起事，在劉邦下陳留時投軍。後封曲周侯。傳見本書卷四一。

[6]【今注】滎陽：縣名。屬河南郡。治所在今河南滎陽市東北。

[7]【顏注】師古曰：鄉，讀曰嚮。還鄉，猶言反嚮、內嚮也。

[8]【今注】諸將：《史記·高祖本紀》作"諸侯"。

[9]【顏注】文穎曰：蹻猶翹也。如淳曰：蹻，音如今作樂蹻仃之蹻。晉灼曰：許慎云"蹻，舉足小高也"，音犥。師古曰：晉說是也。【今注】案，《資治通鑑》卷一二《漢紀》太祖高皇帝十二年《考異》云："呂后雖暴戾，亦安敢一旦盡誅大臣！又時陳平不在滎陽，樊噲不在代。此說恐妄，今不取。"

五月丙寅，葬長陵。[1]已下，[2]皇太子群臣皆反至太上皇廟。[3]群臣曰："帝起細微，撥亂世反之正，[4]平定天下，爲漢太祖，[5]功最高。"上尊號曰高皇帝。[6]

[1]【顏注】臣瓚曰：自崩至葬凡二十三日。長陵，在長安北四十里。【今注】案，"五月丙寅葬長陵"，《史記》卷八《高祖本紀》僅略言"丙寅，葬"。查諸張培瑜《三千五百年曆日天象》，是年四月庚辰朔，無丙寅；五月庚戌朔，丙寅爲第十七日。當以《漢書》爲是。長陵，漢高祖劉邦的陵墓。在今陝西咸陽市東北約四十里。

[2]【顏注】蘇林曰：下，音下書之下。鄭氏曰：已下棺也。師古曰：蘇音鄭說是也。下，音胡亞反。

[3]【今注】案，由"已下"至此，《史記·高祖本紀》作"己巳，立太子，至太上皇廟"，其意難解。梁玉繩《史記志疑》卷六綜合己意與各家説法，提出了幾種解釋。其一，認爲"己巳

立"爲"已下"之訛。其二，認爲"立"爲衍。其三，認爲"立"爲"皇"字之訛。要之皆認爲"太子"當屬下句，其意與《漢書》略同。

[4]【顏注】師古曰：反，還也。還之於正道。

[5]【今注】漢太祖：《史記》《漢書》皆明言劉邦廟號爲"太祖"，然其行文多稱其爲"高祖"，《史記》更是載其標題亦爲《高祖本紀》。楊樹達《漢書窺管》認爲，"高祖"在漢代爲習稱，史家不過是沿用而已。張沛林《釋"漢高祖"》充分列舉《史記》《漢書》所見漢代人對劉邦的稱呼，指出在司馬遷前"高祖"並非時人對劉邦的習稱。"高祖"是由司馬遷開始大量使用的稱謂。張氏認爲，之所以如此，是因司馬遷受公羊學"三代改制"説的影響，將劉邦比附周文王而産生的稱呼。（參見張沛林《釋"漢高祖"》，《文教資料》2019 年第 15 期）

[6]【顏注】師古曰：尊號，謚也。【今注】案，《史記·高祖本紀》此後尚有云："太子襲號爲皇帝，孝惠帝也。令郡國諸侯各立高祖廟，以歲時祠。及孝惠五年，思高祖之悲樂沛，以沛宮爲高祖原廟。高祖所教歌兒百二十人，皆令爲吹樂，後有缺，輒補之。高帝八男：長庶齊悼惠王肥；次孝惠，呂后子；次戚夫人子趙隱王如意；次代王恒，已立爲孝文帝，薄太后子；次梁王恢，呂太后時徙爲趙共王；次淮陽王友，呂太后時徙爲趙幽王；次淮南厲王長；次燕王建。"

初，高祖不修文學，而性明達，好謀能聽，自監門戍卒，[1]見之如舊。初順民心作三章之約。[2]天下既定，命蕭何次律令，[3]韓信申軍法，[4]張蒼定章程，[5]叔孫通制禮儀，[6]陸賈造《新語》。[7]又與功臣剖符作誓，[8]丹書鐵契，金匱石室，[9]藏之宗廟。雖日不暇給，規摹弘遠矣。[10]

[1]【今注】監門：看門人。此指酈食其，本在陳留爲里監門，投劉邦後成爲著名辯士。傳見本書卷四三。　戍卒：指婁敬。

[2]【今注】初順民心作三章之約：劉邦入關時，曾有云："父老苦秦苛法久矣，誹謗者族，耦語者棄市。吾與諸侯約，先入關者王之，吾當王關中。與父老約法三章耳：殺人者死，傷人及盜抵罪。餘悉除去秦法。"（見本書卷一上《高紀上》）是以其後有"約法三章"之成語。不過，這僅是初入關時的臨時措施。如本書《刑法志》所言"三章之法不足以禦姦"，蕭何乃作九章律。據近現代學者研究，漢法之煩瑣和殘酷與秦一脈相承，並無大的變革。

[3]【今注】蕭何次律令：王先謙《漢書補注》指出，《刑法志》有云"何攟摭秦法，取其宜於時者，作律九章"。

[4]【今注】韓信申軍法：王先謙《漢書補注》指出，《漢書·藝文志》兵權謀家記有"《韓信》三篇"。又云："漢興，張良、韓信序次兵法，凡百八十二家，删取要用，定著三十五家。"

[5]【顏注】如淳曰：章，歷數之章術也。程者，權衡丈尺斗斛之平法也。師古曰：程，法或也（法或，蔡琪本、大德本、殿本作"法式"）。【今注】張蒼定章程：王先謙《漢書補注》指出，《張蒼傳》云："比定律令。若百工，天下作程品。至於爲丞相，卒就之。"張蒼，本爲秦御史，後投劉邦。先後任常山太守、代相、計相、淮南相，功臣誅諸呂後擢其爲御史大夫，後任丞相。傳見本書卷四二。張蒼通數術歷法，爲漢廷確定歷法、度量衡等制度，曾整理删補《九章算術》。（參見朱桂昌《兩漢時期數學發展概略》，《思想戰綫》1977 年第 6 期）

[6]【今注】叔孫通制禮儀：王先謙《漢書補注》指出，《叔孫通傳》云："定宗廟儀法。及稍定漢諸儀法，皆通所論著。"今案，本書《郊祀志下》亦有云："漢興之初，庶事草創，唯一叔孫生略定朝廷之儀。若乃正朔、服色、郊望之事，數世猶未章焉。"然則叔孫通所定主要當爲朝儀及宗廟儀式，祭祀天地之類的郊祀儀

式並未設定。

[7]【今注】新語：書名。陸賈所著，分上下兩卷共十二篇。王先謙《漢書補注》指出，《陸賈傳》云："凡著十二篇。每奏一篇，高帝未嘗不稱善，左右呼萬歲，稱其書曰《新語》。"

[8]【顏注】如淳曰：謂《功臣表》誓"使河如帶，太山若厲，國乃滅絕"。

[9]【顏注】如淳曰：金匱猶金縢也。師古曰：以金爲匱，以石爲室，重緘封之，保慎之義。【今注】丹書鐵契：《資治通鑑》卷一二《漢紀》太祖高皇帝十二年胡三省注云："丹書、鐵契者，以鐵爲契，以丹書之……蓋謂以丹書盟誓之言於鐵券。"

[10]【顏注】鄧展曰：若畫工規模物之摹。韋昭曰：正員之器曰規。事孝（事孝，蔡琪本、大德本、殿本作"摹者"），如畫立未施采士摹之矣（立，蔡琪本、大德本、殿本作"工"；士，蔡琪本作"工"，大德本、殿本作"事"）。師古曰：取喻規摹，謂立制垂範也。給，足也。日不暇是（是，蔡琪本、大德本、殿本作"足"），言衆事繁多，常汲汲也。【今注】案，由"初，高祖不修文學"至此，《史記》卷八《高祖本紀》未載。

贊曰：《春秋》晉史蔡墨有言："陶唐氏既衰，[1]其後有劉累，學擾龍，事孔甲。[2]范氏其後也。"[3]而大夫范宣子亦曰："祖自虞以上爲陶唐氏，[4]在夏爲御龍氏，[5]在商爲豕韋氏，[6]在周爲唐杜氏，[7]晉主夏盟爲范氏。"范氏爲晉士師，[8]魯文公世奔秦。[9]後歸于晉，其處者爲劉氏。[10]劉向云戰國時劉氏自秦獲於魏。[11]秦滅魏，遷大梁[12]都于豐，[13]故周市說雍齒曰"豐，故梁徙也"。[14]是以頌高祖云："漢帝本系，出自唐帝。降及于周，在秦作劉。涉魏而東，遂爲豐公。"[15]豐公，蓋太上皇父。其遷日淺，墳墓在豐鮮焉。[16]及高祖即位，置祠祀官，則有秦、晉、梁、荆之巫，[17]世祠天地，綴之以祀，豈不信哉![18]由是推之，漢承堯運，德祚已盛，斷蛇著符，[19]旗幟上赤，協于火德，自然之應，得天統矣。[20]

[1]【顏注】荀悦曰：唐者，帝堯有天下號。陶，發聲也。韋昭曰：陶、唐，皆國名。猶湯稱殷商矣。臣瓚曰：堯初居於唐，後已陶（已，蔡琪本、人德本、殿本作“居”），故曰陶唐也。師古曰：三家之説皆非也。許慎《説文解字》云：“陶，丘再成也，在濟陰。《夏書》曰：‘東至陶丘。’陶丘有堯城，堯嘗居之，後居於唐，故堯號陶唐氏。”斯得之矣。【今注】陶唐氏：此指堯帝。傳説中的上古人物，五帝之一。姓伊祁氏，名放勳，號陶唐。高唐氏部落首領，又稱唐堯。在位命羲和定曆法，設諫言之鼓，置四嶽（四方諸侯），命鯀治水患。後禪讓於舜。

[2]【顏注】應劭曰：擾，馴也。能順養，得其嗜欲也。孔甲，夏天子也。師古曰：擾，音繞，又音饒。

[3]【顏注】師古曰：晉司空士蔿之孫士會爲晉大夫，食采於范，因號范氏。

[4]【顏注】師古曰：范宣子，即士會之孫士匄也。

[5]【顏注】師古曰：即劉累也。

[6]【顏注】師古曰：豕韋，國名，在東郡白馬縣東南。【今注】豕韋：夏商時期古部落名（參見于彦永《“豕韋”考略》，《殷都學刊》2016年第3期）。

[7]【顏注】師古曰：唐、杜，二國名也。殷末豕韋徙國於唐，周成王滅唐，遷之於杜，爲杜伯。杜伯之子隰叔奔晉。士會即隰叔之玄孫也。唐，太原晉陽縣也。杜，京兆杜縣也。

[8]【顏注】師古曰：言晉爲霸，主諸夏之盟，而范氏爲晉

正卿。

[9]【顔注】師古曰：文公六年，晉襄公卒，士會與先蔑如秦逆公子雍，欲以爲嗣。七年，以秦師納雍。而趙宣子立靈公，與秦師戰，敗之于剞首。先蔑奔秦，士會從之。

[10]【顔注】師古曰：文十三年，晉人使魏壽餘僞以魏畔，誘士會而納之。秦人歸其帑，其別族留在秦者既無官邑，而乃復劉累之姓也。【今注】其處者爲劉氏：《漢書考證》齊召南引孔穎達《左傳疏》云，士會之後代在秦不顯。《左傳》説處秦爲劉氏，與上下文相較，其文不類，深疑此句或非原文。當因漢室初興時，捐棄古學，《左氏傳》不顯於世，先儒無以申明劉氏出於劉累，從秦徙魏，故插注此辭，將以媚於世。東漢明帝時，賈逵上疏曰："五經皆無證圖讖明劉氏爲堯後者，而《左氏》獨有明文。"很可能前世藉此以求上升之道，故後引之以爲證。齊氏認爲，《孔疏》所見甚是。然加此文於《左傳》，實不當始於賈逵，且並不始於哀、平之世。昭帝元鳳三年（前78）符節令眭弘上書，言漢家承堯之後，則彼時《左傳》當已有此文。至劉向頌高祖曰"出自唐帝"，王莽稱"漢爲堯後，有傳國之運"，班彪《王命論》曰"帝堯之苗裔"，皆在其後。（參見王先謙《漢書補注》）

[11]【顔注】文穎曰：六國時，秦伐魏，劉氏隨軍爲魏所獲，故得復居魏也。師古曰：春秋之後，周室卑微，諸侯彊盛，交相攻伐，故總謂之戰國。【今注】劉向：西漢著名經學家、天文學家、目録學家。在漢成帝時受命整理群書，在其去世後其子劉歆繼之，最終編爲《七略》，奠定了中國古代目録學的基礎。事見本書卷三六《楚元王傳》

[12]【顔注】師古曰：秦昭王伐魏，魏惠王棄安邑，東徙大梁，更號曰梁，非始皇滅六國之時。【今注】遷大梁：《漢書考正》劉敞指出，顔解誤。今案，劉説是，根據上下文，此所指確爲秦始皇滅六國之時。

［13］【今注】都于豐：沈欽韓《漢書疏證》指出，《春秋穀梁傳》僖公十六年云"民所聚曰都"。

［14］【今注】周市：魏人，本爲陳勝手下將軍，奉陳勝令占領魏地後，尊立魏王族之後魏咎爲魏王，後爲章邯攻殺，事見本書卷三三《魏豹傳》。案，王先謙《漢書補注》指出，周市所言見上卷。

［15］【顏注】晉灼曰：涉，猶入也。

［16］【顏注】師古曰：鮮，少也，音先淺反。【今注】案，關於劉氏家族乃至劉邦個人的源流身世，由於史料牴牾，學界有着不同的觀點。陳蘇鎮根據此贊語記載，認爲劉邦生於魏國，秦國滅魏後，將大梁人口東遷於豐，劉邦家族方徙豐邑。龔留柱則認爲，《史記》等早期史料並未有此類記載，且有若干材料與此説牴牾，此説當是西漢後期儒生爲了附會"堯後火德"之説而造，並非史實。劉邦家族當世爲豐邑之人。（參見陳蘇鎮《漢代政治與〈春秋〉學》，中央廣播電視大學出版社 2001 年版，第 37 頁；龔留柱《關於劉邦"自梁徙豐"》，《史學月刊》2009 年第 11 期）

［17］【顏注】應劭曰：先人所在之國，悉致祠巫祝，博求神靈之意也。文穎曰：巫，掌神之位次者也。范氏世仕於晉，故祠祀有晉巫。范會支庶，留秦爲劉氏，故有秦巫。劉氏隨魏都大梁，故有梁巫。後徙豐，豐屬荆，故有荆巫也。

［18］【顏注】師古曰：緜，言不絕也。

［19］【今注】斷蛇：此指劉邦逃亡芒碭時斬白蛇一事。見本書卷一上《高紀上》。梁玉繩《史記志疑》卷六指出，賈誼《新書·春秋》、劉向《新序·雜事二》中皆載晉文公夢見上天殺蛇，認爲是所謂"聖君當道"之象。《宋書》亦載有宋武帝射蛇事。案，《史記》卷八《高祖本紀》載秦用水德當上黑，漢初亦用水德上黑，後武帝時用土德上黃，皆與尚赤之説不合。顧頡剛先生以爲，斬蛇之事爲西漢後期吹捧"漢家堯後"，爲火德者所編造，插

入《史記》，後爲《漢書》所承。錢穆先生則指出此當承襲自五方色帝之説，依五方排列五色，秦在西方故爲白帝子，楚在南方故爲赤帝子，與後起的五德終始之説不同。兩相比較，似以錢先生所言爲長。（參見顧頡剛《五德終始説下的政治和歷史》第十一章《漢爲火德説及秦爲金德説》；錢穆《評顧頡剛〈五德終始説下的政治和歷史〉》，載《古史辨》第五册，上海古籍出版社 1982 年版）

[20]【顏注】孟康曰：十一月天統，物萌色赤，故云“得天統”也。臣瓚曰：漢承堯緒，爲火德。秦承周（周，蔡琪本、大德本、殿本作“周後”），以火代木，得天之統序，故云（云，蔡琪本、大德本、殿本作“曰”）“得天統”。漢初因秦正，至太初元年始用夏正，不用十一月爲正也。師古曰：瓚説得之。【今注】案，此贊語與《史記·高祖本紀》全異。《史記》云：“太史公曰：夏之政忠。忠之敝，小人以野，故殷人承之以敬。敬之敝，小人以鬼，故周人承之以文。文之敝，小人以僿，故救僿莫若以忠。三王之道若循環，終而復始。周秦之間，可謂文敝矣。秦政不改，反酷刑法，豈不繆乎？故漢興，承敝易變，使人不倦，得天統矣。朝以十月。車服黄屋左纛。葬長陵。”梁玉繩《史記志疑》卷六認爲，“葬長陵”當是正文衍入贊語。

漢書 卷二

惠紀第二[1]

[1]【今注】案，惠紀，蔡琪本、大德本、殿本作"惠帝紀"。
《史記》無《惠紀》，合惠帝與呂后事載於《呂太后本紀》。

孝惠皇帝，[1]高祖太子也。母曰呂皇后。[2]帝年五
歲，[3]高祖初爲漢王。二年，立爲太子。十二年四月，
高祖崩。五月丙寅，太子即皇帝位，尊皇后曰皇太后。
賜民爵一級。[4]中郎、郎中滿六歲爵三級，[5]四歲二
級。外郎滿六歲二級。[6]中郎不滿一歲一級。外郎不滿
二歲賜錢萬。[7]宦官、尚食比郎中。[8]謁者、執楯、執
戟、武士、騶比外郎。[9]太子御、驂乘賜爵五大夫，舍
人滿五歲二級。[10]賜給喪事者，二千石錢二萬，[11]六
百石以上萬，[12]五百石、二百石以下至佐史五千。[13]
視作斥上者，將軍四十金，[14]二千石二十金，六百石
以上六金，五百石以下至佐史二金。減田租，復十五
稅一。[15]爵五大夫、吏六百石以上及宦皇帝而知名者
有罪當盜械者，皆頌繫。[16]上造以上及内外公孫耳孫
有罪當刑及當爲城旦舂者，皆耐爲鬼薪白粲。[17]民年
七十以上若不滿十歲有罪當刑者，皆完之。[18]又曰：

"吏所昌治民也，能盡其治則民賴之，故重其禄，所昌爲民也。[19]今吏六百石以上父母妻子與同居，及故吏嘗佩將軍、都尉印將兵及佩二千石官印者，家唯給軍賦，他無有所與。"[20]

[1]【顏注】荀悦曰：諱盈之字曰滿。應劭曰：《禮·謚法》"柔質慈民曰惠"。師古曰：孝子善述父之志，故漢家之謚，自惠帝已下皆稱"孝"也（已，蔡琪本作"以"）。臣下以"滿"字代"盈"者，則知帝諱盈也。他皆類此。

[2]【今注】呂皇后：即劉邦皇后呂雉。紀見本書卷三《高后紀》，事亦見本書卷一《高紀》、卷九七上《外戚傳上》。

[3]【今注】帝年五歲：漢元年惠帝五歲，則其當生於秦始皇在位的最後一年——秦始皇三十七年（前210）。

[4]【顏注】師古曰：帝初嗣位，爲恩惠也。【今注】賜民爵一級：漢代承秦行二十等爵制，具體爵名參見本書《百官公卿表上》。其中，第八級公乘與第九級五大夫被認爲是"民爵"與"官爵"的分界，普通民衆與下級吏員賜爵不過公乘，五大夫以上的爵位祇授予六百石以上的官員。由於和平時期賜爵輕濫，至漢末三國，吏民已普遍具有公乘爵，此爵制已名存實亡。參見錢大昭《漢書辨疑》卷九、錢大昕《廿二史考異·史記三》、凌文超《漢初爵制結構的演變與官、民爵的形成》（《中國史研究》2012年第1期）。又，沈欽韓《漢書疏證》引《戰國策·趙策》，認爲戰國以前祇賜吏爵，賜民金，此爲賜民爵之始。

[5]【顏注】蘇林曰：中郎，省中郎也。【今注】中郎：高級郎官之一，秩比六百石，位高於侍郎、郎中。給事禁中，宿衛宮禁，出充車騎，常侍皇帝左右，拾遺補闕，參議政事，在郎官中與皇帝最親近。武帝以後由議郎專職議論，拾遺補闕，中郎仍職宿衛近侍，亦常給事於中朝、外朝各種機構。隸郎中令（光禄勳），由

五官、左、右中郎將分別統率（一說專屬五官中郎將）。無員額，多至千人。　郎中：官名。漢承秦置，爲九卿之一郎中令（光禄勳）屬官，爲郎官之一種。掌宿衞殿門、車騎，内充侍衞，外從作戰。秩比三百石。　案，滿，蔡琪本作"蒲"。

[6]【顔注】蘇林曰：外郎，散郎也。

[7]【顔注】張晏曰：不滿一歲，謂不滿四歲之一歲，作郎三歲也。不滿二歲，謂不滿六歲之二歲，作郎四歲也。師古曰：此説非也。直謂作郎未經一歲二歲耳。【今注】案，王先謙《漢書補注》引劉攽認爲，中郎二歲乃賜一級，這裏不滿　歲亦一級，是恩優之待遇。外郎三歲賜一級，現不滿二歲賜錢萬，則滿二歲當亦賜一級。引姚鼐認爲，此爵位遞加而上，不受限制，故一級貴於萬錢，與元年民贖罪賣爵之級並不相同。

[8]【顔注】應劭曰：宦官，閹寺也。尚，主也。舊有五尚。尚冠、尚帳、尚衣、尚席亦是。如淳曰：主天子物曰尚，主文書曰尚書，又有尚符璽郎也。《漢儀注》："省中有五尚，而内官婦人有諸尚也。"【今注】宦官：宦爲星座名，宦者四星在帝座之西，故轉用爲帝王近幸者的稱謂。宦官是古代專供君主及其家族役使的官員。西漢宦官並不都是閹人，自東漢始，均爲閹人擔任。　尚食：官名。掌供奉皇帝膳食。秦官有尚食，爲六尚（尚衣、尚食、尚冠、尚席、尚浴與尚書）之一。漢初沿置。

[9]【顔注】應劭曰：執楯、執戟，親近陛衞也。武士，力士也，高祖使武士縛韓信是也。騶，騶騎也。師古曰：騶本厩之馭者，後又令爲騎，因謂騶騎耳。【今注】謁者：職官名。春秋戰國已有，秦、漢承之。西漢時掌賓贊受事，郎中令（光禄勳）屬官，員七十人，秩比六百石。案，沈欽韓《漢書疏證》指出：執楯、執戟，亦皆爲郎，《史記》卷一二六《滑稽列傳》有"陛楯郎"，本書卷六五《東方朔傳》亦有云"位不過執戟"。

[10]【顔注】師古曰：武士、騶以上，皆舊侍從天子之人

也。舍人以上，太子之官屬。【今注】舍人：官名。《周禮·地官》之屬有舍人，掌宫中用糧。秦朝舍人爲相國或貴胄之屬。漢代以舍人爲皇后、太子、公主之屬官。

[11]【今注】二千石：因漢代所得俸禄以米穀爲計算標準，故官秩等級以度量衡單位“石”爲名。漢朝二千石爲中央政府機構的列卿，及地方州牧郡守、諸侯王國相等。又可細分爲中二千石、二千石、比二千石三等。據本書《百官公卿表》顔師古注，中二千石者月各百八十斛，二千石者百二十斛，比二千石者百斛。《續漢書·百官志五》所載與此略同。根據張家山漢簡《秩律》與《新書》《史記》等傳世文獻，閻步克先生又指出漢初祇有二千石，並無中二千石等細分等級，最早的中二千石的記載出現在文帝死後景帝發布的詔書中。楊振紅先生則進一步認爲中二千石的官位是文帝時在賈誼的建議下設立的，是爲了區別漢廷官員與諸侯官員之地位。而早期中二千石官員亦不止《百官公卿表》所載諸官，如内史、主爵都尉均曾列於中二千石。案，石，漢代度量衡單位，有兩義：一爲重量單位，合一百二十斤。二爲容量單位，合十斗，亦即一斛。馬彪等先生指出，“石”本爲秦與西漢時的官方標準重量單位，合十斗的官方標準容量單位爲“桶（甬）”。因一石重的禾黍可得十斗糙米，一石重的稻禾可得十斗稻米，故實踐中有將十斗稱爲“石”的習慣。王莽時以“斛”作爲合十斗的官方容量單位，東漢承之，此後容量單位“石”便逐漸淡出了漢代計量系統。然則根據前文顔注所引二千石的俸禄換算，二千石當指二千石（容量單位）容積的米，亦即二千石（重量單位）重的禾，其餘官秩與此相類。又案，陳夢家先生根據傳世與出土文獻指出，雖然西漢承秦制，官俸以“石”爲名，但主要是代表官秩，實際發俸以錢爲主。至王莽後期，變爲以穀爲主，東漢則爲半錢半穀，而以穀數爲標準。前文所引顔注所舉具體官俸，當出自東漢之材料，且亦祇是一種計算標準，並非兩漢官俸的實際發放情況。（參見閻步克《〈二年律令·秩律〉的中二千石秩級闕如問題》，《河北學刊》2003年

第 5 期；楊振紅《出土簡牘與秦漢社會（續編）》，廣西師範大學出版社 2015 年版，第 51—57 頁；馬彪、林力娜《秦、西漢容量"石"諸問題研究》，《中國史研究》2018 年第 4 期；陳夢家《漢簡所見奉例》，《文物》1963 年第 5 期）

［12］【今注】六百石：秦漢職官系統中，六百石是一個重要的分界綫，其各項待遇遠較其下各級爲高。二十等爵中，九級（五大夫）以上爵位祇有六百石以上官吏纔能被授予。是以本書卷八《宣紀》云"吏六百石位大夫，有罪先請，秩禄上通"。出土睡虎地秦簡亦云"六白石爲顯大夫"。是知六百石爲長吏與普通吏員之分界。（參見楊振紅《秦漢官僚體系中的公卿大夫士爵位系統及其意義——中國古代官僚政治社會構造研究之一》，《文史哲》2008 年第 5 期）

［13］【顏注】如淳曰：律有斗食、佐史。韋昭曰：若今曹史書佐也。師古曰：自五百石以下至於佐史皆賜五千。今又言二百石者，審備其等也。【今注】佐史：官名。本書《百官公卿表上》："百石以下有斗食、佐史之秩，是爲少吏。"顏師古注引《漢官名秩簿》："佐史，月奉八斛也。"

［14］【顏注】服虔曰：斥上（斥，蔡琪本、大德本、殿本作"斥"；上，殿本作"土"），壙上也（上，殿本作"土"）。如淳曰：斥（斥，蔡琪本、大德本、殿本作"斥"），開也。開土地爲冢壙，故以開斥言之（斥，蔡琪本、大德本、殿本作"斥"，）。鄭氏曰：四十金，四十斤金也。晉灼曰：近上二千石賜錢二萬。此言"四十金"，實金也。下凡言"黃金"（凡言，蔡琪本作"几言"），真金也；不言"黃"，謂錢也。《食貨志》"黃金一斤直萬錢（直萬錢，大德本、殿本作"直錢萬"）"。師古曰：諸賜言"黃金"者，皆與之金；不言"黃"者，一金與萬錢也。【今注】案，斥，蔡琪本、大德本、殿本作"斥"。上者，殿本作"土者"。 將軍：官名。高級武官的泛稱。本書《百官公卿

表上》記述漢初置大將軍、驃騎將軍，位次丞相；車騎將軍、衛將軍、前後左右將軍，位次上卿。

　　[15]【顏注】鄧展曰：漢家初十五稅一，儉於周十稅一也。中間廢，今復之也。如淳曰：秦作阿房之宮，收太半之賦，遂行，至此乃復十五而稅一。師古曰：鄧說是也。復，音房目反。【今注】案，西漢初年，田租有所波動。按照本書《食貨志》記載，高祖時已實行“輕徭薄賦”，規定十五稅一，後復行“什一之稅”。（參見黃今言《從張家山竹簡看漢初的賦稅征課制度》，《史學集刊》2007 年第 1 期）

　　[16]【顏注】文穎曰：言“皇帝”者，以別仕諸王國也。張晏曰：時諸侯治民，新承六國之後，咸慕鄉邑；或貪逸豫，樂仕諸侯。今特爲京師作優裕法也。如淳曰：知名，謂宦人教帝書學，有可表異者也（有可，蔡琪本、殿本作“亦可”）。盜者，逃也。恐其逃亡，故著械也。頌者，容也。言見寬容，但處曹吏舍，不入陛牢也（陛，蔡琪本、殿本作“狴”）。師古曰：諸家之說皆非也。宦皇帝而知名者，謂雖非五大夫爵、六百石吏，而早事惠帝，特爲所知，故亦優之，所以云“及”耳；非謂凡在京師異於諸王國，亦不必在於宦人教書學也。左宦之律起自武帝，此時未有。《禮記》曰“宦學事師”，謂凡仕宦（凡，蔡琪本作“几”），非閹寺也。盜械者，凡以罪著械皆得稱焉，不必逃亡也。據《山海經》，貳負之臣相柳之尸皆云盜械，其義是也。古者“頌”與“容”同。五大夫，第九爵也。【今注】頌繫：謂有罪入獄，寬容而不加刑具。本書《刑法志》：“年八十以上，八歲以下，及孕者未乳，師、朱儒當鞫繫者，頌繫之。”顏師古注：“頌讀曰容。容，寬容之，不桎梏。”

　　[17]【顏注】應劭曰：上造，爵滿十六者也。內外公孫，謂王侯內外孫也。耳孫者，玄孫之子也。言去其曾、高益遠，但耳聞之也。今以上造有功勞，內外孫有骨血屬，㢠施德布惠，故事

從其輕也。城旦者，且起行治城；春者，婦人不豫外徭，但春作米；皆四歲刑也。今皆就鬼薪白粲。取薪給宗廟爲鬼薪；坐擇米使正白爲白粲；皆三歲刑也。李斐曰：耳孫，曾孫也。張晏曰：公孫，宗室侯王之孫也。晉灼曰：耳孫，玄孫之曾孫也，《諸侯王表》在八世。師古曰：上造，第二爵名也。内外公孫，國家宗室及外戚之孫也。耳孫，諸説不同。據《平紀》及《諸侯王表》説"梁孝王玄孫之耳孫音耳音仍"（玄孫之耳孫音耳音仍，蔡琪本、大德本、殿本作"玄孫之子耳孫耳音仍"）。又《匈奴傳》説"握衍朐鞮單于"，云"烏維單于耳孫"，以此參之，李云曾孫是也。然《漢書》諸處又皆云曾孫非一，不應雜兩稱而言。據《爾雅》"曾孫之子爲玄孫，玄孫之子爲來孫，來孫之子爲昆孫，昆孫之子爲仍孫"，從己而數（蔡琪本作"從己之數"），是爲八葉，則與晉説相同。"仍""耳"聲相近，蓋一號也。但班氏唯存占名（唯存占名，蔡琪本、大德本、殿注均作"唯存古名"），而計其葉數則錯也。婕，音連。【今注】耳孫：泛稱遠孫，出《爾雅·釋親》。 城旦春：秦漢時一種徒刑。城旦爲男犯人之刑罰，意爲"治城"，即强制男犯人修築城墙；春爲女犯人之刑罰，意爲"治米"，即强制女犯人春米。男女差役非一成不變。刑期一般爲四年。（參見東漢衛宏《漢舊儀》；萬榮《張家山漢簡〈二年律令〉之"司寇""城旦春"名分析》，《晉陽學刊》2005 年第 6 期；李程《〈睡虎地秦墓竹簡〉"城旦春"考釋》，《海南大學學報》2013 年第 9 期） 耐：古輕刑之名。一種剃掉鬍鬚兩年的刑罰。一歲刑爲罰作，二歲刑以上爲耐。耐，"而"指面頰上的鬍鬚，"寸"指法度，刑法。在面頰上施刑罰，指剃鬚。字本作"耏"。 鬼薪：男犯砍柴，以供宗廟。陳直《漢書新證》認爲鬼薪爲秦代刑名，漢因之。《史記》卷六《秦始皇本紀》云："九年嫪毐舍人，輕者爲鬼薪。"秦二十五年造上郡戈，有"工鬼薪哉"之題名（參見郭沫若《金文叢考》附《金文續考》，人民出版社 1954 年版，第 418 頁）。

白粲：女犯擇米做飯，以供祭祀。鬼薪白粲之刑較城旦舂輕。

[18]【顏注】孟康曰：不加肉刑髡鬄也。師古曰：若，預及之言也。謂七十以上及不滿十歲以下，皆完之也。鬄，音他計反。【今注】完：王先謙《漢書補注》認爲，"完"爲"免"之意。荀悅《漢紀》即作"免之"。今案，王説誤。"完"爲古代輕刑之名。本書《刑法志》載："刖者使守囿，完者使守積。"先秦指剪去犯人的鬚髮，漢爲罰作勞役。因其不傷肢體，故曰"完"。

[19]【顏注】師古曰：爲，音于僞反。

[20]【顏注】師古曰：同居，謂父母妻子之外若兄弟及兄弟之子等見與同居業者，若今言同籍及同財也。"無有所與"，"與"讀曰"豫"。【今注】案，王先謙《漢書補注》指出，荀悅《漢紀》作"吏六百石以上及故二千石，家唯給軍賦，役無有所預"。

都尉：職官名。佐郡太守典武職甲卒，掌治安，防盜賊，爲一郡之最高武官，秩比二千石。案，都尉原稱郡尉，漢景帝中二年（前148）更爲現名，此處當爲史家據後世職官名稱追書。

令郡、諸侯王立高廟。[1]

[1]【顏注】師古曰：諸郡及諸侯王國皆立廟也。今書本"郡"下或有"國"字者，流俗不曉妄加之。【今注】高廟：即高祖廟，又稱"太祖廟"，是祭祀開國皇帝劉邦的宗廟。西漢新帝即位，須拜謁高祖廟，以宣示自己的合法性和正統性。霍光廢昌邑王時，即曾以"未見命高廟"爲由。惠帝時始設，地方諸郡國皆立。據《三輔黃圖》，京師高廟在長安城安門街東（參見劉慶柱、李毓芳《關於西漢帝陵形制諸問題的探討》，《考古與文物》1985年第5期）。案，此爲西漢全國各地爲去世皇帝立廟之始，隨着去世帝王增多，至西漢後期，此制給西漢財政帶來了極大壓力，最終釀成綿延元、成、哀、平四朝的毀廟、立廟之爭。參見本書卷七三《韋賢

傳》。

元年冬十二月，趙隱王如意薨。[1]民有罪，得買爵三十級以免死罪。[2]賜民爵，戶一級。

[1]【今注】趙隱王如意：即趙王劉如意。劉邦第三子，惠帝異母弟，母戚夫人。劉邦晚年曾一度欲以如意爲太子，因此戚夫人母子乃與呂后結仇。至惠帝元年（前194），呂后乃毒殺如意，虐殺戚夫人。"隱"爲如意之諡號。其事《史記》記於《呂太后本紀》，《漢書》移此段文字於卷九七上《外戚傳上》，而本書卷三八雖在名義上爲如意本傳，實僅將其事一筆帶過。班固如此處理，其意當在凸顯呂后之狠毒。 薨：古稱諸侯去世爲薨。

[2]【顏注】應劭曰：一級直錢二千，凡爲六萬，若今贖罪入三十疋縑矣。師古曰：令出買爵之錢以贖罪。

春正月，城長安。[1]

[1]【今注】城長安：何焯《義門讀書記》卷一五指出，高帝六年（前201）即令天下縣邑城，至惠帝元年（前194），乃築長安城。先令百姓有所保聚，然後規拓京師，後世不及。《資治通鑑》卷一二《漢紀十二》孝惠皇帝元年胡三省注指出，西漢初都長安，蕭何雖治宮室，但尚未築城，惠帝始築之，至惠帝五年始成。《漢書考證》齊召南根據《功臣表》，指出城及宮殿皆少府陽城延所作。王先謙《漢書補注》指出，《資治通鑑》記載此事作"始作長安城西北方"。今案，《史記》卷九《呂太后本紀》稱"三年，方築長安城"，與此似不同。考此處並不詳言具體征發民力等事，與後文不同。然則此時或是開始建城的前期考察、設計工作，至惠帝三年則正式開建。

二年冬十月，齊悼惠王來朝，[1]獻城陽郡以益魯元公主邑，尊公主爲太后。[2]

[1]【今注】齊悼惠王：即齊王劉肥。劉邦庶長子，母爲曹姬。惠帝即位，奉獻城陽郡爲皇姐魯元公主湯沐邑，以免受呂后誅殺。惠帝六年（前189）去世，謚號悼惠。傳見本書卷三八。案，除齊悼惠王外，《史記》稱劉邦之弟楚元王此年亦來朝。

[2]【顏注】如淳曰：張敖子偃爲魯王，故公主得爲太后。師古曰：此説非也。蓋齊王憂不得脱，故從内史之言，請尊公主爲齊太后，以母禮事之，用悦媚呂太后耳。若魯元以子爲魯王，自合稱太后，何待齊王尊之乎！據《張耳傳》“高后元年，魯元太后薨，後六年，宣平侯敖薨。呂太后立敖子偃爲王，以母爲太后故也”，是則偃因母爲齊王太后而得王，非母因偃乃爲大后也（大后，蔡琪本、殿本均作“太后”）。【今注】獻城陽郡：城陽，郡名。治莒縣（今山東莒縣）。據本書卷三八《高五王傳》，因呂后欲毒殺齊王未遂，齊王聞而懼，乃獻城陽以詔呂后，得獲生路。

魯元公主：高祖與呂后的長女。《漢書考正》劉攽從倫理角度，認爲齊王不當尊公主爲太后。王先謙《漢書補注》以惠帝娶公主之女爲例，指出劉説難以成立，當以顏説爲是。

春正月癸酉，有兩龍見蘭陵家人井中，[1]乙亥夕而不見。隴西地震。[2]

[1]【顏注】師古曰：家人，言庶人之家。【今注】家人：錢大昭《漢書辨疑》指出，“家人”，《漢紀》作“人家”。本書《五行志》作“有兩龍見於蘭陵廷東里温陵井中”，當以《漢紀》爲是。　蘭陵：縣名。屬東海郡，治所在今山東蘭陵縣西南。

[2]【今注】隴西地震：王先謙《漢書補注》據《五行志》，

指出當時四百餘家被毀。隴西，郡名。治狄道縣（今甘肅臨洮縣）。

夏旱。郃陽侯仲薨。[1]秋七月辛未，相國何薨。[2]

[1]【顏注】師古曰：高帝之兄，吳王濞父也。【今注】郃陽：縣名。一作"合陽"。治所在今陝西合陽縣東南。戰國魏文侯十七年（前429）築城於此。天津出土秦戈上有"十七年丞相啓狀造，合陽喜，丞兼，庫，工邪""合陽"銘文，足證秦昭襄王十七年（前290）郃陽即已設縣。（參見工輝《秦出土文獻編年》，新文豐出版公司2000年版，第69頁）西漢沿置。 仲：劉仲，劉邦次兄，一名喜。初封代王，遇匈奴攻代，臨陣而逃，被廢為郃陽侯。其子劉濞因戰功獲封吳王，至景帝時，因漢廷削地而聯合其他諸侯國造反，是為吳楚七國之亂。事敗被誅，國除。事略見本書卷三五《吳王劉濞傳》。

[2]【顏注】師古曰：蕭何也。【今注】相國何薨：相國，丞相的尊號。陳直《漢書新證》："相國在六國及秦時，原名相邦，漢初因避高祖諱，故改為相國。"何，蕭何，傳見本書卷三九。據其本傳所載，在其病重時，惠帝親臨問疾，並問及其繼任者當為誰，蕭何以"知臣莫如主"為對。惠帝問"曹參何如"，蕭何乃頓首云："帝得之矣。何死不恨矣！"蕭何死後，遂由曹參代為相國。

三年春，發長安六百里內男女十四萬六千人城長安，三十日罷。[1]

[1]【顏注】鄭氏曰：城一面，故速罷。

以宗室女為公主，嫁匈奴單于。[1]

[1]【今注】嫁匈奴單于：本書卷四三《劉敬傳》稱劉敬向劉邦獻和親之計，然其事在何時，史書無載。此爲本紀所見和親匈奴之始。又卷九四上《匈奴傳上》載冒頓單于以浮言戲吕后，而吕后以卑辭求和，最終和親一事，未知是否即爲此事。

夏五月，立閩越君搖爲東海王。[1]

[1]【顏注】應劭曰：搖，越王句踐之苗裔也（句踐，殿本作"勾踐"），帥百越之兵助高祖，故封。東海，在吴郡東南濱海云。師古曰：即今泉州是其地。【今注】立閩越君搖爲東海王：閩越君長無諸與搖在秦末曾參與反秦，又助漢滅項羽，故無諸獲封閩越王，至此，復封搖爲東海王。東海王都於東甌，故亦號爲東甌王。至武帝建元三年（前138），閩越王攻東甌，東甌向漢廷求救，復請舉國遷徙，漢廷乃遷之於江淮之間。事見本書卷九五《閩粵傳》。王先謙《漢書補注》引齊召南説，認爲閩越王無諸所都當在泉州，東海王搖都東甌，當在温州。錢大昭《漢書辨疑》指出，"搖"《漢紀》作"繇"。周壽昌《漢書注校補》指出，《史記·越世家》稱閩君搖被漢高祖封爲越王，東越、閩君皆爲其後代。

六月，發諸侯王、列侯徒隸二萬人城長安。[1]

[1]【今注】徒隸：服勞役的犯人。

秋七月，都厩災。[1]南越王趙佗稱臣奉貢。[2]

[1]【今注】都厩：沈欽韓《漢書疏證》指出，根據《三輔黄圖》，都厩爲天子車馬所在。　災：此指火災。《左傳》宣公十六年有云"凡火，人火曰火，天火曰災"。

[2]【顏注】師古曰：佗，音徒何反。【今注】南越：國名。都番禺（今廣東廣州市）。秦始皇統一六國後，進軍嶺南，設桂林、南海、象郡三郡。秦末天下大亂，南海龍川令趙佗乃割據三郡，稱南越王。高祖十一年（前196），封趙佗爲南越王。在漢初，南越一度與匈奴並稱，被視爲漢廷強敵。武帝元鼎五年（前112），南越國相呂嘉殺國王和漢使，武帝派兵征討平定。　趙佗：又作"趙它"。真定縣（今河北石家莊市）人。本爲秦吏，秦始皇統一六國後，趙佗先後輔佐屠睢、任囂南征，後任南海郡龍川（今廣東龍川縣西）縣縣令，秦二世時，受南海尉任囂委託，行南海郡尉之職，故又稱"尉佗"。秦亡，中原混亂之際，併桂林、象郡等地爲南越國，稱南越王。漢高祖遣陸賈出使南越之後，南越王接受漢廷冊命，爲漢之邊藩。呂后執政時期，雙方交惡，趙佗自號南越武帝。文帝時復遣陸賈出使，南越去帝號而稱臣，重新接受漢廷冊命。關於趙佗去世時間，《史記》卷一一三《南越列傳》云"至建元四年卒。佗孫胡爲南越王"。然建元四年（前137）距秦末漢初太過久遠，如《史記索隱》注引皇甫謐說所言，彼時趙佗若在世，已百餘歲。本書卷九五《南粵傳》錄《史記》之記載，則無"卒"字。因此，不少學者對"建元四年"這一記載提出質疑，認爲"卒"字爲衍。有觀點認爲，廣州象崗發現的南越王墓墓主文王趙眜當爲趙佗之子，在趙佗之後、趙胡之前爲南越王，而史失於載（參見張夢晗《南越"文帝"宜爲趙佗子》，載《形象史學研究（2017/上半年）》，社會科學文獻出版社2017年版）。

四年冬十月壬寅，立皇后張氏。[1]

[1]【顏注】師古曰：張敖之女也。《史記》及《漢書》無名字（大德本、殿本無"及"字），皇甫謐作《帝王世紀》皆爲惠帝張后及孝文薄后呂下別制名焉（呂下，大德本、殿本作"已

下"），至於薄父之徒亦立名字，何從而得之乎！雖欲示博聞（蔡琪本、殿本無"欲"字），不知陷於穿鑿。

春正月，舉民孝弟力田者復其身。[1]

[1]【顏注】師古曰：弟者，言能以順道事其兄也。弟，音徒計反。復，音方目反。【今注】孝弟：又作"孝悌"，指孝於父母、禮敬兄長者。力田，指勤於農事者，本書卷一〇《成紀》所謂"先帝劭農，薄其租稅，寵其彊力，令與孝弟同科"是也。皆爲鄉官。此當爲孝弟、力田二科之初次出現。相關研究認爲，惠帝、呂后時的孝弟、力田僅是爲民表率，或免除賦稅，或給予賞賜，而並無鄉官身份。其鄉官身份在文帝時方被確立起來。（參見黃留珠《西漢前期人事制度的改革》，《西北大學學報》1983 年第 2 期）

三月甲子，皇帝冠，[1]赦天下。省法令妨吏民者；除挾書律。[2]長樂宮鴻臺災。[3]宜陽雨血。[4]

[1]【今注】皇帝冠：王鳴盛《十七史商榷》卷九統計漢代皇帝行冠禮如下：惠帝年二十，武帝年十六，昭帝年十八，哀帝年十七。平帝年十四去世，加元服以斂。他認爲，古者天子諸侯皆年十二而冠，漢初經典殘闕，天子冠禮，無明文，故無定期。

[2]【顏注】應劭曰：挾，藏也。張晏曰：秦律，敢有挾書者族。【今注】挾書律：秦始皇三十四年，采納丞相李斯的建議，下令禁止儒生以古非今，頒布民間有私藏《詩》《書》和百家書籍者族誅的法令（參見李學勤《從出土簡帛談到〈挾書律〉》，《周秦漢唐研究》，三秦出版社 1998 年版）。

[3]【今注】長樂宮：本秦興樂宮，《資治通鑑》卷一一《漢紀三》惠帝五年胡三省注引程大昌《雍錄》"周回二十里"。漢高

祖時擴建，改名長樂宮，在此視朝。漢惠帝以後爲太后寢宮。遺址在今陝西西安市西北漢長安故城東南隅。（參見劉振東、張建鋒《西漢長樂宮遺址的發現與初步研究》，《考古》2006 年第 10 期）

鴻臺：王先謙《漢書補注》根據《資治通鑑》注引《黃圖》，指出鴻臺爲秦始皇二十七年（前 220）築，高四十丈，上起觀宇。皇帝曾射飛鴻於臺上，故號鴻臺。

[4]【今注】宜陽雨血：宜陽，縣名。治所在今河南宜陽縣西。戰國時屬韓國，置縣，秦武王時歸秦。王先謙《漢書補注》指出，本書《五行志》記"雨血"事在惠帝二年（前 193）。今案，《五行志》又稱"時又冬雷，桃李華"，此事不見於二年前後，而與後文惠帝五年之事相合。然《五行志》當誤，"雨血"確發生在惠帝四年。有學者認爲，所謂"雨血"或是强烈氣旋帶來的紅色泥土或岩石顆粒（參見董睿峰《禍從天降：〈漢書·五行志〉中的"怪雨"現象探析》，《農業考古》2017 年第 1 期）。

秋七月乙亥，[1] 未央宮凌室災；[2] 丙子，織室災。[3]

[1]【今注】七月：王先謙《漢書補注》指出，本書《五行志》作"十月"，《漢紀》作"三月"，與此不同。今案，查諸曆表，是年十月庚寅朔，無乙亥、丙子。三月、七月皆有此二干支，未知孰是。然《五行志》"十月"當係因漢代隸書"十""七"相近之故致誤，秦漢文獻此類錯誤多有。然則《五行志》本亦當作"七月"。在無其他證據之前，三占從二，似當暫以"七月"爲是。（參見張培瑜《三千五百年曆日天象》，大象出版社 1997 年版；張勳燎《古文獻論叢》之《"七""十"考》，巴蜀書社 1990 年版）

[2]【顏注】師古曰：凌室，藏冰之室也。《豳詩·七月之篇》曰"納于凌陰"。【今注】未央宮：漢正宮。在秦章臺基礎上

修建，位於漢長安城地勢最高的西南角龍首原上，因在長安城安門大街之西，又稱西宮。（參見李毓芳《漢長安城未央宮的考古發掘與研究》，《文博》1995 年第 3 期；陳蘇鎮《未央宮四殿考》，《歷史研究》2016 年第 5 期）

[3]【顏注】師古曰：主織作繒帛之處。【今注】織室：官署名。宮中的絲織作坊。西漢時，織室屬少府。沈欽韓《漢書疏證》引《三輔黃圖》，指出織室在未央宮。又有東西織室，織作文繡郊廟之服。今案，本書《五行志》亦載此事。並引劉向語，認爲此事與呂后殺如意、戚夫人，以及皇后無子等事有關。班固將此事錄入本紀，當亦意在體現此種“天人感應”思想。

五年冬十月，靁；[1]桃李華，棗實。[2]

[1]【今注】靁：“雷”字的異體字。
[2]【今注】案，此指冬天桃李開花，棗結果，是爲異象。本書《五行志中之下》記載“董仲舒以爲李梅實，臣下彊也。記曰：‘不當華而華，易大夫；不當實而實，易相室。’冬，水王，木相，故象大臣。劉歆以爲庶徵皆以蟲爲孽，思心嬴蟲孽也。李梅實，屬草妖”。

春正月，復發長安六百里内男女十四萬五千人城長安，三十日罷。
夏，大旱。[1]

[1]【今注】大旱：王先謙《漢書補注》指出，此事本書《五行志》亦有記載。

秋八月己丑，相國參薨。[1]

［1］【顏注】師古曰：曹參也。【今注】相國參薨：參，曹參，傳見本書卷三九，世家見《史記》卷五四。曹參死後，暫不再設相國，以陳平、王陵分任左右丞相，周勃任太尉。

九月，長安城成。[1]賜民爵，戶一級。[2]

［1］【今注】長安城成：《史記》卷九《呂太后本紀》《索隱》引《漢舊儀》云“城方六十三里，經緯各十二里”。沈欽韓《漢書疏證》指出《三輔黃圖》記載了長安城之規模大小。其城南爲南斗形，北爲北斗形，故西漢京城又稱斗城。又引《漢舊儀》描述長安城之狀況，其中有“地皆黑壤，今赤如火，堅如石”的記載。王先謙《漢書補注》據《史記》，指出惠帝三年（前192）開築長安城，四年就半，五年六年建成。又舉《索隱》引《漢宮闕疏》指出，四年所築爲東面，五年所築爲北面。

［2］【顏注】師古曰：家長受也。

六年[1]冬十月辛丑，齊王肥薨。[2]

［1］【今注】六年：王先謙《漢書補注》根據本書《百官公卿表》，指出是年置左右丞相。

［2］【今注】齊王肥：即前文之齊悼惠王。

令民得賣爵。[1]女子年十五以上至三十不嫁，五算。[2]

［1］【今注】案，賣，殿本作“買”。

［2］【顏注】應劭曰：《國語》越王句踐令國中女子年十七不嫁者，父母有罪，欲人民繁息也。漢律，人出一算，算百二十錢，

唯賈人與奴婢倍算。今使五算，罪謫之也。孟康曰：或云復之也。師古曰：應説是。【今注】五算：賦税計算單位，本書卷一上《高紀上》如淳注指出，"人百二十（錢）爲一算"。王先謙《漢書補注》引劉攽説認爲，此處所載制度是自十五至三十爲五等，每等加一算。

夏六月，舞陽侯噲薨。[1]

[1]【顔注】師古曰：樊噲也。【今注】舞陽：侯國名、縣名。治所在今河南舞陽縣西。漢高祖六年（前201）封樊噲爲舞陽侯，景帝中元六年（前144）國除，復爲縣。　噲：樊噲。傳見本書卷四一。王先謙《漢書補注》認爲，一般的通侯去世皆不記載，單記樊噲，是因爲其妻爲吕后之妹，關乎當時政局，故特書之。

起長安西市，[1]修敖倉。[2]

[1]【今注】長安西市：沈欽韓《漢書疏證》根據《文選·西都賦》注引《漢宫闕疏》，指出長安共九市，六市在道西，三市在道東。又據《三輔黄圖》，指出西市在醴泉坊。

[2]【今注】敖倉：秦漢時期最重要的國家倉廪之一。建在滎陽北敖山之上，故得名。在今河南鄭州市西邙山上。

七年冬十月，發車騎、材官詣滎陽，[1]太尉灌嬰將。[2]

[1]【顔注】師古曰：車，常擬軍興者，若近代之戎車也。騎，常所養馬，并其人使行充騎，若今武馬及所養者主也。材官，解在《高紀》。【今注】車騎：秦漢時期的騎兵，有戰車戰馬。

材官：秦漢時期於内地郡國設置的步兵部隊，東漢省。　榮陽：縣名。屬河南郡。治所在今河南榮陽市東北。

［2］【今注】太尉灌嬰將：太尉，官名。漢三公之一。掌管軍事，爲武官之長。灌嬰，傳見本書卷四一。朱一新《漢書管見》根據本書《百官公卿表》與《灌嬰傳》認爲，灌嬰爲太尉在孝文時，此處爲《惠帝紀》追書。

　　春正月辛丑朔，日有蝕之。[1]夏五月丁卯，日有蝕之，既。[2]

　　［1］【今注】日有蝕之：查諸日食表，是年春似無日食（參見張培瑜《三千五百年曆日天象》）。

　　［2］【顏注】師古曰：既，盡也。【今注】既：即日全食。查諸日食表，公元前188年7月17日，亦即漢惠帝七年五月丁卯確有日蝕，今西安地區食甚時刻爲下午3時43分，食分高達0.96，與此記載相合（參見張培瑜《三千五百年曆日天象》）。

　　秋八月戊寅，帝崩于未央宮。[1]九月辛丑，葬安陵。[2]

　　［1］【顏注】臣瓚曰：帝年十七即位，即位七年，壽二十四。【今注】案，《史記》卷九《吕太后本紀》《集解》引皇甫謐，指出惠帝在秦始皇三十七年（前210）出生，去世時年二十三。王先謙《漢書補注》亦指出，帝十七即位，自是年爲始，得年二十三。臣瓚説有誤。惠帝十六歲時高帝去世，立爲帝，次年改元，時年十七歲，在位七年，二十三歲去世，王先謙説是。

　　［2］【顏注】臣瓚曰：自崩至葬凡二十四日（凡，大德本作“几”）。安陵，在長安北三十五里。師古曰：《三輔黄圖》云

"去長陵十里"（十里，蔡琪本、殿本作"五里"）。【今注】安陵：此指漢惠帝劉盈陵地，位於咸陽城東 18 公里處渭城區韓家灣鄉白廟村（參見焦南峰、馬永嬴《西漢帝陵選址研究》，《考古》2011 年第 11 期）。案，沈欽韓《漢書疏證》根據《太平御覽》卷四五七引《楚漢春秋》，指出惠帝死後呂后欲建一座可從未央宮見到的高墳。經東陽侯張相如進諫，乃罷。

　　贊曰：孝惠內修親親，外禮宰相，優寵齊悼、趙隱，恩敬篤矣。[1]聞叔孫通之諫則懼然，[2]納曹相國之對而心說，[3]可謂寬仁之主。[4]遭呂太后虧損至德，[5]悲夫！

　　[1]【顏注】師古曰：篤，厚也。【今注】齊悼：即劉邦長子劉肥，參見前文惠帝二年"齊悼惠王"條。　趙隱：即劉邦之子劉如意，參見前文惠帝元年"趙隱王如意"條。案，本書卷三八《高五王傳》、卷九七上《外戚傳上》載惠帝保護如意、善待齊王事。

　　[2]【顏注】蘇林曰：諫復道乘衣冠道也。師古曰："懼"讀曰"瞿"。瞿然，失守皃（皃，蔡琪本、殿本作"貌"），音居具反。【今注】叔孫通之諫：事見本書卷四三《叔孫通傳》。

　　[3]【顏注】蘇林曰：對修高帝制度、蕭何法也。師古曰：說，讀曰"悅"。【今注】納曹相國之對：即所謂"蕭規曹隨"的典故。曹相國，即曹參。曹參繼蕭何爲相國，不理政事，惠帝責之，曹參以遵循劉邦、蕭何舊制爲對，惠帝納之。事見本書卷三九《曹參傳》。

　　[4]【今注】寬仁之主：除本贊語所言諸事外，本書卷三《高后紀》云"孝惠皇帝言欲除三族罪、妖言令，議未決而崩"，這更是惠及天下的善事。又《叔孫通傳》載其因常赴長樂宮，開路清道

影響行人，乃欲筑復道。此舉雖爲細事，然以今人視角觀之，此種同理之心實非一般帝王所有，確可謂寬仁。

[5]【顏注】師古曰：謂殺趙王，戮戚夫人，因以憂疾不聽政而崩。【今注】案，"以憂疾不聽政而崩"之説，出自《史記》卷九《吕太后本紀》及本書《外戚傳上》，因此故，惠帝往往被視作吕后之傀儡。然細考之，似有誇大。鄭曉時指出，惠帝曾詢問蕭何並確定繼任人選，又責問曹參不理政事，顯非不聽政（參見鄭曉時《漢惠帝新論——兼論司馬遷的錯亂之筆》，《中國史研究》2005 年第 3 期）。今案，鄭氏所論此點甚是，除其所言之例證外，本書《叔孫通傳》所載建原廟、興果獻等事亦爲惠帝親定。再如《朱建傳》載惠帝一度欲殺審食其，而吕后竟無能爲力，可見惠帝並非不聽政之傀儡。唯當時黃老之風盛行，惠帝、吕后兩朝奉行無爲之説，垂拱而治，委政於丞相而已。兼之惠帝即位時年齡較小，吕后當確有干預指導之事，乃有此誇大之傳説。